KB158984

전쟁과 문명

박균열·이원봉·성현영

21세기사

머리말

전쟁이란 평화의 다른 이름이다. 다시 말해서 전쟁은 인간의 이기심 충족과 이를 통한 행복 추구의 본능적 욕구 충족의 한 수단이기 때문에 파괴적 요소가 다분히 있으나 이를 통해 발전을 가져오는 계기가 되기도 한다. 과학 기술과 문명이 전쟁을 통해서 급격히 변화, 발달하는 이유가 바로 여기에 있다. 따라서 무조건적으로 악인, 폭력의 관점에서가 아니라 필요악의 문명적 관점에서 바라보아야 한다. 그런 측면을 놓치지 않으려 한 것이 이 책의 특징 중 하나이고 동시에 큰 의미가 있다고 생각한다.

그럼에도 불구하고 오늘날 전쟁에 대해서는 많은 논란이 있다. 전쟁의 폭력성과 이로 말미암은 파괴성 때문이다. 전쟁은 물리적 외형적 파괴뿐만 아니라 심리적 정신적으로도 인간의 마음을 황폐하게 만들고 상대방에 대한 증오심의 골을 깊게 만들기도 한다. 바로 이 점 때문에 전쟁 당사자들은 목적은 물론 수단 등 전쟁의 전 과정을 통해서도 그 정당성이 충분히 확보되어야 한다. 이러한 철학적 당위성이 바로 정의의 전쟁이기도 하다.

이 책의 특징은 편저 형식이라는 점이다. 완전한 창작이라기보다는 전쟁에 대한 문명사적 고찰이라고 할 수 있다. 먼저 전쟁에 대한 개념과 그 주요 수단이 되는 무기의 역사를 다루고, 나아가서 전쟁 중에 파생된 인간의 문명적 요소가 어떻게 나타나고 구현되었는지를 찾아보는 것이다. 좀 더 구체적으로 말하면 전쟁의 인물에 관련되는 주요지휘관(장군 또는 영웅)과 첩자에 대하여, 전쟁의 문화에 관련되는 무기, 영화, 음악, 미술, 건축 등에 대하여 포괄적으로 살펴보고, 특히 전쟁윤리와 갈등극복에 대해서는 보다 심층깊이 고민하여, 정의의 전쟁을 염두에 둔 바람직한 방향으로의 모색을 시도해 보았다.

본서는 각 주제마다 외국의 사례와 한국의 사례를 구분하여 기술하였으며, 주제 배치의 순서는, 한국의 것을 먼저 둘 수도 있었으나, 그 유래를 중심으로 보아야 하기 때문에 외국의 것을 먼저 실었다. 본서를 꾸며나가는 데에는 인터넷 자료 및 정부기관 발간자료 등 방대한 자료들이 많은 참고가 되었다. 이러한 자료들을 참고함에 있어서 특별한 사의를 표하지는 못했는데 이 자리를 빌어 그 고마움을 전하고자 한다.

본서를 꾸미기 위해 편저자들은 자신들의 전공을 최대한 살려서 공동작업을 진행했다. 우선 본인은 전체 기획과 제3부 전쟁과 화해 부분을 맡았다. 성현영 선생은 제9장, 제10장, 제13장을 맡았으며, 그 이외의 모든 것을 이원봉 교수님이 도맡아 준비했다. 그런 의미에서 보면 이 책은 이교수님의 단독 저술이라고 해도 과언이 아니다. 그 공을 가로채는 것 같아 못내 송구하기까지 하다.

끝으로 본서가 나올 수 있도록 성실하게 교정해준 경상대학교 윤리교육과 학부생 옥치훈 군과 이종현 군, 그리고 최홍현 양에게 감사한 마음을 전한다. 또한 시장성의 제한에도 불구하고 출판의 기회를 주신 도서출판21세기사에 감사한다. 특히 좋은 책으로 꾸며주신 편집진 여러분께 깊은 감사의 말씀을 전해드린다.

편저자들을 대신하여
진주 가좌골에서
박균열 사룀

차 례

그림 차례

제 **1** 부 **전쟁과 인물**

제 1 장

전쟁과 영웅: 외국사례

전쟁이란 군사력에 의한 국가 상호간 또는 국가와 교전단체간의 투쟁행위를 말한다. 즉 둘 이상의 서로 대립하는 국가 또는 이에 준하는 집단 간에 군사력을 비롯한 각종 수단을 사용해서 상대의 의지를 강제하려고 하는 행위 또는 그 상태를 말한다.

이러한 전쟁을 수행하기 위해서는 무엇보다도 우세한 무기체계와 전쟁장비, 그리고 풍부한 전쟁물자가 중요하며, 상대를 압도하는 병력이 필요하다. 그러나 그것보다 더 중요한 것이 그 전쟁을 지휘하는 지휘관의 리더십이다. 그래서 훌륭한 리더십을 발휘하는 전쟁지휘관을 우리는 전쟁의 영웅이라고 부른다. 이제 이러한 전쟁 영웅들에 대해서 살펴보기로 한다.

1 트로이 전쟁(Trojan war)과 영웅들

트로이 전쟁은 고대 그리스의 영웅 서사시에 나오는 그리스군과 트로이군의 전쟁이다. 바다의 님프 테티스와 펠레우스의 결혼식에 초대받지 못한 불화의 여신 에리스가 남긴 황금 사과를 두고 헤라와 아프로디테(=로마신화의 비너스), 아테나가 서로 다투다가 트로이 왕자 파리스가 심판을 내려 아프로디테가 주인이 되었다. 그 대가로 파리스에게 세상에서 가장 아름다운 여인을 아내로 맞게 해 주겠다고 약속한 아프로디테는 스파르타의 왕비 헬레네의 사랑을 얻게 해 주었다. 그리하여 아내를 빼앗긴 메넬라오스는 형 아가멤논과 함께 트로이 원정길에 나서 전쟁이 시작되었다.

그리스군의 아킬레우스와 오디세우스, 트로이군의 헥토르와 아이네아스 등 숱한 영웅들과 신들이 얽혀 10년 동안이나 계속된 이 전쟁은 오디세우스의 계책으로 그리스군의 승리로 끝났다. 그리스군은 거대한 목마를 남기고 철수하는 위장전술을 폈는데, 여기에 속아 넘어간 트로이군은 목마를 성 안으로 들여 놓고 승리의 기쁨에 취하였다. 새벽이 되어 목마 안에 숨어 있던 오디세우스 등이 빠져 나와 성문을 열어 주었고 그리스군이 쳐들어와 트로이성은 함락되었다. 여기서 비롯된 '트로이 목마'는 외부에서 들어온 요인에 의하여 내부가 무너지는 것을 가리키는 용어로 쓰이게 되었다.

이 전쟁에 얽힌 흥미로운 이야기는 고대인들의 상상력을 자극하여 수많은 영웅 서사시가 만들어졌으나 그 중에서 뛰어난 문학성을 인정받은 호메로스의 《일리아드》와 《오디세이아》만이 후세에 전해졌으며, 이 전쟁과 관련된 이야기를 소재로 하여 수많은 예술 작품이 탄생하였다.

가. 아킬레우스(Achilleus)

그리스 신화의 영웅으로서, 라틴어로는 아킬레스이다. 호메로스의 서사시 《일리아드》의 중심인물이다. 바다의 여신 테티스와 펠레우스왕의 아들로, 어머니인 바다의 여신이 그를 불사신(不死身)으로 만들려고 황천(黃泉)의 스틱스 강물에 몸을 담갔는데, 이때 어머니가 손으로 잡고 있던 발뒤꿈치만은 물에 젖지 않아 치명적인 급소가 되고 말았다. 아킬레스힘줄(=腱)이라는 이름도 여기서 유래하였는데, 이 전설은 비교적 새로운 것이라고 할 수 있다. 양친은 그를 트로이 전쟁에 나가지 않도록 하려고 그를 여장(女裝)시켜 스키로스의 왕 리코메데스의 딸들 틈에 숨겼는데, 그가 없이는 트로이를 함락시킬 수 없다는 예언을 듣고 찾아온 오디세우스에게 발견되었다. 이때 오디세우스가 여자 아이들이 좋아할 물건들 속에 무기를 섞어 놓았는데, 아킬레우스만은 사내라서 무기를 집음으로써 정체가 드러났다고 한다. 이 에피소드는 훗날 여러 미술작품의 좋은 소재가 되었다.

그리스군은 10년 동안에 걸쳐 트로이를 공략하였으며, 아킬레우스는 리르네소스의 왕 에티온을 죽이고 미녀 브리세이스를 손에 넣었으나 아가멤논에게 빼앗기고 말았다. 격분한 그가 군사를 이끌고 물러가자 그리스군은 계속 패배하였다. 이를 보다 못한 친구 파트로클로스가 아킬레우스의 무구(武具)를 갖추고 출진하였는데, 적장 헥토르의 손에 죽자 이에 격분한 아킬레우스는 다시 출격하였다. 이때 그가 몸에 걸친 무구는 어머니가 공신(工神) 헤파이스토스를 시켜 특별히 만든 것으로 유명한 '아이기스'이다. 그는 적장 헥토르를 죽여 원수를 갚고 그의 시체를 전차에 매어 끌고 돌아왔는데, 헥토르의 부왕(父王) 프리아모스가 몸소 진중으로 찾아와 몸을 굽히면서 자식의 유해를 돌려달라고 애원하자 배상금을 받고 인도하였다. 그러나 그 자신도 마침내는 파리스의 화살에 급소를 맞고 죽었다. 그는 격하기 쉬운 성격이었으나 정이 많고 트로이 전쟁에서 가장 고결한 영웅으로 알려졌으며, 발이 빨라 준족(駿足)의 대표자로도 알려졌다.

나. 헥토르(Hektor)

그리스신화에 나오는 영웅. 트로이 왕 프리아모스와 헤카베의 장남으로 안드로마케의 남편, 아스티아낙스의 아버지이다. 트로이 전쟁에서는 트로이군의 총대장(總大將)이며, 호메로스의 서사시 《일리아드》에서는 그리스군의 용장 아킬레우스와 더불어 중심인물이다. 트로이군 가운데 가장 용감하여 많은 적장을 쓰러뜨렸다. 트로이성 안으로 잠시 돌아왔을 때, 그의 아내 안드로마케는 자기와 자식들을 위해서라도 성 안에 남아 있기를 바랐으나, 그는 장래의 운명을 예감하면서도 아내를 설득하고 성을 나왔다. 그리스군 중에서도 아킬레우스 다음가는 용장인 아이아스와 1 대 1로 싸웠으나 결판이 나지 않자 두 사람은 선물을 교환하고 헤어졌다.

그 후 아킬레우스를 대신하여 출진한 파트로클로스를 죽였는데, 전열에서 잠시 물러나 있던 아킬레우스는 이 소식을 듣고 친구인 파트로클로스의 복수를 위해 출진하였다. 트로이군은 패하여 성 안으로 도망쳤으나 헥토르는 혼자 성 밖에 남아 싸우다가 마침내 아킬레우스에게 죽고 말았다. 그의 시체는 아킬레우스에 의해 트로이 성 주위를 세 바퀴나 끌려다니다가 들녘에 버려졌는데, 신들이 불쌍히 여겨 헥토르의 아버지 프리아모스에게 이리스를 사자(使者)로 보내 몸값을 치르게 하고 시체를 찾아가도록 명령하였다. 프리아모스는 거금을 내고 시체를 인수하여 아들의 장례를 치러주었다. 호메로스의 《일리아드》는 그의 장례식으로 끝을 맺고 있다.

다. 헤라클레스(Heracles)

그리스 신화에서 가장 힘이 세고 또 가장 유명한 영웅. 테베에 사는 암피트리온의 아내 알크메네와 주신(主神) 제우스 사이에서 태어났다. 제우스의 아내 헤라는 남편과 딴 여자 사이에서 태어난 헤라클레스를 미워하여 사사건건 그를 괴롭혔다. 이와는 반대로 제우스는 그를 무척 사랑하여 뛰어난 힘과 씩씩한 기상을 주었다. 뿐만 아니라 헤라클레스는 암피트리온과 그 밖의 많은 달인(達人)들로부터 무예와 음악을 배워 훌륭한 무인(武人)으로 성장하였다.

18세 때 암피트리온의 소를 습격한 키타이론산(山)에 사는 사자를 퇴치한 것이 그의 많은 모험 중 첫 모험이었다. 그 후 그는 이 사자의 가죽을 몸에 걸치고 그 머리를 헬멧으로 삼았다. 이어 그는 테베가 해마다 공물(貢物)을 보내야 하는 이

웃나라 오르코메노스의 왕을 쓰러뜨렸다. 테베의 왕 크레온은 이 전공(戰功)을 기리어 자기의 딸 메가라를 그에게 아내로 주었으나, 몇 해 후 그는 그를 미워하는 여신 헤라의 저주로 정신착란을 일으켜, 메가라와의 사이에 낳은 자식들을 죽여 버렸다. 제정신으로 돌아온 헤라클레스는 테베를 떠나 델포이 신탁(神託)을 청하여, 자신이 범한 죄를 씻고 싶다고 원하였다. 신탁은 그가 티린스로 가서 그 땅의 왕 에우리스테우스를 12년 동안 섬기면서 그가 명하는 일을 하면 불사(不死)의 몸이 될 것이라고 말하였다. 이리하여 그가 에우리스테우스에게서 명을 받은 것이 유명한 헤라클레스의 12공업(功業)이다.

그것은 ① 네메아의 사자 퇴치, ② 레르네에 사는 히드라(물뱀) 퇴치, ③ 케리네이아의 산중에 사는 사슴을 산 채로 잡는 일, ④ 에리만토스산의 멧돼지를 산 채로 잡는 일, ⑤ 아우게이아스 왕의 가축 우리를 청소하는 일, ⑥ 스팀팔스 호반의 사나운 새 퇴치, ⑦ 크레타의 황소를 산 채로 잡는 일, ⑧ 디오메데스왕 소유의 사람 잡아먹는 4마리의 말을 산 채로 잡는 일, ⑨ 아마존의 여왕 히폴리테의 띠를 탈취하는 일, ⑩ 괴물 게리온이 가지고 있는 소를 산 채로 잡는 일, ⑪ 님프(妖精) 헤스페리스들이 지키는 동산의 황금 사과를 따 오는 일, ⑫ 저승을 지키는 개 케르베로스를 산 채로 잡는 일 등 이상의 공업을 마친 그는 새 장가를 들려고 오이칼리아로 갔으나 다시 발광하여 그곳의 왕자 이피토스를 살해하고, 아폴론의 신탁에 의하여 헤르메스 신에게 노예로 팔렸다. 그러나 리디아의 여왕 옴팔레가 그를 사들여 나중에 그녀와 결혼하여, 아겔라오스·라몬의 두 아들을 두었다.

그에 관한 아주 복잡한 신화의 배후에는 아르고스 왕국의 가신(家臣)이며 족장인 실재인물이 있었던 것 같다. 그러나 전설에 따르면 헤라클레스는 제우스와 페르세우스의 손녀딸 알크메네(→ 암피트리온)의 아들이다. 제우스는 페르세우스 집안에서 다음에 태어날 아이로 그리스의 통치자를 삼겠다고 맹세했지만, 제우스의 질투심 많은 아내 헤라의 계략으로 병약한 또 다른 아이 에우리스테오스가 먼저 태어나 왕이 되었다. 성장한 헤라클레스는 에우리스테오스를 섬겨야 했고, 복수심이 강한 헤라의 박해에 시달려야 했다. 사실 그의 첫번째 공훈은 헤라가 요람에 있는 그를 죽이려고 보낸 뱀 2마리를 목졸라 죽인 일이다.

뒤에 헤라클레스는 보이오티아의 오르코메노스 왕국과의 전쟁에서 승리했고, 왕녀인 메가라와 결혼했다. 그러나 그는 헤라가 내린 광기의 발작으로 그녀와 아이들을 죽였고, 다시 에우리스테오스의 신하가 될 수밖에 없었다. 헤라클레스에게 그 유명한 노역들을 겪게 한 것도 에우리스테오스였다. 이 노역들을 다 마친 헤라클레스는 군사원정을 포함한 다른 일들을 시작했다.

또 데이아네이라에게 청혼하기 위해 강의 신 아켈루스와 싸워 이겼다. 데이아네이라를 집으로 데리고 오는 도중 켄타우로스인 네소스가 그녀를 범하려 하자 헤라클레스는 독화살로 그를 쏘았다. 켄타우로스는 죽어가면서 데이아네이라에게 자신의 상처에서 나오는 피를 보관하라고 하면서 그 피가 묻은 옷을 입는 사람은 그녀를 영원히 사랑하게 되리라고 일러주었다. 몇 년 뒤 헤라클레스가 오이칼리아 왕 에우리토이의 딸 이올레와 사랑에 빠지자, 데이아네이라는 이올레가 자기의 경쟁자임을 알고 네소스의 피가 묻은 옷을 헤라클레스에게 보냈다. 그러나 사실 이 피는 강력한 독이었으므로 헤라클레스는 죽게 된다. 그의 시체는 오이타(지금의 그리스 오이티) 산의 장작더미에 놓여 몸은 타버리고 영혼은 하늘로 올라갔다. 하늘에서 그는 헤라와 화해하고 헤베와 결혼했다.

❷ 알렉산드로스 대왕

[그림 1] 알렉산드로스

알렉산드로스 대왕(Alexander the Great, Alexander the Macedonian), 기원전 356년 7월 말~기원전 323년 6월 10일)은 필리포스의 왕위를 계승한 후 인류 역사상 가장 넓은 제국들 가운데 하나인 알렉산드로스 제국을 세운 마케도니아 왕국의 왕으로서 그의 업적을 기려 마케돈의 알렉산드로스 대왕이라 받들며, 때로는 계승 서열에 따라 알렉산드로스 3세(Alexander III)라 일컫기도 한다. 한국에서는 영어의 영향으로 알렉산더 대왕(Alexander the Great)으로 더 많이 알려져 있다. 또한 이슬람식 이름으로 이스칸달이라고도 한다.

필리포스 2세와 왕비 에피루스의 올림피아스의 아들로 태어났다. 12세에 사나운 명마를 단숨에 길들였다고 한다. 알렉산드로스는 뛰어난 무예에다가 스승에게서 가르침을 받은 탁월한 학문으로 더욱 발전해 갔으며, 호메로스의 〈일리아드〉,

〈오디세이〉를 감명깊게 읽었다. 아버지가 나라를 비울 때에는 섭정으로서 나라를 잠시 다스렸으며, 18세 때는 카로네아 전투에서 그리스 연합군과 싸워 패하기도 했다.

[그림 2] 알렉산드로스의 페르시아 정복

20살에 마케도니아의 왕에 오른 알렉산드로스는 아버지가 계획했던 페르시아 정복임무를 물려받았다. 이수스 전투와 가우가멜라 전투에서 페르시아 제국의 다리우스 3세의 군대를 격파하여 페르시아 제국을 정복했다. 기원전 326년에는 북인도로 진출하였다. 이집트를 정복한 알렉산드로스는 이집트의 태양신인 아몬의 아들을 자칭하여 자신이 호메로스의 저서 〈일리아드〉에 나오는 아킬레우스의 후손이며 태양의 아들이며 살아있는 신임을 주장했다. 기원전 334년부터 동방원정을 시작하여 10년 만에 유럽, 아시아, 아프리카에 걸친 대제국을 건설하였다.

그는 순간적인 충동으로 북인도 정복을 계획하고 실천에 옮겼다. 북인도를 정복하기 시작한 알렉산드로스는 병사들의 큰 반발에 부딪혔다. 연일 탈영이 이어졌고 반란이 일어났다. 북인도의 습한 기후는 병사들을 매우 힘들고 지치게 만들었는데, 병사들은 전염병 등으로 많은 병사가 사망했고 결국 알렉산더는 열병으로 죽었다. 그는 제국 곳곳에 자신의 이름을 딴 알렉산드리아라는 도시들을 세웠다. 도시들 중 이집트의 알렉산드리아가 가장 유명하다.

알렉산드로스 제국(=마케도니아 제국)의 알렉산드로스는 동서 융합책을 꾀했다. 우선 다수의 그리스인을 소아시아 지역 즉, 터키로 이주시켰다. 그리고 그리스인과 피정복 지역의 주민들을 결혼시켰고 페르시아인 관리들을 등용했다. 그 자신도 페르시아의 군주이자 적이었던 다리우스 3세의 딸과 결혼했으며, 아시아 여성과 자신의 군인들간의 사실혼을 정식 결혼으로 인정했다. 그러나 그의 이러한 노력들에도 불구하고 동양과 서양의 융합은 실패했다. 이주한 그리스인들과 피정복 지역의 주민들 사이에는 넘을 수 없는 신분의 벽이 생겼고, 그리스인이 대부분의 주요 관직을 독점하였다. 따라서 피정복 지역의 주민들의 반발이 매우 심했고, 무엇보다도 알렉산드로스 제국의 공용어는 그리스어였다. 하지만 알렉산드로스의 동서융합정책은 동방과 서방문화가 융합되어 간다라 미술이라는 새로운 미술을 만들어냈으며 불교미술에도 영향을 끼쳤다.

③ 로마시대의 전쟁과 영웅들

초기 고대 그리스의 밀집 장창보병대(phalanx)와 비슷한 형태였던 로마군은, 카밀루스(Marcus Furius Camillus) 시절에 로마의 군단으로 조직된다. 유연한 군단은 이후 강력한 전쟁기계로써 작동했고, 로마의 도시국가적 성격이 사라지는 시점에서 가이우스 마리우스(Gaius Marius)의 개혁을 통해 징집된 시민병 대신 프롤레타리아에서 모집한 지원병제와 군단의 전술체제를 보다 유기적으로 바뀌게 된다.

공화정 시절의 주요 전투로는 칸나에 전투, 자마 전투, 카르하이 전투, 악티움 해전 등이 있다. 또한, 특기할만한 로마군의, 또는 로마군과 싸웠던 지휘관으로는 에페이로스의 피로스(Pyrrhus) 한니발(Hannibal) 파비우스 막시무스(Quintus Fabius Maximus) 스키피오 아프리카누스(Publius Cornelius Scipio, 'Africanus') 루키우스 코르넬리우스 술라(Lucius Cornelius Sulla) 율리우스 카이사르(Gaius Julius Caesar) 등이 있다.

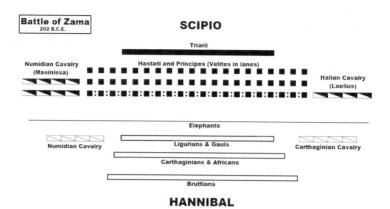

[그림 3] 스키피오와 한니발의 전투

자마 전투는 기원전 202년 10월 19일 카르타고 남서 지방에 있는 자마에서 벌어진 전투이다. 제2차 포에니 전쟁을 종결짓는 결정적인 전투로 로마 공화정 지휘관은 스키피오 아프리카누스였고, 카르타고 측 지휘관은 한니발이었다. 전투는 로마의 결정적인 승리로 끝났고 이어 종전협상에서 카르타고는 항복하였다.

한니발은 이탈리아에서의 놀라운 전과에도 불구하고 로마의 동맹국들의 봉기를 이끌어내지 못했다. 급기야 지원군으로 오던 동생 하스드루발 바르카도 메타우로 전투에서 죽고 전선을 교착상태에 빠졌다. 또 다른 동생 마고네도 부상을 입고 제노바에 서 꼼짝 못하고 있는 상황이었다.

로마의 스키피오 아프리카누스는 이베리아 반도에서의 승리에 이어 북아프리카에 교두보를 확보하였으나 신중을 기하는 원로원의 반대로 카르타고에 대한 적극적인 공세를 취하지 못하고 있었다. 그러나 마시니사와 함께 서부 누미디아의 시팍스를 물리치고 기병을 획득하자 스키피오는 자신감을 얻고 공세에 나섰다.

그사이 양쪽은 강화를 위해 협상이 오고 가고 있었다. 로마는 아프리카 이외의 모든 영토의 포기, 5천탈란트의 전쟁 배상금, 그리고 카르타고 해군의 해체를 조건으로 내세웠다. 한니발과 마고네는 카르타고 본국에서 송환명령이 떨어져 역전의 용사 1만2천명을 이끌고 아프리카로 돌아왔다. 마고네는 돌아오는 항해중에 사망했다. 그러나 카르타고는 갑자기 강경론이 우세해지고 협상을 결렬시켰다.

이제 스키피오와 한니발은 각각 국가의 운명을 걸고 북아프리카에서 결전을 벌일 수밖에 없었다. 기록에 따르면 전투 전날 두 사람은 단독으로 대면했다고 한다. 이 단독 회담에서 한니발은 이탈리아에서 자신의 일을 상기시키면서 운명은 알 수 없는 것이니 위험한 도박을 피하고 여기서 그만두자고 말했다. 그러나 스키피오는 로마의 강화조건을 거듭 주장하며 여기서 멈출 수는 없다고 말했다. 결전은 피할 수 없었다.

가. 스키피오 아프리카누스

[그림 4] 스키피오

(Scipio Africanus, 기원전 235년 ~ 기원전 183년), 정식 이름은 푸블리우스 코르넬리우스 스키피오 아프리카누스 (Publius Cornelius Scipio Africanus)이다. 약칭 대 스키피오(大Scipio)는 제2차 포에니 전쟁에서 싸운 로마 측의 장수이다. 한니발의 군대를 아프리카의 자마 전투에서 격파한 것으로 잘 알려져 있으며, 아프리카누스라는 호칭은 이것을 기념하여 붙여진 것이다. 그는 한니발을 격파하기 전에 여러 번의 패배를 겪었으나, 자마 전투에서 가장 큰 승리를 거두면서 카르타고의 항복 〈조약〉을 이끌어냈다.

자마 전투에서 로마군과 카르타고군은 통상적인 포에니 전쟁 전투와 정반대의 상황에 있었다. 항상 로마군은 보병이 많았고 기병이 부족했으나 이번에는 누미디아 기병이 로마군으로 넘어간 탓으로 카르타고군이 기병이 절대적으로 부족했다.

카르타고군은 80마리의 전투 코끼리를 선두에 배치하고 두번째 열에 비교적 전력이 약한 용병 혼성군을 세번째 열에 카르타고 시민병을 배치했다. 후방으로 200보 떨어진 곳에 한니발 자신과 이탈리아에서 데려온 최정예 부대를 배치했다. 이에 맞서는 로마군은 보통의 진영의 소대간벽보다 더 넓게 진영을 짜고 경무장 보병도 소대를 편성하였고 보병은 스키피오자신이 지휘하고 양쪽 날개에는 마시니사가 이끄는 누미디아 기병과 로마 기병을 각각 배치하였다.

한니발이 기병의 열세를 극복하기 위해 준비한 80마리의 전투 코끼리가 먼저 로마군 진영으로 돌진했다. 그러나 코끼리에 대비해 평소보다 넓게 소대간격을 벌이고 경무장 보병도 소대단위로 편성한 스키피오의 능숙한 대처로 인해 별 효과를 거두지 못했다. 누미디아 기병의 보강으로 숫적으로나 질적으로 훨씬 우세한 기병으로 카르타고 기병을 분쇄한 로마군은 전진을 시작했고 혼성군과 시민병의 대열을 돌파했다. 카르타고군은 등을 돌려 달아나려 했으나 네 번째 대열에서 뒤섞이는 것을 허락치 않았기에 좌우로 자리를 잡았다.

한니발은 로마군이 지쳐있다고 판단, 자신의 정예보병과 좌우에 패잔병들을 재정비하여 전진시켰다. 스키피오는 한니발의 정예군이 다가오는 것을 보고 두번째 세번째열의 병사들을 좌우로 펼쳐 전면에 내세웠다. 치열한 전투 끝에 한니발에게 승리가 돌아가는듯 했으나 위기의 순간에 적을 추격하던 로마의 기병이 돌아와 뒤를 찌르자 한니발의 군대는 무너졌다.

이 전투로 16년을 끌어온 제2차 포에니 전쟁은 종결을 맞는다. 카르타고 의회는 로마가 제시한 강화조건을 승인하고 전쟁을 종결시켰다. 이후로 로마의 징벌적 휴전조항에 의해 카르타고는 다시는 지중해에서 군사강국이 되지 못했다. 약 70년후 제3차 포에니 전쟁이 발발하지만 그때도 카르타고는 자신의 영토를 간신히 지킬만한 군사력만 가질 뿐이었다.

나. 한니발

[그림 5] 한니발 장군

한니발(Hannibal, 기원전 247년~기원전 183년)은 카르타고의 장군이다. 제1차 포에니 전쟁 당시 활약했던 장군 하밀카르 바르카의 아들로 9살에 로마를 쳐부술 것을 카르타고의 신 타니트에게 맹세했다고 한다. 청년 시절에는 아버지의 뒤를 이어, 식민지였던 에스파냐에서 총독으로 근무했다.

제2차 포에니 전쟁이 일어난 기원전 218년 여름 한니발은 4만여 명의 군대를 이끌고 에스파냐를 출발, 피레네와 알프스 산맥을 넘었다. 당시 로마 공화정에서는 한니발의 군대가 바닷길을 통해 올 것으로 짐작했기 때문에, 한니발의 기발한 작전은 상당히 훌륭한 전략이었다. 한니발의 군대가 피레네 산맥과 알프스 산맥을 넘은 사건에 대해 역사 저술가 플루타르코스는 《플루타르코스 영웅전》에서 눈병을 치료하지 못해 한쪽 눈을 잃었음에도 낙심하지 않고, 작전에 몰두한 한니발의 열정과 자신들을 방해하는 원주민 포로들을 용맹한 전사는 고향에 돌려보내는 관용으로 복종시킨 지도력이 기적을 만들었다고 평가했다. 한니발은 칸나에 전투에서 로마군인들을 포위하여 사살하는 작전으로 크게 이겨 로마를 궁지로 몰아 넣었으나, 로마의 지구전에 말려 패전하였다. 결국 그는 에스파냐로 쫓겨가다가 아프리카의 본국으로 돌아왔다.

본국에 돌아온 그는 로마의 젊은 장군 스키피오와 자마에서 싸워 패했다. 이미 스키피오는 한니발이 칸나에 전투에서 사용한 작전을 이해하고 있었기 때문에, 전쟁은 패할 수밖에 없었다. 한니발의 아내 시밀케와 그의 아들 그리고 에스파냐에서 총독으로 근무하던 동생은 로마와의 전쟁 중에 죽었으며, 그 자신도 포로가 되지 않기 위해서 도망쳤다가 수년 후 음독자살을 하였다.

다. 폼페이우스(Gnaeus Pompeius Magnus, BC 106.9.29~BC 48.9.28)

폼페이우스는 고대 로마 공화정 말기의 장군·정치가이다. 해적 토벌, 미토리다테스 전쟁 등 오랜 세월에 걸쳐 로마를 괴롭힌 싸움에 종지부를 찍었지만, 카이사르와 대립해 패했다. 아버지에게서 물려받은 지반을 배경으로 활약하였다. 먼저 동맹시(同盟市)전쟁에서 아버지 휘하의 군인으로 제1보를 내디딘 다음, 술라의 지지자로서 정계(政界)에 등장하였다. 이베리아 반도의 세르토리우스를 토벌한 뒤 스파르타쿠스의 반란을 진압하고, 크라수스와 함께 BC 70년에 콘술이 되었다. BC 67년에 로마를 괴롭혔던 해적을 지중해에서 일소해 버렸고, 또 BC 66년에는 미토리다테스 토벌의 대권(大權)을 수여받아 그를 격파하였을 뿐 아니라, BC 63년까지 이집트를 제외한 동방을 평정하였다.

[그림 6] 폼페이우스 마그누스

BC 60년 크라수스, 카이사르와 함께 제1회 3두정치를 실시하고, BC 55년 다시 콘술이 되었으며, BC 52년에는 단독으로 콘술이 되었다. 그러나 카이사르와 대립하던 원로원 보수파의 충동으로 BC 49년 이후 카이사르와 싸웠는데, 갈리아에서 남하해 오는 카이사르에게 이탈리아에서 쫓기게 되었다. 그 뒤 동방에서 세력을 결집하였으나, BC 48년 8월 9일 파르사로스의 회전에서 카이사르에게 패배하여 이집트로 도망하고, 거기에서 암살당하였다. 해적의 토벌, 미토리다테스 전쟁 등, 오랜 세월에 걸쳐 로마를 괴롭힌 싸움에 종지부를 찍은 장군으로서의 업적은 높이 평가되지만, 카이사르와의 대립, 항쟁, 패배를 통하여 뚜렷이 나타나는 것은, 정치가로서의 스케일의 크기에서 카이사르와는 큰 차이가 있다는 점이다.

폼페이우스의 아버지 폼페이우스 스트라보는 피세노 지방의 부유한 가문으로 그의 집안은 전통적인 로마의 지배 귀족은 아니었지만 기원전 92년 법무관, 기원전 89년에는 집정관을 지냈다. 동맹시 전생이 벌어지자 폼페이우스는 18살의 나이로 아버지를 도와 함께 참전했고 큰 활약을 보였다. 《플루타르코스 영웅전》에 따르면, 군대 내에서 반란이 일어날 조짐이 보이자 "아버지를 배신할 것이라면 차라리 나를 밟고 가라"고 호소하여 반란이 일어나지 않도록 했다는 일화가 있을 정도로 폼페이우스는 뛰어난 지도력을 보였다.

기원전 87년, 가이우스 마리우스와 술라의 내전 때 아버지가 죽고 그는 아직 어린 관계로 마리우스파의 숙청을 피했고 피세노에서 가문의 재산과 토지를 지켰다. 기원전 83년 술라가 미트라다테스 6세와의 전쟁을 끝내고 그리스에서 이탈리아로 귀환했을 때 폼페이우스는 3개의 로마 군단을 모아 술라와 함께 마리우스파에 대항했다. 이때 폼페이우스는 어린 나이에도 불구하고 뛰어난 군사적 재능을 보였고 술라는 독재관이 된 후 자신의 딸과 결혼시켰다.

술라는 이탈리아에서 내전이 거의 끝나가자 폼페이우스에게 시칠리아와 아프리카로 도망친 마리우스 일파의 잔당소탕을 맡겼다. 약 2년에 걸친 소탕작전에서 폼페이우스는 마리우스파 잔당에 대한 잔인하고 처절한 응징으로 "십대 백정"이라는 별명을 얻을 정도였고 뛰어난 군사작전으로 임무를 끝마쳤다. 아프리카에서 돌아오면서 폼페이우스는 술라에게 자신의 개선식을 거행해 줄 것을 요구했으나 거절당하자 자신의 군단의 해산을 거부하고 로마 성문에서 시위를 벌였고 술라는 결국 개선식을 허락했다. 이때 술라는 농담삼아 그에게 마그누스(MAGNUS)라는 별명을 붙였는데 폼페이우스는 이것을 자신의 별칭으로 계속 사용했다.

라. 율리우스 카이사르

[그림 7] 율리우스 가이사르

가이우스 율리우스 카이사르(라틴어: Gaius Iulius Caesar, 기원전 100년 또는 102년 7월 13일 ~ 44년 3월 15일)는 고대 로마의 정치가, 장군, 작가이다. 카이사르는 갈리아를 정복하여 대서양으로까지 로마의 세계를 넓혔다. 로마의 장군인 폼페이우스와 내전을 치뤄 승리, 로마의 일인자가 되었으며 사회와 정치 전반에 걸쳐 개혁을 추진하였다. 종신 독재관(라틴어: Dictator Perpetua)이 되어 이미 기울어진 공화국의 정부를 중앙집권화하였다. 카이사르가 살해되자 로마는 다시 내전에 휩쓸려 공화정은 저물고 그의 양자인 아우구스투스(옥타비아누스)가 초대 황제가 되어 제정 로마 시대가 개막한다. 비록 그의 양자 아우구스투스가 로마 제국을 세웠으나 카이사르가 생전에 로마의 영토를 늘리고 내치를 다지는 등 로마 제국의 발판을 만들었기 때문에 로마 제국의 사실상의 창업 군주로 불린다. 또한 이러한 이유로 카이사르를 로마의 초대 황제로 보는 견해도 있다. 7월의 이름이 퀸틸리스(Quintillis)에서 줄라이(July)로 바뀐 것도 그 때문이다.

기원전 58년 카이사르는 갈리아 나르보넨시스와 일리리쿰의 두개 로마 속주의 총독으로 임명되었고 이후 7년이라는 짧은 기간동안 갈리아 전역을 장악하고 로마의 속주로 만들었다. 전쟁 자체는 8년째인, 기원전 51년까지 계속되었으나 기원전 52년 알레시아 공방전으로 실질적 마무리되었다. 카이사르의 갈리아 정복 이후 갈리아는 거의 완벽하게 켈트족적인 전통과 단절하고 로마화 되었고 500년 동안 로마에 반기를 들지 않았다. 카이사르는 이 과정을 《갈리아 전쟁기》라는 걸작으로 남겼다. 기원전 44년 2월 카이사르는 종신독재관에 취임하였고 동시에 안토니우스와 공동집정관이 되었다. 공화정을 옹호하는 원로원파는 점차 권력이 카이사르 단 한사람에게 집중되는 것에 불안이 가중되었다. 카이사르는 크라수스가 실패한 파르티아원정을 계획하였고 원정을 떠나기 전 원로원 의원들에게 카이사르에 반대하지 않겠다는 서약을 요구했다.

그해 2월 루페르칼리아 축제가 열렸는데 경기장에서 안토니우스가 카이사르에게 왕관을 바쳤고 카이사르는 즉시 이를 거절했다. 그러나 이 작은 헤프닝은 로

마인에게 카이사르가 왕이 될지도 모른다는 불안을 더욱 증폭시켰다. 카이사르는 3월 18일에 파르티아로 2년간의 원정을 떠나기로 하였고 3월 15일 원로원에서 자신의 부재시에 이탈리아와 속주의 담당자를 발표하기 위해 원로원 회의장인 폼페이우스 대극장의 회랑으로 들어가려고 하고 있었다. 원로원 의원들로부터 충성 서약을 받은 이후부터 카이사르는 자신의 개인 경호부대을 해산하였기 때문에 카이사르는 호위병없이 무방비상태였다.

암살이 일어난 것은 바로 그때였다. 14명의 원로원 의원들이 토가 자락에 단검을 숨기고 카이사르에게 접근하여 마구 찔렀다. 카이사르는 불의의 습격에 토가로 자신의 몸을 가리면서 쓰러졌고 아이러니하게도 자신의 오랜 정적이었던 폼페이우스의 입상아래서 숨을 거두었다. 당시 암살자들은 너무니 흥분한 나머지 서로를 찌르기도 하였다. 카이사르는 모두 23군데를 찔렸으나 치명상은 단 한군데였다고 한다. 암살은 너무나 갑작스럽게 일어난 일이고 암살자를 제외하고 안토니우스를 비롯한 모든 사람들이 회의장을 빠져나갔다. 암살자들은 카이사르의 애인중 하나인 세르빌리아의 아들 마르쿠스 유니우스 브루투스, 폼페이우스파였다가 카이사르파로 돌아선 가이우스 카시우스 롱기누스 등 예전부터 폼페이우스파였다가 카이사르의 관용정책으로 사면받은 9명과 원래부터 카이사르파였던 데키무스 브루투스, 가이우스 트레보니우스 등 5명이었다.

[그림 8] 카이사르의 암살 장면

④ 칭기즈칸 (成吉思汗, Chingiz Khan, 1155 ?~1227.8.18)

[그림 9] 칭기즈칸

1189년 몽골씨족연합의 맹주에 추대되어 칭기즈칸이라는 칭호를 얻었다. 1206년 몽골제국의 칸에 오르면서 군사조직에 바탕을 둔 천호라고 하는 유목민집단을 95개 편성하였다. 1215년 금나라의 수도 베이징에 입성했으며 1219년에는 서역 정벌을 떠나 인더스 강변까지 진출했다. 다른 종교와 문화에 관대했으며 특히 위구르 문화를 사랑했다.

묘호(廟號) 태조(太祖). 아명 테무친(=鐵木眞). 바이칼호 근처 출생. 칭기즈란 고대 터키어인 텡기스(바다)의 방언이었다고도 하고, 1206년 즉위하였을 때 5색의 서조(瑞鳥)가 '칭기즈, 칭기즈' 하고 울었다는 데서 유래되었다고 하나, 샤머니즘의 '광명의 신(Hajir Chingis Tengri)'의 이름이라고 생각하는 것이 옳다. 태어난 연도에 대해서는 1155년, 1162년, 1167년 등의 이설이 있다.

어렸을 때 아버지가 타타르 부족에게 독살되어 부족이 흩어졌기 때문에 빈곤 속에서 성장하였고, 당시 강세를 자랑하던 케레이트 부족의 완칸 아래서 점차 세력을 키워, 1189년경 몽골씨족연합의 맹주(盟主)에 추대되어 칭기즈칸이란 칭호를 받게 되었다. 1201년 자다란 부족의 자무카를 격파하고, 타타르 · 케레이트를 토벌하여 동부 몽골을 평정하였으며(1203), 군제(軍制)를 개혁한 후 서방의 알타이 방면을 근거지로 하는 나이만 부족을 격멸하고(1204) 몽골 초원을 통일하였다.

1206년 오논 강변 평원에서 집회를 열고, 몽골제국의 칸에 오르면서 씨족적 공동체를 해체, 군사조직에 바탕을 둔 천호(千戸)라고 하는 유목민집단을 95개 편성하였다. 천호 및 그 하부조직인 백호는 동시에 행정단위이며, 천호장 · 백호장에는 공신들을 임명하여, 이들을 좌익(左翼) · 중군(中軍) · 우익의 만호장 지휘하에 두었다.

또 케시크테이라고 하는 친위대를 설립하고 천호장 · 백호장의 자제로 편성하여 특권을 부여, 몽골 유목군단의 최정예 부대를 구성하였다. 즉위한 이듬해 서하(西夏)를 점령하고, 금(金)나라에 침입하여 그 수도인 중도(中都:지금의 베이징)에 입성하였다(1215). 한편 앞서 멸망된 나이만의 왕자 쿠출루크가 서요(西遼)로 망명하여 그 나라를 약탈하였기 때문에, 부장 제베를 파견하여 토벌한 후에 병합하였다(1218). 또한 서아시아 이슬람 세계의 패자(覇者) 호레즘국과 교역하려고 파견한 사절단이 살해되자, 이것을 계기로 서정(西征)에 올랐다(1219).

오트랄·부하라 등의 도시를 공략하였고, 제베와 수부타이가 인솔한 별군(別軍)은 호레즘 국왕 무하마드를 카스피해상의 작은 섬으로 내몰아 굶어 죽게 하였고(1220) 다시 캅카스산맥을 넘어 남러시아로 출동, 러시아 제공(諸公)의 연합군을 하르하 강변에서 격파하였으며(1223), 크림을 정복한 후 본군에 합류하였다. 본군은 그에 앞서 발흐를 점령하고 무하마드의 아들 잘랄웃딘과 인더스 강변에서 싸워 크게 격파하였다(1221).

그러나 뜨거운 열기에 견딜 수 없어 철군하기로 결정하고, 차가타이·오고타이군과 합세하여 귀국하였다(1225). 이때 이슬람교도의 공예가와 장인(匠人)의 기술을 높이 평가하고 그들을 포로로 데리고 왔다. 정복한 땅은 아들들에게 각각 분할해주어 나중에 한국(汗國)을 이룩하게 하였으나, 몽골 본토는 막내아들 툴루이에게 주기로 하였다.

이어 1226년 가을 서정(西征) 참가를 거부한 서하를 응징하려고 서하의 수도 닝샤(=寧夏)를 포위하였으나 간쑤성 칭수이현(=淸水縣) 시장(=西江) 강변에서 병사하였다. 그는 샤머니즘 신자였으나 다른 종교에 대해서도 관대하였고 외래문화의 흡수에 노력하였다.

특히 위구르 문화를 사랑하여 나이만 정벌 당시 포로로 데리고 온 위구르인 타타동가에게 여러 아들들로 하여금 위구르 문자를 배우게 하였고, 그것을 국자(國字)로 채용하였다. 이 위구르 문자로부터 몽골문자와 만주문자가 만들어졌다. 또 요(遼)나라 유신(遺臣) 야율초재(耶律楚材)와 위구르인 진해(鎭海)를 중용하고 그 교양과 정치적 능력을 이용하여 정복지 통치에 힘을 기울였다.

5 잔 다르크

[그림 10] 잔 다르크 동상

15세기 전반에 영국의 랭커스터 왕조가 일으킨 백년전쟁 후기에 프랑스를 위기에서 구한 영웅적인 소녀. 가톨릭의 성녀(聖女). 로렌과 샹파뉴 사이에 있는 동레미라퓌셀의 독실한 그리스도교 가정인 농가에서 태어났다. 1429년의 어느 날 "프랑스를 구하라"는 신의 음성을 듣고 고향을 떠나 서쪽으로 가서 루아르 강변의 시농성(城)에 있는 샤를 황태자(뒷날의 샤를 7세)를 방문하였다. 당시의 프랑스는 북반부를 영국군 및 영국에 협력하는 부르고뉴파(派) 군대가 점령하고 있었고, 프랑스의 왕위도 1420년의 트루아의 조약에 따라 샤를 6세 사후에는 영국왕 헨리 5세가, 또 그의 사후에는 그의 아들 헨리 6세가 계승하도록 되어 있어, 황태자 샤를은 제외되어 있는 형편이었다.

잔 다르크는 샤를을 격려하고 그에게서 받은 군사를 이끌고 나가, 영국군의 포위 속에서 저항하고 있던 오를레앙 구원에 앞장서서 싸웠다. 영국군을 격파하여 오를레앙을 해방시킨 데 이어 각지에서 영국군을 무찔렀다. 흰 갑주에 흰 옷을 입고 선두에 서서 지휘하는 잔 다르크의 모습만 보고도 영국군은 도망하였다. 이리하여 그 해 5월 상순, 영국군은 오를레앙에서 완전히 패퇴하였다. 랭스까지 진격한 잔 다르크는 이곳 성당에서 전통적인 전례에 따라 샤를 7세의 대관식(戴冠式)을 거행토록 하였다.

이에 샤를 7세는 영국의 헨리 6세에 앞서 왕위를 계승하였는데, 잔 다르크에 대한 왕의 측근들의 질시와 선망 속에서도 잔 다르크는 더욱 충성을 하였다. 1430년 5월 콩피에뉴 전투에서 부르고뉴파 군사에게 사로잡혀 영국군에게 넘겨졌다. 1431년, 재판에서 마녀로 낙인 찍혀, 이단(異端) 선고를 받고 루앙에서 화형을 당하였다. 뒤에 샤를 7세는 앞서의 유죄판결을 파기(1456), 명예를 회복시켰고, 가톨릭교회에서는 1920년 그녀를 성녀로 시성(諡聖)하였다.

6 나폴레옹

[그림 11] 나폴레옹 보나파르트

프랑스의 군인이면서 황제이며, 재위 기간은 1804~1814/1815 이다. 이름은 나폴레옹 보나파르트(Napolon Bonaparte)로 지중해 코르시카섬 아작시오 출생이다. 카를로 보나파르테와 레티치아 라몰리노 사이에서 태어났다. 프랑스혁명의 사회적 격동기 후의 안정에 편승하여, 제1제정을 건설하였다. 군사·정치적 천재로서 세계사상 알렉산드로스대왕·카이사르와 비견된다. 아버지가 지도자 파올리를 따라 프랑스에 대한 코르시카 독립운동에 가담하나, 싸움에 진 뒤에는 도리어 프랑스 총독에게 접근하여 귀족의 대우를 받았다.

1779년 아버지를 따라 프랑스에 건너가, 10세 때 브리엔 유년학교에 입학하여 5년간 기숙사 생활을 하였다. 코르시카 방언으로 프랑스어 회화에 고민하며 혼자 도서실에서 역사책을 읽는 재미로 지냈으나, 수학만은 뛰어난 성적을 보였다. 1784년 파리육군사관학교에 입학, 임관 뒤 포병소위로 지방연대에 부임하였다. 1789년 프랑스혁명 때 코르시카로 귀향하여, 파올리 아래서 코르시카 국민군 부사령에 취임하였다. 프랑스 육군은 3회에 걸친 군대이탈과 2중 군적에 대해 휴직을 명하였다.

1792년 파올리와 결별하고, 일가와 함께 프랑스로 이주하였다. 1793년 가을 툴롱항구 왕당파반란을 토벌하는 여단 부관으로 복귀하여, 최초의 무훈을 세웠다. F.로베스피에르의 아우와 지우(知遇)를 갖게 되어 이탈리아 국경군의 지휘를 맡았다. 테르미도르(Thermidor)의 반동 쿠데타로 로베스피에르파(派)로 몰려 체포되어 다시 실각, 1년간 허송세월을 보냈다. 1795년 10월 5일(방데미에르 13일), 파리에 반란이 일어나 국민공회(國民公會)가 위기에 직면하자, 바라스로부터 구원을 요청받고, 포격으로 폭도들을 물리쳤다.

　이 기민한 조치로 재기의 기회를 포착, 1796년 3월 바라스의 정부(情婦)이자 사교계의 꽃이던 조세핀과 결혼, 총재정부로부터 이탈리아 원정군사령관으로 임명되었다. 이탈리아에서 오스트리아군을 격파하여 5월에 밀라노에 입성, 1797년 2월에는 만토바를 점령하는 전과를 올렸다. 10월 오스트리아와 캄포르미오 조약을 체결하여, 이탈리아 각지에 프랑스혁명의 이상을 도입한 인민공화국을 건설하였다. 그의 명성은 프랑스에서도 한층 높아졌다. 하루 3시간만 잔다는 소문도 있었으나, 비서 브리센에 의하면 건강에 항상 신경을 써서 하루 8시간은 잤다고 한다.

[그림 12] 알프스를 넘는 나폴레옹

　1798년 5월 5만여 명의 병력을 이끌고 이집트를 원정하여 결국 카이로에 입성하였다. 7월 해군이 아부키르만(灣)에서 영국함대에 패하여 본국과의 연락이 끊기자 혼자서 이집트를 탈출, 10월에 프랑스로 귀국하였다. 곧 그를 통해 총재정부를 타도하려는 셰이에스·탈레랑 등의 음모에 말려들었다. 1799년 11월 9일(브뤼메르 18일) 군을 동원, 500인회를 해산시켜 원로원으로부터 제1통령으로 임명되고, 군사독재가 시작되었다.

　그는 평생 코르시카인의 거칠음·솔직함을 잃지 않아, 농민출신 사병들로부터 신뢰를 받고 있었으나, 역사적 영웅으로 보면 인간성을 무시하고 도덕성이 결여된 행동의 주인공이었다. 광대한 구상력, 끝없는 현실파악의 지적 능력, 감상성 없는 행동력은 마치 마력적이라고 할 정도였다. 이처럼 사상 유례 없는 개성이 혁명 후의 안정을 지향하는 과도기의 사회상황에서 보나파르티즘이라는 나폴레옹의 정치방식이 확립되었다. 제1통령으로서 국정정비·법전편찬에 임하고, 대(對)오스트리아와의 결전을 서둘러 1800년 알프스를 넘어 마렝고에서 전승을 이룩하였다.

1802년에는 영국과 아미앵화약을 맺고, 1804년 12월 인민투표로 황제에 즉위하여 제1제정을 폈다. 즉위소식을 들은 L. 베에토벤이 《영웅 교향곡》의 악보에서 펜을 던지고, '인민의 주권자도 역시 속물이었다'고 한탄하였다고 한다. 영국을 최대의 적으로 간주하던 그는 즉위하자, 곧 상륙작전을 계획하였다. 1805년 가을 프랑스함대는 트라팔가 해전에서 H. 넬슨의 영국해군에 다시 격파되어, 그의 웅도(雄圖)는 끝내 이루어지지 않았다. 그러나 같은 해 12월 아우스터리츠 전투에서 오스트리아 · 러시아군을 꺾은 이래, 프랑스육군은 전유럽을 제압하여 위광을 전세계에 떨쳤다.

⑦ 십자군 전쟁과 영웅 살라딘

[그림 13] 살라딘 동상

4세기 동안 비잔티움은 동쪽으로부터의 이슬람세력의 공격을 잘 막아냈다. 그러나 비잔틴제국은 이제 더 이상 버틸 힘이 없었다. 알렉사우스 콤메누스(1081~1118) 황제는 교황 우르반 2세에게 이교도 침입자를 막아줄 원군을 요청하였다. 1095년 11월 27일 교황은 동방의 기독교 형제를 구조하기 위해 신병모집에 나섰다. 성지로 가는 서구의 성지순례 루트를 안전하게 다시 복구시키겠다는 대의를 내걸고 이슬람 땅으로 진출할 전사들을 불러모으기 시작하였다.

서유럽 기독교들이 시작한 중동침입, 이른바 첫 번째 십자군 원정은 성공적이었다. 예루살렘이 1099년 점령되어 무슬림과 유대교도 주민들이 무참하게 대학살당하였다. 예루살렘에 라틴왕국이, 그리고 안티옥, 에데사, 트리폴리에 세 개의 십자군 공국들이 세워졌다. 이때 바그다드의 압바스 칼리파나 셀주크 술탄은 그들의 관심 밖에 있는 시리아와 팔레스타인 땅에서의 이 같은 불행에 냉담하였다. 당시 셀주크는 1092년 술탄 말리크샤의 죽음 이후, 아들 간에 내전이 일어나고 급속히 정치적 분열현상을 보이며 혼란의 소용돌이에 휩싸였다. 이집트의 파띠마조도 붕괴 직전이어서 이슬람을 위해 예루살렘을 되찾겠다는 어떤 노력도 할 수 없었다. 시리아의 지방 아미르들이 세운 터키정권들만이 상호 적대상태에 있으면서 각기 상대방에게 대항하기 위해 십자군과 손을 잡거나 또는 십자군과 싸우기 위해 제휴하곤 했다.

이슬람세계에 온 서구인들은 문명의 큰 격차를 실감하고는 경이로워 했고 반대로 무슬림들은 십자군의 야만적 행동과 원시적 수준인 의료지식에 깜짝 놀랐다. 서유럽은 십자군 전쟁을 통해 비잔틴 문화와 선진 이슬람문화를 접하면서 큰 자극을 받게 되었다. 무슬림세계의 눈에 비친 십자군 원정은 대수롭지않은 사건이었고 심각한 위협으로 생각하지 않았다. 십자군 국가들은 그저 묵인되어 계속 존속했을 뿐이다. 그러면서도 이웃간의 불화와 충돌은 불가피했다. 결국 나누어져 있던 무슬림 지방정권들이 단결하여 지하드(성전)를 선언하였다.

모술지역의 아타백인 이마드 앗딘 잔기(1127~1146년 재위)가 등장하여 알렙포를 손에 넣고 해안도시 에데사 마저 1144년 탈환하면서 전세는 바뀌어갔다. 그리고 이슬람 역사에 또 다른 영웅이 탄생하는 순간이 왔다. 1187년 잔기의 휘하에 있던 쿠르드 출신 살라딘은 예루살렘을 회복하였다. 그리고는 88년 전 십자군들이 저질렀던 포악스런 약탈행위와는 정반대로 투항하는 모든 사람들에게 자비를 베풀고 용서와 화합의 선정을 베풀었다. 마침내 십자군 전쟁은 끝이 났다. 살라딘의 기사도적 관용정신은 서구에서도 높이 평가되었고 단테의 신곡에도 등장하듯이 무슬림세계에서 그는 전설적인 인물이 되었다.

살라딘(1169~1193년 재위)은 파띠마조를 멸하고 이집트에 아이유브왕조(1169~1252년)를 세웠다. 이 왕조의 영토는 이집트, 팔레스타인, 시리아, 모술에 이르고 북부메소포타미아도 포함했다. 살라딘은 이집트에 순니 신앙을 회복시켰다. 그리고 바그다드에 있는 압바스조 칼리파의 종주권을 공식적으로 인정하였다. 이때까지만 해도 바그다드의 압바스 칼리파는 비록 권세는 없지만 상징적인 이슬람세계의 수장권자였다. 그러나 아이브유 왕조는 후계자들간의 분쟁으로 얼마가지 못하고 13세기 중반부터 쇠잔해지더니 맘루크국에 의해 멸망했다. 맘루크들은 13세기 말 세력의 판도를 시리아로 넓혀 살라딘처럼 다시 시리아와 이집트를 그들의 영토로 만들었다. 그리하여 맘루크국(1250~1517년)이 이슬람 역사에 새롭게 등장한다.

8 넬슨 (Horatio Nelson, 1758.9.29~1805.10.21)

[그림 14] 넬슨 동상

영국의 제독(提督). 미국 독립전쟁, 프랑스 혁명전쟁에 종군했고 코르시카 섬 점령, 세인트 빈센트 해전에서도 수훈을 세웠다. 나폴레옹 대두와 더불어 프랑스 함대와 대결하는 중심인물이었고 트라팔가 해협에서 프랑스-에스파냐 연합 함대를 격멸시켰다. 노퍽 출생. 1770년 해군에 입대하여 1780년 미국 독립전쟁에 참전한 후, 프랑스의 혁명전쟁에 종군하여 지중해와 대서양에서 싸웠다. 1794년에는 코르시카섬 점령에 공을 세웠으나 오른쪽 눈을 잃었으며, 1797년의 세인트 빈센트 해전에서도 수훈을 세웠으나 오른쪽 팔을 잃었다. 그러나 이에 굴하지 않고 나폴레옹 대두와 더불어 프랑스 함대와 대결하는 중심인물이 되었다. 1798년 나일강 입구의 아부키르만 해전에서 프랑스 함대를 격파하여 '나일강의 남작'이라 불렸다.

그러나 나폴리 체재 중 알게 된 해밀턴 부인과의 친교로 일시 군무(軍務)를 포기하고 귀국하였다. 1801년부터 다시 해상에 나갔고, 같은 해에 자작이 되었으며, 1803년부터는 지중해 함대 사령관으로서 프랑스 함대를 견제하였다. 1805년 봉쇄한 풀롱항(港)에서 탈출한 프랑스 함대를 추격하여, 그 해 10월 21일 트라팔가 해협에서 프랑스-에스파냐 연합 함대를 포착, 대담한 분단작전으로 이를 격멸시켰으나, 완승 직전에 적의 저격을 받아, "하느님께 감사한다. 우리는 우리의 의무를 다했다"라는 최후의 말을 남기고 기함 빅토리아호(號)에서 전사하였다.

9 롬멜 (Erwin Johannes Eugen Rommel, 1891.11.15~1944.10.14)

[그림 15] 롬멜의 전투지휘

독일의 군인. 제1차 세계대전에는 소위로서 참전했고 전후 나치스운동에 흥미를 가져 나치스의 국방군을 지휘하여 빈·프라하·바르샤바 등지를 침공해 제2차 세계대전의 빌미를 삼았다. 제2차 세계대전이 발발하자 기갑사단장으로 프랑스 전선에서 활약했고 북부 아프리카로 전전했다. 1910년 육군에 입대하고 제1차 세계대전에는 소위로서 참전

하였다(1914~1918). 전후 나치스운동에 흥미를 가지게 되었으며 이에 히틀러의 호감을 사 경비대장이 되었으며(1938), 나치스의 국방군을 지휘하여 빈·프라하·바르샤바 등지를 침공(1939)함으로써 제2차 세계대전의 빌미를 삼았다. 제2차 세계대전이 발발하자, 1940년 기갑사단장으로 프랑스 전선에서 활약, 1941년 북부 아프리카로 전전(轉戰), 교묘한 작전으로 영국군을 괴롭혀 '사막의 여우(the Desert Fox)'라는 별칭을 얻게 되었다. 1942년 원수로 승진했으나, 10월 알알라메인을 침범, B.L.몽고메리가 지휘하는 영국군에 패하였고, 결국 북아프리카에서 철퇴, 그 뒤는 서부전선의 지휘를 맡았다. 1944년 독일 방위군 총사령관으로 작전지휘 중 부상, 병원에서 요양중에 히틀러 암살 미수사건에 참여, 히틀러의 명령에 의해 자살하였다고 한다.

10 몽고메리 (Bernard Law Montgomery, 1887.11.17~1976.3.24)

영국의 군인. 제2차 세계대전 때 독일군의 공격을 저지하려 하였으나 실패하였다. 노르망디 상륙작전에서 영국군 총사령관으로서 활약하였고 1946년에 가터 훈장을 받았다. 1908년 육군사관학교를 졸업한 후 군에 투신하였다. 1910~1914년에는 인도 근무, 1914년에 제1차 세계대전에 종군, 전쟁이 끝난 후에는 아일랜

드, 팔레스타인에서 근무하였다. 1931년 대령, 1938년에는 소장이 되어 팔레스타인에서 사단장으로 있었다.

[그림 16] 몽고메리의 전투지휘

제2차 세계대전 때에는 제3사단장으로서 프랑스군과 연합하여 독일군의 공격을 저지하려 하였으나 실패하고, 1940년 6월 당케르크 철수 후에는 제5사단장을 거쳐 1942년에 제8군 사령관으로서 북아프리카 작전을 맡아 롬멜 휘하의 독일군을 엘 알라멩에서 격파, 전국(戰局)에 승기를 마련하였다. 1944년 노르망디 상륙작전에서는 영국군 총사령관으로서 활약, 원수가 되었다. 1946년에 백작이 되어 가터 훈장을 받았고, 참모총장을 거쳐 1951~1957년에는 NATO(북대서양조약기구)군 최고사령관 대리로 있었다.

⑪ 맥아더 (Douglas MacArthur, 1880.1.26~1964.4.5)

미국의 군인으로, 제2차 세계대전을 맞이하여 1945년 8월 일본을 항복시키고 일본점령군 최고사령관이 되었다. 6 · 25전쟁 때는 UN군 최고사령관으로 부임하여 인천상륙작전을 지휘하였다. 아칸소주(州)의 리틀록 출생. 미국-스페인전쟁에서 무공을 세운 군인 A.맥아더의 아들로서 1903년 웨스트포인트사관학교를 수석으로 졸업하였다. 그 후 육군에 근무하여 1930년 대장으로 승진하였다. 군에서

[그림 17] 맥아더 장군

는 극동통(極東通)으로 알려졌고, 1936년 필리핀군(軍)의 고문으로 근무하다가 1937년 퇴역하였다. 그 후 대일관계(對日關係)가 긴박하였던 1941년 7월 현역에 복귀하여 미국 극동군사령관으로 필리핀에서 근무하다가 제2차세계대전을 맞이하였다. 1942년 초 일본군의 공격으로 마닐라를 빼앗기고 오스트레일리아로 이동, 연합군 남서태평양방면 사령관으로서 대일작전을 지휘하였다. 그 해 가을부터 뉴기니 작전을 비롯하여 반격작전을 전개, 1945년 7월에는 필리핀을 완전히 탈환(奪還)하고, 이어 8월에 일본을 항복시키고 일본점령군 최고사령관이 되었다.

[그림 18] 인천상륙작전 지휘

1950년 6·25전쟁이 일어나자 국제연합군(UN군) 최고사령관으로 부임하여 인천상륙작전을 지휘, 전세를 역전시켜 적을 한만국경까지 몰아내는 데 성공하였다. 그러나 중국군의 개입으로 다시 후퇴를 하게 되자 그는 만주폭격과 중국연안봉쇄, 대만의 국부군(國府軍)의 사용 등을 주장하였고, 이로 인해 트루먼 대통령과의 대립으로 1951년 4월 사령관의 지위에서 해임되었다. 귀국 후에는 레밍턴 랜드 사장으로 취임하였고, 정치적으로는 공화당 보수파(保守派)에 속하여 공화당의 대통령후보로 지명된 적도 있다. '노병(老兵)은 죽지 않고, 사라질 뿐이다'라는 유명한 말을 남겼다.

13 다얀 (Moshe Dayan, 1915.5.20~1981.10.16)

　　이스라엘의 정치가·군인으로 건국의 국민적 영웅이다. 팔레스타인전쟁 기간 중 예루살렘전선 사령관, 이스라엘 군 참모장, 수에즈 전쟁 때 시나이반도전선 사령관을 지냈다. 아랍과의 긴박한 분위기 속에서 국방장관에 취임, 중동전쟁에서 단기간에 압도적 승리를 거두었다.

　　팔레스타인 데가냐 출생. 1937년 대(對)아랍 게릴라 조직에 참가하여 불법자위대인 '하가나'를 조직하였고, 1939년 이 조직이 비합법적 조직이라는 이유로 영국 당국에 체포되었다. 제2차 세계대전 중 영국군에 참가하여 시나이에서 싸우다 한쪽 눈을 잃고, 그 이후 한쪽 눈을 가린 검은 안대로 유명해졌다. 1948년의 팔레스타인전쟁에서는 예루살렘전선 사령관, 1953~1958년 이스라엘군 참모장, 1956년의 수에즈 전쟁에서는 시나이반도전선 사령관을 역임하였다.

　　그 후 군적(軍籍)을 떠나 정계에서 활약하여 L.에슈콜 내각에서 농업장관이 되었으나, 에슈콜과 대립하여 1961년 은퇴하였다. 그러나 1967년 5월 아랍과의 긴박한 분위기 속에서 국민의 요망과 지지를 받아 국방장관에 취임, 육·해·공군의 전력을 결집하여 중동전쟁에서 단기간에 압도적 승리를 거두었다.

심화 탐구 주제

1. 시대가 영웅을 만든다는 말이 있다. 그것은 당대의 전쟁 영웅이 그 시대의 상황과 도전의 흐름을 잘 파악해서 능동적이고 창조적으로 대처했기 때문이다. 앞에서 제시된 전쟁영웅들의 상황 파악과 창조적 대처 능력에 대한 본인의 의견을 개진해 보세요.

2. 전쟁영웅들의 특성 중 하나는 가용자원의 활용능력이 매우 탁월하다는 사실이다. 이는 자신의 주변에 없는 자원을 불평하기 보다는 자신에게 주어진 자원을 최대한 활용하는 것을 의미한다. 이러한 능력과 활동내용에 대한 구체적 사례를 제시해보자.

3. 전쟁에 있어서 무기와 장비와 물자는 매우 중요하다. 하지만 가장 중요한 것은 이러한 제반 요소를 효율적으로 통합하고 운용하는 리더십이라고 할 수 있다. 전쟁영웅들의 리더십에 대한 개인의 의견을 개진해 보세요.

제 2 장 전쟁과 영웅: 한국사례

1 삼국시대의 전쟁 영웅들

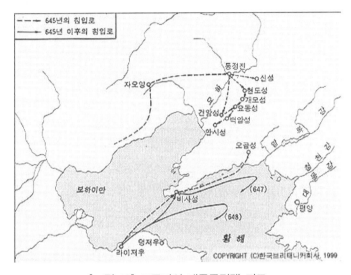

[그림 19] 고구려의 대중국전쟁 지도

　먼저 고구려의 전쟁영웅들은 주로 대중국 전쟁을 통해서 나타났다. 대중국 투쟁은 대략 다음의 4시기로 나누어볼 수 있다. 제1기는 유리왕~미천왕기로 대체로 낙랑군·현도군·요동군 등 중국 군현과의 투쟁을 통해 성장하는 시기이며, 제2기는 미천왕~광개토왕기로 북중국을 차지한 선비족 모용씨(慕容氏)의 전연(前燕)과 각축을 벌이는 시기이다. 제3기는 중국 세력이 남북조로 나뉘어 대립하고 북방의 유목족인 유연(柔然)이 세력을 떨치는 국제정세 속에서 양면 외교를 통하여 평화적인 대중국 관계를 지속하는 시기이고, 제4기는 중국을 통일한 수·당과 동아시아의 패권을 놓고 다투던 시기이다. 이러한 4시기 중에서 제3기를 제외하고 고구려는 중국 세력과 치열한 무력 충돌을 거듭하였다.

　초기 고구려의 성장은 중국 군현세력을 축출하기 위한 투쟁과정이기도 하였다. 고구려는 BC 75년 고구려족의 중심지역에 설치된 현도군의 지배에 저항하여 이를 무순 지역(撫順地域)으로 몰아낸 것을 계기로 하여 이후 연맹체를 형성해서 본격적인 대중국 투쟁을 전개하였다. 기록상 고구려와 중국 세력의 첫 충돌은 12

년(유리왕 31)에 있었지만, 본격적인 충돌은 고구려가 적극적인 대외팽창을 추구하였던 태조왕대 부터이다. 대체로 태조왕 전반기까지 주변의 소국을 정복하여 고구려족의 통합을 이루고, 한편으로 북옥저 · 동옥저 · 양맥 등 주위의 여러 다른 종족에 대한 복속을 마무리짓고, 2세기초부터 중국 군현에 대한 본격적인 공세로 들어갔다. 당시 고구려의 주된 공격 대상은 현도군과 요동군이었다. 고구려의 중국 군현에 대한 공격은 기습적으로 물자와 인민을 노획하는 성격을 지녔기 때문에, 영토의 개척으로 이어지지는 않았다. 게다가 중국 군현의 역공도 만만치 않았고, 북만주에 위치한 부여가 중국 군현을 지원했으므로 고구려의 대중국 투쟁은 쉽지 않았다. 태조왕 이후 한동안 수세적인 입장에서 중국 군현세력과 간간이 충돌하던 고구려는 중국이 삼국으로 나뉘자 남쪽의 오(吳)와도 외교관계를 맺으며 당시의 국제정세를 이용하여 다시금 대외팽창을 시도하였다. 그리하여 238년 위(魏)나라의 공격으로 요동의 공손씨(公孫氏) 세력이 무너지자 고구려 동천왕(東川王)은 이 기회를 틈타 242년 서안평(西安平)을 기습 공격하였다. 서안평은 요동과 한반도의 낙랑군을 연결하는 교통로의 요충지로서, 고구려의 공격에 놀란 위의 유주자사 관구검(毌丘儉)은 고구려에 역공을 가했다(246). 이때 고구려는 위군에 대패하여 수도 환도성이 함락당하고, 동천왕은 동옥저로 피신하는 시련을 겪었다. 이때의 패배로 큰 타격을 입은 고구려는 한동안 대외투쟁이 침체되었다. 그러다가 미천왕대에 이르러 그 동안의 사회발전과 집권화의 진전으로 국력이 충실해지자, 북중국이 5호 16국의 혼란기로 접어든 당시의 국제정세를 바탕으로 다시 본격적인 대외정복활동을 전개했다. 313년(미천왕 14) 낙랑군과 대방군을 정복하고, 그 여세를 몰아 요동으로 진출하여 이 지역의 지배권을 놓고 몽골 고원에서 내려오는 유목민족들과 각축을 벌였다. 이 과정에서 고구려는 선비족의 모용씨가 세운 전연과 첨예한 대립을 벌였다. 342년(고국원왕 12) 전연의 침공으로 수도가 함락되는 위기를 맞기도 하였으며, 371년에는 백제의 침공으로 고국원왕이 전사하는 대타격을 입기도 했다. 그러나 소수림왕대의 체제정비를 통해 국력을 가다듬은 고구려는 광개토왕과 장수왕대에 후연(後燕)을 공격하여 요동을 병합하고 북만주를 차지하여 동북아시아에 커다란 세력권을 형성하였다. 그리하여 5세기 중반 이후에는 중국의 남북조와 북방의 유연 및 동방의 고구려가 다원적인 세력균형을 이룬 상태에서 동아시아의 국제정세는 상대적인 안정을 유지하였다. 이러한 국제정세 아래에서 고구려는 대륙의 여러 세력과 다각도의 외교관계를 맺으면서 장기간의 평화관계를 지속하였다.

그러나 이러한 국제정세는 6세기말에 수(隋)가 중원의 통일제국으로 등장하면서 급속히 붕괴되었다. 중국 중심의 국제질서로의 개편을 추구하는 수나라는 북방의 돌궐(突厥)을 복속시키고, 고구려를 위협하였다. 598년(영양왕 9) 고구려의 선제 공격을 계기로 하여 수나라는 고구려에 대해 4차례에 걸친 대규모 침공을 시도했다. 그러나 그 결과는 수의 참담한 패배로 끝났고, 수는 그 여파로 곧 멸망했다. 수가 멸망한 후 일시적인 혼란을 수습하면서 당이 등장하자, 고구려는 다시 당과 대결하게 되었다. 당의 대외정책도 수의 그것과 동일하였다. 대외적인 위기가 심화되는 상황에서 대외 강경파인 연개소문(淵蓋蘇文)이 집권하자, 고구려와 당 사이에 무력 충돌이 시작되었다. 645년(보장왕 4) 당 태종의 친정(親征)으로 시작된 수차례의 고구려 침공은 별 실효를 거두지 못하였다. 당시의 대표적인 전투로는 안시성전투가 유명하다. 이후 당은 신라와 군사동맹을 맺어 백제를 먼저 제어하는 방법을 택했다. 나당연합군은 660년 백제를 멸망시킨 후, 고구려를 협공했다. 백제의 멸망으로 군사활동이 용이해진 신라군과 당군의 양면 공격이 거듭되자 고구려도 더이상 견디지 못하고 668년 평양성의 함락과 함께 멸망하고 말았다

가. 을지문덕 (乙支文德, ?~?)

[그림 20] 을지문덕 장군

고구려 명장. 수(隋)나라 군이 고구려를 침범하자 적진에 가서 형세를 정탐하였으며 후퇴작전을 이용하여 적군을 지치게 만든 다음, 거짓 항복을 하여 후퇴하는 수나라 군을 살수에서 공격하였다.

'을지'라는 성은 연장자를 의미한다고도 하며 '을'만 성이고 '지'는 존대의 접미사로 보기도 하며, 선비족 계통의 성씨로 보아 을지문덕을 귀화인으로 보기도 한다. 612년(영양왕 23) 수(隋)나라의 우중문(于仲文)·우문술(宇文述)이 113만여 명의 수륙양군(水陸兩軍)으로 고구려를 침범하였다. 육군은 요동성을 공격하였으나 고구려군의 항전에 교착상태에 빠졌고 수군(水軍)은 바다를 건너 패강(浿江 : 대동강)을 거슬러 와 평양성을 공격하였다가 일시에 섬멸당했다. 우중문, 우문술

등은 별동부대를 편성하여 평양을 직공(直攻)하기로 하였다. 고구려가 평양성 공격의 위기에 봉착하자 을지문덕은 항복한다는 구실로 수나라 군대에 가서 형세를 정탐하였다. 수나라 군이 이 사실을 알고 추격하자 적의 군사력을 소모시키기 위해 하루에 7번 싸워 7번 거짓 패배를 가장하는 후퇴작전을 이용하여 평양성(平壤城) 30리 밖까지 유인하였다.

이때 장군은 적장 우중문에게 '神策究天文妙算窮地理戰勝功旣高知足願云止(귀신같은 꾀는 천문을 구명하고 신묘한 셈은 지리에 통달했네. 전승의 공은 이미 높으니 만족함을 알았으면 그치기를 바라오)'라는 희롱의 시를 보내며 수군이 물러나면 영양왕이 수 양제를 알현하겠다고 하여 퇴각의 길을 열어 주었다. 우중문이 지친 군사로 회군(回軍)하자, 을지문덕은 살수(薩水:淸川江)에서 수나라의 후군(後軍)을 무찔러 대승하였다(薩水大捷). 침착 대담하고 지략과 무용에 뛰어났으며, 시문(詩文)에도 뛰어났다.

나. 연개소문 (淵蓋蘇文, ?~665?)

고구려 말기의 장군 겸 재상. 태어난 해는 알 수 없으며, 죽은 해는 《삼국사기》에 보장왕 25년(666)으로 기록되어 있으나, 그의 아들인 남생(男生)의 묘지명 천남생묘지명(泉男生墓誌銘)에 의하면 보장왕 24년(665)에 죽었다고 한다.

고구려 동부(東部) 출신이라고도 하며 서부(西部) 출신이라고도 하는데, 어느 쪽이 맞는지는 분명하지 않다. 이름이 개소문(蓋蘇文), 개금(蓋金), 개금(盖金), 이리가수미(伊梨柯須彌) 등 기록마다 다양하게 표기되었으며, 성씨도 연(淵), 천(泉), 전(錢) 등으로 표기되었다. 본래 연씨이지만 당나라 고조(高祖) 이연(李淵)의 이름을 피해 뜻이 같은 천(泉)자로 바꿨다고 보는 것이 보통이다. 소문(蘇文)을 직명(職名)으로 보는 설, 연개(淵蓋)를 성으로 보는 설 등이 있지만 최근에는 받아들여지지 않는다.

그의 성씨에 대해서는 《삼국사기》에 "스스로 물 속에서 태어났다고 대중을 현혹시켰다"는 대목이 있으며, 아들인 남생의 묘지명에도 그의 집안이 연못에서 나왔다고 적혀 있어 물과 관련된 동북아시아 지방의 고대 설화로부터 영향을 받았음을 알 수 있다. 그러나 그의 또 다른 아들인 남산(男産)의 묘지명에서는 조상을 고구려의 시조인 주몽과 연결시키고 있어 차이를 보인다.

《삼국사기》 등에 의하면, 연개소문은 생김새가 씩씩하고 뛰어났으며 수염이 아름다웠다. 또, 의지와 기개가 커서 작은 것에 얽매이지 않았다고 한다. 남생 묘지명에는 연개소문의 할아버지 이름이 자유(子遊), 아버지 이름이 대조(大祚)였으며 모두 막리지였다고 적혀 있다. 그런데 연개소문의 아버지에 대해 남산의 묘지명은 대로(對盧)라고 하였고, 《신당서》는 동부대인(東部大人) 대대로라고 하였다. 《삼국사기》에는 아버지가 죽자 개소문이 그 자리를 이어받으려 하니 나라 사람들이 그를 미워하여 어렵게 뒤를 이었다는 이야기가 실려 있다.

나중에 연개소문의 세력이 강해지자 여러 대인(大人)들이 왕과 상의하여 그를 죽이려 하였다. 그것을 미리 안 연개소문은 자기 부(部)의 군사를 모아 거짓으로 열병(閱兵)한다면서 잔치를 베풀어 대신들을 초대한 뒤 모두 죽였는데, 이때 죽은 자가 100여명에 이르렀다고 한다. 그리고 궁궐로 가서 왕(영류왕:嬰留王)을 죽이고 대신 왕의 동생인 장(臧)을 새 왕으로 세우니, 그가 바로 고구려의 마지막 왕인 보장왕(寶藏王)이다.

쿠데타에 성공한 연개소문은 막리지에 오르고 이전 귀족회의가 가지고 있던 병권(兵權)과 인사권(人事權)을 장악하였다. 이때 그가 대장군에 해당하는 대모달(大模達)에 취임했다는 설도 있다. 막강한 권력을 손에 쥔 연개소문은 이후 어느 시기에 다시 대대로에 취임하였다. 고구려 후기에 대대로는 3년이 기한이며 연임이 가능한 직책이었다. 또한 왕이 임명하는 것이 아니라 귀족회의에서 합의로 선출하는 직책이었는데, 귀족들 간의 합의가 이루어지지 않으면 무력이 동원되기도 했다.

연개소문은 집권이후 도교(道敎)를 진흥시키고자 당나라에 요청해 도사(道士) 숙달(叔達) 등 8명을 초빙하였다. 연개소문이 도교 진흥책을 편 것은 당시 유행하던 도참설을 배격하고 도교적 전제정치를 실시하려고 했기 때문이며, 불교와 친밀한 기존 세력을 억압하기 위한 목적도 있었다고 해석한다.

한편, 연개소문은 외교정책을 대당강경책(對唐强硬策)으로 이끌었다. 고구려는 수(隋)나라의 중국 통일 이후 침입에 대비하였다. 그리하여 영양왕 때에는 수나라가 침입하려 하자 오히려 먼저 공격하는 강경책을 펴기도 했다. 그러나 당나라가 건국한 뒤에는 영류왕 때 온건책을 펴고 있었다. 그런데 연개소문이 집권하면서 고구려의 외교정책이 강경책으로 바뀌었다. 이러한 변화를 신 구 귀족 사이의 갈등과 연관시키기도 한다. 흔히 구귀족은 대외 온건파, 신귀족은 대외 강경파로 보는데, 이들 중 누가 집권하느냐에 따라 대외 정책이 변한다는 것이다. 연개소문은 신귀족 세력으로 분류된다.

연개소문은 백제와 연합하여 신라를 공격하기도 했다. 고구려와 백제의 침입을 받은 신라는 위기를 느끼고 김춘추(金春秋)를 고구려에 보내 화친을 요청하지만 연개소문은 이를 거절하였다. 이에 신라는 당나라로 사신을 보내 고구려를 견제해 줄 것을 요청하였고, 중재에 나선 당나라가 고구려로 사신을 보냈지만, 연개소문은 당나라의 사신마저 가두어 버렸다. 당시 당나라는 중화질서의 확립이라는 명분, 고구려와 기타 세력 사이의 연합을 막아 국가적 위협을 제거해야하는 실리 양쪽 모두를 위해 고구려를 굴복시킬 필요가 있었다. 고구려를 공격할 명분을 찾던 당나라 태종은 고구려가 사신을 가둔 것을 빌미로 침입하였다. 당나라는 초기에 상당한 전과를 올렸지만, 안시성에서의 패배로 정벌전쟁을 실패하였다. 이후 당나라는 전략을 전면전에서 소모전으로 바꾸었다. 그리고 단독작전에서 신라와의 연합작전으로 전략을 바꾸고, 먼저 백제를 공격하여 남과 북에서 동시에 공격하는 전략을 폈다.

다. 김유신 (金庾信, 595~673)

[그림 21] 김유신 장군 영정

삼국통일을 이룩한 신라의 장군. 소정방이 이끈 당나라 군과 연합하여 백제를 멸망시켰다. 당나라 군과 함께 고구려 정벌에 나서 여러 번 실패했으나 결국 성공하였다. 이후, 당나라 군사를 축출하는 데 힘써 한강 이북의 고구려 땅을 수복해 삼국통일의 기반을 다져 놓았다. 본관 김해(金海)이다. 아버지는 소판(蘇判)·대량주도독(大梁州都督)을 역임한 서현(舒玄), 어머니는 숙흘종(肅訖宗:葛文王 立宗의 아들)의 딸 만명(萬明). 본래 가야국의 시조 김수로왕(金首露王)의 12대손이다. 증조부는 금관가야의 마지막 왕인 구해왕(仇亥王:仇衡王이라고도 함)이었고 조부는 신주도 행군총관(新州道行軍摠管)을 지낸 명장

김무력(金武力)이었다. 김유신은 609년(진평왕 31) 화랑이 되어 용화향도(龍華香徒)라 불린 낭도(郎徒)를 이끌고 화랑정신을 길렀고, 611년과 이듬해 중악(中嶽)과 인박산(咽薄山)에서 삼국통일을 기원(祈願)하고 무술을 닦은 뒤 국선(國仙)이 되었다.

[그림 22] 김유신 장군 동상

629년(진평왕 51) 8월 이찬(伊湌) 임영리(任永里) 등이 고구려의 낭비성(娘臂城)을 공격할 때 중당(中幢)의 당주(幢主)로서 출전하여 큰 공을 세웠다. 이때 적군의 역습을 받은 아군의 사기가 떨어져 싸움이 불리해지자 아버지 소판 서현에게 "제가 벼리와 옷깃이 되겠습니다" 하고 홀로 적진으로 돌진하여 적장의 머리를 베어 옴으로써 승리의 기틀을 잡아 대승을 거두게 하였다. 642년(선덕여왕 11) 압량주(押梁州:지금의 慶山) 군주(軍主)가 되었고, 644년 소판 벼슬에 올랐다.

같은 해 9월 상장군(上將軍)이 되어 백제의 가혜성(加兮城) 등 7개 성을 쳐 이기고 이듬해 1월에 개선하였다. 그런데 왕을 알현하기도 전에 매리포성(買利浦城:居昌)이 백제군의 맹공을 받고 있다는 파발에 곧장 상주(上州:尙州) 장군이 되어 출전, 요격하여 크게 무찔렀다. 647년(진덕여왕 1) 1월 여왕을 폐하려고 난을 일으킨 귀족회의 수뇌인 상대등(上大等) 비담(毗曇)과 염종(廉宗)의 반군을 토벌하였고, 10월 무산(茂山:무주) 등 3개 성을 공격해 온 백제군을 보병·기병 1만으로써 크게 격파하였다. 이듬해 압량주 군주로서 전날 백제에게 빼앗긴 대량성(大梁城:합천)을 공격하여 함락시키고 이어서 악성(嶽城) 등 12개 성을 빼앗았으며, 그 공으로 이찬 벼슬로 승진하고 상주행군대총관(上州行軍大摠管)이 되었다.

649년 8월에는 석토성(石吐城) 등 7개 성을 공격해 온 백제의 장군 좌평(佐平) 은상(殷相)을 무찔렀다. 654년 3월 진덕여왕이 후사 없이 죽자 재상으로 있던 이찬 알천(閼川)과 의논하여 이찬 김춘추(金春秋:太宗武烈王)를 왕으로 추대하였다. 이듬해 9월 백제의 도비천성(刀比川城:忠北 永同郡의 飛鳳山城)을 공략하였으며, 이때 백제왕의 문란한 정치를 보고 백제를 멸할 것을 왕에게 건의하였다. 660년(태종무열왕 7) 1월 상대등에 올랐고, 7월 신라 정예군 5만과 소정방(蘇定方)이 이끈 당나라군 13만이 연합하여 사비성(泗沘城)을 함락하여 백제를 멸망시켰다.

661년(문무왕 1) 7월 나당 연합군과 함께 고구려를 정벌하러 가는 도중인 9월 옹산성(甕山城:대전시 鷄足山城)에 있는 백제의 잔적(殘賊)을 토벌하고, 12월 당나라군의 군량미를 실어다 주었으나 당나라군의 철수로 고구려 정벌은 실패로 돌아갔다. 663년 8월 백제의 부흥군(復興軍)을 두솔성(豆率城:周留城)에서 대파하였고, 665년 당나라 고종으로부터 봉상정경평양군개국공(奉常正卿平壤郡開國公)에 봉해졌다.

667년(문무왕 7) 왕을 따라 당나라군과 함께 고구려 정벌에 나섰으나 실패하고 11월 환군하였다. 이듬해 9월 나당 연합군으로 평양을 칠 때 연합군 대총관이 되었으나 왕명으로 금성에 남아 국방을 도맡았다. 고구려 정벌 직후 태대각간(太大角干:太大舒發翰)의 최고직위에 오른 후 당나라 군사를 축출하는 데 힘써 한강 이북의 고구려 땅을 수복함으로써 삼국통일의 기반을 다져 놓았다. 673년(문무왕 13) 7월 병으로 세상을 떠났다. 유해는 금산원(金山原:경주시)에 장사지냈고, 835년(흥덕왕 10) 흥무대왕(興武大王)에 추존되고 경주 서악서원(西嶽書院)에 제향되었다.

라. 계백(階伯, ?~660)

[그림 23] 계백장군

백제 말기의 장군. 나당연합군이 백제를 공격하자 군사 5,000명을 이끌고 출전하여 황산벌에서 신라 김유신의 군대와 맞서 네 차례나 격파하였다. 일찍이 사로(仕路)에 나가 벼슬이 달솔(達率:제2품)에 이르렀다. 당시 신라가 한강 유역을 강점함으로써 그때까지의 나제동맹(羅濟同盟)이 결렬되자 백제는 고구려·일본 등과 친교를 맺고 신라에 대항하였다. 고립상태에 빠진 신라는 당(唐)나라와 동맹을 맺고 원병을 요청하였다. 당나라 고종(高宗)은 소정방(蘇定方)을 신구도 대총관(神丘道大摠管)으로 임명하여 군사와 함께 바다를 건너 신라를 돕게 하여, 이른바 나당 연합군의 5만 병력이 백제를 치기 시작하였다.

[그림 24] 계백장군 동상

이 때 백제의 의자왕은 사치와 연악(宴樂)에 파묻혀 충신들의 훌륭한 작전계획도 물리치고 있다가, 사태가 위급해지자 계백을 장군으로 삼아 적을 막도록 하였다. 계백은 죽기를 각오한 군사 5,000명을 이끌고 출전하면서, 이미 나라를 보전하기 어렵다는 것을 직감하고 '살아서 적의 노비(奴婢)가 됨은 차라리 죽음만 같지 못하다'하여 자기의 처자를 모두 죽여 비장한 결의를 보였다. 황산(黃山)벌에 이르러 세 진영을 설치하고 군사들에게 맹세하기를 "옛날에 구천(句踐)은 5,000명의 군사로써 오(吳)나라 70만 대군을 쳐부쉈으니 오늘날 마땅히 각자가 있는 힘을 다하여 최후의 결판을 내자"하고, 신라의 김유신(金庾信)이 이끄는 5만의 군사를 맞아 네 차례나 그들을 격파하였다.

이에 신라군이 사기를 잃고 있을 즈음, 신라의 장군 품일(品日)은 16세의 어린 아들 관창(官昌)으로 하여금 나가 싸우게 하니, 관창은 백제군과 싸우다가 생포되었다. 계백은 어린 나이로 용전한 관창을 가상히 여겨 살려보냈으나, 관창은 재차 나와 싸우다가 또 붙잡혔다. 계백은 신라에 이같이 용감한 소년이 있으니 싸움은 이미 승부가 난 것이라 예감하였다. 그는 관창의 목을 잘라 그의 말 안장에 묶어 신라군 진영으로 돌려보냈다. 예상했던 대로 신라군은 관창의 죽음으로 사기가 올라 총공격을 감행하였고 계백은 전사하였다. 부여의 부산서원(浮山書院)과 충곡서원(忠谷書院)에 배향되었다.

② 고려 및 조선시대 전쟁영웅들

가. 강감찬 (姜邯贊, 948~1031)

[그림 25] 강감찬 장군 영정

고려시대의 명장. 거란이 10만 대군을 이끌고 쳐들어왔을 때 서북면행영도통사로 상원수(上元帥)가 되어 흥화진(興化鎭)에서 적을 무찔렀으며 달아나는 적을 귀주에서 크게 격파하였다. 1010년(현종 1) 거란 성종(聖宗)이 강조(康兆)의 정변을 구실로 고려를 침공하자, 고려 조정은 강조를 행영도동사(行營都統使)로 삼아 30만 군을 거느리고 통주(通州: 지금의 평안북도 선천)에 나가 막게 했으나 크게 패배했다. 이에 놀란 조정의 대신들이 항복을 주장했으나, 강감찬은 이를 반대하고 전략상 일시 후퇴할 것을 주장하여 왕을 나주로 피신하게 했다. 왕의 피신중에 양규(楊規)가 곽주(郭州)에서 적을 무찌르고, 하공진(河拱辰)의 외교적인 노력으로 화의가 성립되어 고려는 항복의 치욕을 면하게 되었다.

[그림 26] 강감찬 장군 동상

1018년 소배압(蕭排押)이 현종이 친히 조회(朝會)하지 않은 것과 강동(江東) 6성을 돌려주지 않은 것을 구실로 10만 대군을 이끌고 고려를 침략했다. 이때 서북면행영도통사(西北面行營都統使)로 있던 강감찬은 상원수가 되어 부원수 강민첨(姜民瞻) 등과 함께 곳곳에서 거란군을 격파했다. 흥화진(興化鎭)전투에서는 1만 2,000여 명의 기병을 산골짜기에 매복시키고, 굵은 밧줄로 쇠가죽을 꿰어 성 동쪽의 냇물을 막았다가 적병이 이르자 막았던 물을 일시에 내려보내 혼란에 빠진 거란군을 크게 무찔렀다. 이어 자주(慈州: 지금의 평안남도 자산)와 신은현(新恩縣: 지금의 황해도 신계)

에서 고려군의 협공으로 패퇴하는 거란군을 추격하여 구주(龜州)에서 적을 섬멸했다. 침략군 10만 명 중에서 생존자는 겨우 수천에 불과했다.

[그림 27] 강감찬 장군 사적비

강감찬이 승리를 거두고 돌아오니 현종은 직접 영파역(迎波驛)까지 마중을 나와 오색비단으로 천막을 치고 전승을 축하하는 연회를 벌였다. 이 자리에서 현종은 그의 손을 잡고 금화팔지(金花八枝)를 머리에 꽂아주는 등 극진한 환영을 했다. 거란군을 물리친 공으로 검교태위 문하시랑동내사문하평장사 천수현개국남식읍삼백호(檢校太尉門下侍郞同內史門下平章事天水縣開國男食邑三百戶)에 봉해지고 추충협모안국공신(推忠協謀安國功臣)의 호를 받았다.

1020년 특진 검교태부 천수현개국자 식읍오백호(特進檢校太傅天水縣開國子食邑五百戶)에 봉해진 뒤 나이가 많음을 이유로 벼슬에서 물러났다. 그뒤 1030년에 다시 관직에 나아가 문하시중(門下侍中)에 오르고, 이듬해 덕종이 즉위하자 개부의동삼사 추충협모안국봉상공신 특진검교태사 천수현개국후 식읍일천호(開府儀同三司推忠協謀安國奉上功臣特進檢校太師天水縣開國侯食邑一千戶)에 봉해졌다. 죽은 후 현종의 묘정(廟庭)에 배향되었고, 현재 그의 묘소는 충청북도 청원군 옥산면 국사리에 있다. 저서에 〈낙도교거집 樂道郊居集〉과 〈구선집 求善集〉이 있으나 전해지지 않는다. 문종(文宗) 때 수태사 겸 중서령(守太師兼中書令)에 추증되었다.

나. 이순신 (李舜臣, 1545~1598)

조선시대의 임진왜란 때 일본군을 물리치는 데 큰 공을 세운 명장. 옥포대첩, 사천포해전, 당포해전, 1차 당항포해전, 안골포해전, 부산포해전, 명량대첩, 노량해전 등에서 승리했다.

본관은 덕수(德水)이고, 자는 여해(汝諧), 시호는 충무(忠武)이다. 서울 건천동(乾川洞)에서 태어났다. 1572년(선조 5) 무인 선발시험인 훈련원 별과에 응시하였으나 달리던 말에서 떨어져 왼쪽다리가 부러지는 부상으로 실격되었다. 32

[그림 28] 이순신 장군 동상

세가 되어서 식년 무과에 병과로 급제한 뒤 권지훈련원봉사(權知訓練院奉事)로 첫 관직에 올랐다. 이어 함경도의 동구비보권관(董仇非堡權管)과 발포수군만호(鉢浦水軍萬戶)를 거쳐 1583년(선조 16) 건원보권관(乾原堡權管)·훈련원참군(訓鍊院參軍)을 지냈다.

1586년(선조 19) 사복시 주부를 거쳐 조산보만호(造山堡萬戶)가 되었다. 이때 호인(胡人)의 침입을 막지 못하여 백의종군하게 되었다. 그 뒤 전라도 관찰사 이광에게 발탁되어 전라도의 조방장(助防將)이 되었다. 이후 1589년(선조 22) 선전관과 정읍(井邑) 현감 등을 거쳐 1591년(선조 24) 유성룡의 천거로 절충장군·진도군수 등을 지냈다. 같은 해 전라좌도수군절도사(全羅左道水軍節度使)로 승진한 뒤, 좌수영에 부임하여 군비 확충에 힘썼다.

이듬해 임진왜란이 일어나자 옥포에서 일본 수군과 첫 해전을 벌여 30여 척을 격파하였다(옥포대첩). 이어 사천에서는 거북선을 처음 사용하여 적선 13척을 격파하였다(사천포해전). 또한 당포해전과 1차 당항포해전에서 각각 적선 20척과 26척을 격파하는 등 전공을 세워 자헌대부로 품계가 올라갔다.

[그림 29] 옥포 해전도

같은 해 7월 한산도대첩에서는 적선 70척을 대파하는 공을 세워 정헌대부에 올랐다. 또 안골포에서 가토 요시아키(加藤嘉明) 등이 이끄는 일본 수군을 격파하고(안골포해전), 9월 일본 수군의 근거지인 부산으로 진격하여 적선 100여 척을 무찔렀다(부산포해전).

593년(선조 26) 다시 부산과 웅천(熊川)에 있던 일본군을 격파함으로써 남해안 일대의 일본 수군을 완전히 일소한 뒤 한산도로 진영을 옮겨 최초의 삼도수군통제사가 되었다. 이듬해 명나라 수군이 합세하자 진영을 죽도(竹島)로 옮긴 뒤, 장문포해전에서 육군과 합동작전으로 일본군을 격파함으로써 적의 후방을 교란하여 서해안으로 진출하려는 전략에 큰 타격을 가하였다. 명나라와 일본 사이에 화의가 시작되어 전쟁이 소강상태로 접어들었을 때에는 병사들의 훈련을 강화하고 군비를 확충하는 한편, 피난민들의 민생을 돌보고 산업을 장려하는 데 힘썼다.

[그림 30] 한산해전의 학익진

1597년(선조 30) 일본은 이중간첩으로 하여금 가토 기요마사(加藤淸正)가 바다를 건너올 것이니 수군을 시켜 생포하도록 하라는 거짓 정보를 흘리는 계략을 꾸몄다. 이를 사실로 믿은 조정의 명에도 불구하고 그는 일본의 계략임을 간파하여 출동하지 않았다. 가토 기요마사는 이미 여러 날 전에 조선에 상륙해 있었다. 이로 인하여 적장을 놓아주었다는 모함을 받아 파직당하고 서울로 압송되어 투옥되었다. 사형에 처해질 위기에까지 몰렸으나 우의정 정탁의 변호로 죽음을 면하고 도원수 권율의 밑에서 두 번째 백의종군을 했다.

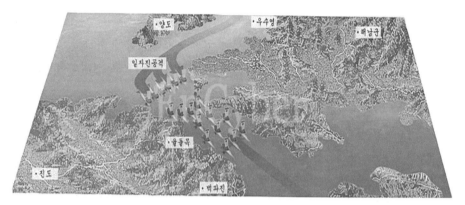

[그림 31] 명량해전도

　그의 후임 원균은 7월 칠천해전에서 일본군에 참패하고 전사하였다. 이에 수군통제사로 재임명된 그는 12척의 함선과 빈약한 병력을 거느리고 명량에서 333척의 적군과 대결, 31척을 격파하는 대승을 거두었다(명량대첩). 이 승리로 조선은 다시 해상권을 회복하였다. 1598년(선조 31) 2월 고금도(古今島)로 진영을 옮긴 뒤, 11월에 명나라 제독 진린과 연합하여 철수하기 위해 노량에 집결한 일본군과 혼전을 벌이다가 유탄에 맞아 전사하였다(노량해전).

　무인으로서뿐만 아니라 시문(詩文)에도 능하여 《난중일기》와 시조·한시 등여러 편의 뛰어난 작품을 남겼다. 1604년(선조 37) 선무공신 1등이 되고 덕풍부원군(德豊府院君)에 추봉된 데 이어 좌의정이 추증되었다. 1613년(광해군 5) 영의정이 더해졌다. 묘소는 아산시 어라산(於羅山)에 있으며, 왕이 직접 지은 비문과 충신문(忠臣門)이 건립되었다. 통영 충렬사(사적 제236호), 여수 충민사(사적 제381호), 아산 현충사(사적 제155호) 등에 배향되었다.

　유품 가운데 《난중일기》가 포함된 《이충무공난중일기부서간첩임진장초》는 국보 제76호로, 장검 등이 포함된 이충무공유물은 보물 제326호로, 명나라 신종이 무공을 기려 하사한 충무충렬사팔사품(통영충렬사팔사품)은 보물 제440호로 지정되었다. 이밖에도 그와 관련하여 많은 유적이 사적으로 지정되어 있으며, 그의 삶은 후세의 귀감으로 남아 오늘날에도 문학·영화 등의 예술작품의 소재가되고 있다.

[그림 32] 충무공 전서

심화 탐구 주제

1. 시대가 영웅을 만든다는 말이 있다. 그것은 당대의 전쟁 영웅이 그 시대의 상황과 도전의 흐름을 잘 파악해서 능동적이고 창조적으로 대처했기 때문이다. 앞에서 제시된 한국의 전쟁영웅들의 상황파악과 창조적 대처 능력에 대한 본인의 의견을 개진해 보세요.

2. 전쟁영웅들의 특성 중 하나는 가용자원의 활용능력이 매우 탁월하다는 사실이다. 이는 자신의 주변에 없는 자원을 불평하기 보다는 자신에게 주어진 자원을 최대한 활용하는 것을 의미한다. 이러한 능력과 활동내용에 대한 구체적 사례를 제시해보자.

3. 전쟁에 있어서 무기와 장비와 물자는 매우 중요하다. 하지만 가장 중요한 것은 이러한 제반 요소를 효율적으로 통합하고 운용하는 리더십이라고 할 수 있다. 전쟁영웅들의 리더십에 대한 개인의 의견을 개진해 보세요.

제 **3** 장   전쟁과 첩자: 외국사례

1 첩자(諜者, spy)의 개념

첩자란, 비밀리에 적대국의 내정·동정 등을 탐지하여 보고하는 자, 또는 자국의 비밀을 수집하여 적대국에 제공하는 자를 말한다. 간첩(間諜)·간자(間者)·오열(五列)·밀정(密偵)·스파이라고도 한다. 좀 더 상세히 살펴보면 국가나 어떠한 단체의 비밀에 속하는 정보를 허위나 매수 등의 수단을 써서 수집 및 탐지하여 대립관계에 있는 다른 국가나 단체에게 제공하는 자를 통틀어 말한다. 스파이에는 국가 간의 외교기밀을 대상으로 하는 정치스파이, 군사기밀사항을 대상으로 하는 군사스파이 외에, 사기업(私企業)간에 발명이나 기업계획 등, 사업상의 기밀을 탐지하여 경쟁관계에 있는 상대기업에 누출하는 산업스파이 등이 있다.

2 첩자의 역사

첩자의 역사는 동서양 모두 4천 년 전으로 거슬러 올라간다. 또 수천 년 전부터 오늘날과 거의 다를 바 없이 많은 유형의 첩자들이 기발하고 다양한 첩보술로 무장한 채 종회무진 활약했다. 그리고 우리 역사상 가장 치열하게 서로를 공격하면서 동아시아 국제질서 재편성에 깊숙이 개입했던 삼국시대 각국이 아주 폭넓게 첩자를 활용했다는 사실은 신선한 충격이다. 우리의 첩자 역사가 2천 년이나 된다는 점도 새삼스럽다.

동서양 첩자의 역사를 훑어보면, 기원은 비슷하지만 그 이후의 전개상은 전혀 달랐음을 알 수 있다. 서양의 '스파이' 역사는 고대 이후로 2천 년 가까이 단절된 상태였다. 물론 그 사이 스파이가 없었다거나 그들이 활동하지 않았다기보다는 기록상의 한계 때문일 것이다.

구약성서에 보면 이스라엘 민족이 이집트를 탈출하여 팔레스타인으로 가는데, 요단강만 건너면 목적지가 된다. 이에 총지휘자인 여호수아[1]는 가장 특출한 청년 두 명을 선발하여 가나안 땅을 정탐하도록 했다. 그리하여 그들은 요단강을 건너 여리고로 들어가서 가나안 지역을 소상하게 파악하고 돌아와서 이스라엘이 팔레스타인 땅에 들어가는데 결정적인 역할을 하였다.

반면에 동양, 특히 중국 '첩자'의 역사는 역사적 실체로나 기록으로나 상당히 풍부한 자료를 남기고 있다. 고대사만 놓고 볼 때 우리 기록은 중국과 비교하면 빈약함을 면치 못하지만 서양에 비하면 상대적으로 풍부한 편이다. 서양의 본격적인 스파이 역사가 16세기 내지 17세기에 비로소 시작되었다면, 중국은 그보다 2천 년 이상 앞선 전국시대에 본격적으로 시작되었다. 우리의 경우는 기원 전후로 시작되어 7세기 때 절정기에 이르렀던 것으로 보인다. 절정기로만 따져도 서양에 비해 1천 가까이 앞선 셈이다. 이런 의미에서 첩자의 역사에 관한 한 우리 고대사는 논의할 여지가 많은 시대인 셈이다.

세계사에서 첩보전의 백미(白眉)는 '삼국지'의 적벽대전이다. 조조의 위(魏)나라가 대군을 몰고 손권의 오(吳)나라와 형주의 유비 연합군과 적벽에서 맞섰다. 조조는 채중·채화 형제를 오에 위장 귀순시켜 정세를 정탐케 했다.

수적으로 크게 열세였던 오의 대장 주유는 이들을 역이용했다. 심복인 황개에게 곤장을 때려 조조에게 거짓 항복케 하는 고육책(苦肉策)을 썼다. 조조는 밀정인 채중 형제의 보고를 믿고 받아들인다. 황개는 항복하는 척하면서 기름을 가득 실은 투항선단을 이끌고 조조의 대함대에 부딪친 뒤 불을 질렀다.

이에 앞서 유비의 수하인 방통은 배멀미로 고생하는 위나라 군사들을 위해 조조에게 배를 묶어놓는 연환계를 쓰도록 권유해뒀다. 하나로 묶인 조조의 대함대는 꼼짝없이 불에 타 침몰했고 조조는 크게 패했다. 조조에게 황개와 방통은 때려죽이고 싶도록 미운 첩자였지만 손권과 유비에겐 영웅이었다.

이렇듯 역사상 전쟁이 있는 곳에는 늘 간첩이 있었다. 간첩의 기원은 동서양 모두 4000년 전까지 거슬러 올라간다고 한다. 역사가 기록되면서부터 간첩이 존재했다는 이야기다. 수시로 전쟁을 벌였던 고대 국가들의 경우 사전에 적국의 기밀을 빼내고 혼란을 유도하는 간첩의 활약은 전쟁의 승패를 좌우할 만큼 중요했다.

---

1) 여호수아는 모세의 후계자이다. 최초 출애굽 당시에는 모세가 이스라엘을 지휘했으나, 시나이 반도의 광야에서 40년을 생활하는 동안 모세의 나이가 많아(120세) 드디어 지휘권을 여호수아에게 이양하여, 가나안을 눈앞에 둔 요단강 앞에서 여호수아가 지휘했다. 구약성서 민수기 및 여호수아서 참조

'손자병법'에선 전쟁에서 싸우지 않고 이기는 것을 최상책으로 쳤고 적의 성을 공격하는 것을 최하책이라 했다. 최상책은 적의 전의를 꺾는 벌모(伐謀)이며, 이를 위해 용간(用間)을 제시했다. 간첩을 쓰는 것이다. 최근 인기를 끄는 TV사극 '주몽'에서도 부여의 금와왕을 습격하는 한나라 세작이 등장한다.

간첩은 비밀리에 적국의 내정을 탐지하여 보고하는 자이다. 거꾸로 자국의 비밀을 수집해 적국에 넘기는 것 역시 간첩이다. 간첩은 시대와 상황에 따라 첩자 세작 간자 밀정 제5열 스파이로도 불렸다. 나라 기밀을 넘긴 간첩은 조국의 반역자이지만 적국에선 훈장도 받고 영웅대접을 받는다.

1989년 동독 공산정권이 무너지기 전 서독에서 활동한 동독의 비밀 정보원 수는 2만 명이 넘었다. 1950년대 초 미국의 매카시 상원의원이 간첩으로 지목한 인물들은 대부분 실제 소련의 간첩이었다. 1967년 월남 대통령 선거에서 2위로 낙선한 야당 지도자는 공산화된 뒤 월맹의 고정간첩으로 드러났다.

냉전시대에 공산국가들이 자유 진영에 대규모로 간첩을 보내왔음을 입증하는 놀라운 실례들이다. 최근 국내에서도 386운동권 출신들이 연루된 간첩사건이 터져 뒤숭숭하다. 현대사에 기록된 간첩에 대해 살펴보자.

❸ 주요 첩자들의 활동

가. 동독 슈타지의 간첩단 운용

동독의 슈타지(Stasi)는 세계 최대의 간첩단을 운용한 것으로 유명하다. 비밀 정보원 수만 해도 2만~3만 명이다. 첩자로 포섭된 서독 연방의원의 숫자는 원내 교섭단체를 구성할 정도이다. 총리 보좌관, 여당 원내총무, 통일부 장관도 간첩으로 포섭했다. 미남 공작원을 통해 서독 거물인사들의 여비서를 유혹해 정보 수집했다. 그리하여 정계 재계 학계 종교계 언론계 학생운동권 등 사회 전반에 침투했다.

이처럼 동독 비밀 정보기관 슈타지(Stasi)는 서독을 상대로 미국 CIA나 소련 KGB도 혀를 내두를 정도로 대대적인 공작을 벌였다. 후베르투스 크나베가 쓴 '슈타지 문서의 비밀'에 낱낱이 드러나 있다. 크나베는 수만 건에 달하는 슈타지

공작문서들을 정리·분석하는 과정에서 슈타지의 서독 침투·파괴 활동이 상상을 초월할 만큼 광범위하고 깊숙이 진행됐음을 알게 됐다.

심지어 서독의 학생운동도 슈타지의 손아귀에 있었다. 서독 학생운동 조직 간부였던 볼프강 크라우스하르는 1998년 '공산주의자들에게 놀아난 우리들의 학창시절'이란 글을 발표해 큰 파장을 불러왔다. 동독이 서독 학생조직에 간첩을 침투시켜 반미시위와 반전운동을 조장했다는 것이다.

서독판 햇볕정책인 동방정책(1970년)의 출발에서 1989년 동독 붕괴에 이르기까지 독일 현대사는 간첩과의 싸움이었다. 2만-3만 명의 동독첩자가 공공연하게 활동하던 그 시절을 딛고 서독이 통일을 이룩한 것은 건강한 시민 의식 때문이었다. 유럽 최강의 방첩망으로도 간첩을 막지 못했지만 '스파이 바이러스'는 독일인들을 어찌지 못했다. 반대의 경우도 있었다. 월남은 세계 4위의 군사력과 막강한 미군을 뒤에 두고도 끝내 공산화됐다. 배경에는 정치권과 시민 종교 단체, 언론 등에 침투한 통일전선 공작의 선봉장인 세작과 그 후원자가 있었다.

나. 미국 내의 간첩활동

한편 미국의 위스콘신주 출신 조지프 매카시 상원의원(공화당)은 1950년 2월 "국무성 안에 205명의 공산주의자가 있다"는 폭탄발언을 했다. 이후 4년간 미국 조야를 떨게 했던 매카시즘 선풍의 시작이었다. 매카시즘은 6·25전쟁 등 공산세력의 급팽창에 위협을 느낀 미 국민들로부터 광범위한 지지를 받았다. 하지만 미국 좌파들의 집요한 반격으로 매카시즘은 극우 반공주의의 광기를 드러낸 것처럼 인식되어 왔다.

그런데 매카시가 지목한 사람들이 실제로 간첩이었음이 뒤늦게 드러났다. 1995년 '베노나 프로젝트'라는 미국의 극비문서가 공개되면서다. 이 문서를 연구한 학자들에 의해 얄타회담에 참가한 국무부 고위 관료 엘저 히스, 원자탄 기술을 소련에 넘긴 로젠버그 부부, 브레튼우즈 협정을 탄생시킨 재무부 고위 관료 해리 화이트 등이 소련 간첩이었음이 밝혀졌다. 모두 매카시가 간첩이라고 지목한 사람들이었다.

로젠버그 부부 등은 법원에서 유죄가 확정됐음에도 미국 좌파는 매카시즘의 희생양이 됐다고 선전했다. 아직도 많은 사람들이 매카시즘의 실체를 제대로 파악하지 못하고 있는 실정이다.

1967년 전쟁 와중에 치러진 월남 대통령 선거에서 11명의 후보 중 차점으로 낙선한 야당지도자 쭝딘쥬의 사례를 보자. 그는 민주 투사를 자처하며 유세 중 선동적인 연설로 반전 여론을 일으키고 월맹에 대한 유화정책을 주장했다. 월남이 공산화된 뒤에야 그가 월맹의 고정간첩이었음이 알려졌다.

공산국가 간첩들의 공통점은 건전한 민주화 운동가나 민족주의자, 환경주의자들과 흡사한 주장을 펴면서 철저히 신분을 감춘다는 점이다. 슈타지의 경우 서독 양심세력들의 학생운동 평화운동 반전운동 등을 자신들에게 새로운 간첩을 공급하는 인력 창고로 여겼다. 북한 김정일 정권이 반전 · 반미 · 자주 · 통일을 외치며 남한의 평화운동과 궤를 같이 하는듯하지만 뒤로는 비밀리에 핵을 개발해 온 것과 마찬가지다.

크나베는 동독 공산당이 40여 년간 장기 독재를 유지할 수 있었던 것은 상당부분 서독의 소위 '진보적' 지식인에게 책임이 있다고 지적한다. 그는 "서독에서 활약한 간첩의 숫자나 범죄행위보다 사회주의 체제를 옹호했던 당시 서독 사회의 정치적 · 지적 분위기가 더 문제였다"고 밝혔다.

다. 간첩 마타 하리(Mata Hari)

[그림 33] 간첩 마타 하리

본명은 Margaretha Geertruida Macleod. 결혼 전 성은 Zelle. 1876. 8. 7 네덜란드 레바르덴에서 태어나, 1917. 10. 15 프랑스 파리 근처 뱅센에서 죽음. 무희 · 고급창녀. 그녀의 이름은 매혹적인 여성 스파이의 대명사로 불린다. 그녀가 벌인 첩보활동의 성격과 범위는 아직도 밝혀지지 않고 있지만, 제1차 세계대전중 독일 스파이로 활동한 혐의로 프랑스에서 총살당했다. 부유한 모자 상인의 딸로 태어나 레이덴교육대학을 다녔다. 1895년 스코틀랜드 출신 장교인 네덜란드 식민지군 소속 캠벨 매클라우드 대위와 결혼했고 1897~1902년 자바와 수마트라에서 살았다. 유럽으로 돌아온 후 이혼한 그녀는 1905년 파리에서 레이디 매클라우드란 이름의 직업 무희로 활동하기 시작했으며 곧 마타 하리로 이름을 바꿨다. 이 말은 '태양'(글자 그대로는 '낮의 눈동자')을 뜻하는 말레이어이다. 훤칠하고 아주 매력적이며 동인도의 춤을 어느 정도 출 줄 알았고, 대중 앞에서도 기꺼이 나체 출연을 했던 그녀는 파리를 비롯한 대도시에서 즉각 성공을 거두었다. 평생 동안 많은 애인이 있었으며 대부분은 장교였다.

첩보활동에 관한 사실들은 아직도 뚜렷이 밝혀지지 않았다. 한 자료에서는 그녀가 헤이그에 살고 있던 1916년 봄, 한 독일 영사가 찾아와 다음 프랑스 여행에서 그녀가 어떤 정보라도 얻어오면 돈을 주겠다고 제의했다고 한다. 그러나 프랑스군에 체포된 뒤 그녀는 몇몇 낡은 정보를 독일군 정보장교에게 제공했다는 것만 인정했다. 그녀는 그전에 독일 점령하의 벨기에에서 프랑스 스파이로 활동하는 데 동의한 적이 있었다고 진술했고, 아울러 프랑스 정보부에 독일과 접촉했던 사실도 거리낌없이 털어놓았다. 나중에는 연합군을 위해 독일 브라운슈바이크뤼네부르크 공작이며 영국 컴벌랜드 공작작위의 상속자인 에른스트 아우구스투스의 도움을 얻을 생각이었다고 진술했다. 헤이그에서 마타 하리와 독일군 장교가 접촉한 사실을 알린 것은 영국 쪽이었던 것 같다. 그녀가 이중첩자일 것이라는 의혹이 커지자 프랑스에서는 1917년 2월 13일 파리에서 그녀를 체포했다. 그녀는 수감되어 1917년 7월 24~25일 열린 군사재판에서 사형을 선고받고 총살당했다.

심화 탐구 주제

1. 전쟁에서 중요한 것은 적의 상황을 정확하게 파악하는 것이다. 즉 적의 병력 수, 무기체계, 각종 장비 및 물자 등이다. 더구나 적의 주요 지휘관이 전쟁을 어떻게 수행할 것인가를 파악할 수만 있다면 그 전쟁은 이긴 것이나 마찬가지다. 여기서 첩자가 수행할 수 있는 것이 어떤 것인가를 나름대로 연구해서 개인의 의견을 개진해 보세요

2. 첩자가 사용할 수 있는 수단은 어떤 것이 있는지 제시해 보세요.

3. 첩자의 운용에 있어서 국가나 기관에서는 무엇을 어떻게 지원해야 할 것인지 경제원칙에 입각해서 개인의 의견을 개진해 보세요

제 4 장

전쟁과 첩자: 한국사례

흔히들 첩자 없이는 전쟁 승리도 없다는 말을 하고 있다. 그만큼 첩자의 임무는 중요하다. 전쟁은 첩자의 온상이며, 첩자는 전쟁의 산물이다. 우리나라의 경우도 옛날 삼국시대 중 약 100년에 걸친 전쟁사는 바꿔 말하면 첩자의 역사이기도 했다. 삼국시대 첩자들의 활약상이 대부분 7세기에 집중되어 있는 것도 이 때문이다. 이들은 급변하는 국제정세를 보다 정확하게 파악하고 자국의 생존을 확보하기 위해 죽음을 무릅쓰고 상대국에 침투하여 첩자 활동을 펼쳤다.

우리나라 역사를 보면 을지문덕도 김유신도 첩보전에서 거둔 성과를 실제 전쟁의 승리로 일궈냈다. 『역사를 훔친 첩자』[1]에서는 삼국시대 암약했던 첩자들이 역사의 지형도를 어떻게 바꿔나갔는지 분석했다. 기록상 삼국시대에 벌어진 전쟁횟수는 약 460회이다. 기록에 나타나지 않은 전쟁까지 포함하면 삼국시대 700년간 1년에 1번꼴로 전쟁이 일어났다. 병법의 기본 '지피지기 백전불태'(知彼知己 百戰不殆)를 숙지한 지도자라면 첩자를 능수능란하게 활용하는 데 관심을 기울이는 게 당연하다. 삼국시대만큼 다양한 유형의 첩보활동을 관찰할 수 있는 시기도 드물 수밖에 없다. 삼국시대 이후엔 첩자의 본질이 퇴색했다. 국익을 위해 뛰던 첩자들이 통일신라시대부터는 국가 내부 정적을 교란하는 수단으로 전락했다.

첩자 이론서의 대표격인 손자병법의 용간편과 첩자 이론을 체계적으로 정리한 육도의 내용을 소개하고 첩보술과 첩자 조직의 설명을 곁들여 이해를 돕는다.

1 고대 중세의 첩자 운용

영화 〈황산벌〉에선 그동안 사극에서 좀처럼 다뤄지지 않았던 존재가 등장하여 눈길을 끌었다. 역사의 그늘에 가려졌던 첩자가 바로 그들이다! 최근 고구려의 역사를 다룬 드라마 〈주몽〉〈연개소문〉〈대조영〉에선 우리가 놓치고 지나갔던

---

1) 김영수, 『역사를 훔친 첩자』, 김영사, 2006.

첩자들의 이야기를 짚어낸다. '세작'과 '향간'이라는 이름으로 등장하는 그들은 드라마를 흥미진진하게 이끌어가는 감초 역할을 톡톡히 해내고 있다.

이제껏 우리는 전쟁을 승리로 이끈 훌륭한 장수들에 대한 기록만 재생산해왔을 뿐 그들의 배후에서 한 국가의 흥망, 나아가서는 국제정세의 판도까지 변화시킨 첩자들의 역사는 다룬 적이 없다. 첩자 활동의 은밀성 때문이기도 하거니와 명분을 중시했던 유교적 이데올로기가 강화되면서 첩자들의 내밀한 활동을 경시했던 것이다.

우리 삼국시대의 역사를 보면, 기록상으로 전문적인 첩자 이론은 전혀 남아 있지 않다. 그러나 『삼국사기』나 『삼국유사』에 남아 있는 첩자 활동의 사례들을 분석해보면 내난히 치밀하고 다양하며 생동감 넘치는 첩자들의 모습을 얼마든지 확인할 수 있다. 그리고 병법서의 바이블로 불리는 『손자병법(孫子兵法)』의 핵심적 이론과 사상을 실전에 활용한 사실도 곳곳에서 확인된다. 이는 삼국이 모두 첩자 이론과 활용에 관해 탄탄한 지적 기반을 갖추었다는 방증이다.

극단적으로 말해 삼국시대는 전쟁의 시대라 말할 수 있다. 연구에 따르면, 기록으로 남은 삼국시대 전쟁 횟수는 약 460회에 이르며, 그중 삼국 간의 전쟁은 약 275회로 전체 전쟁의 60퍼센트 정도를 차지하고 있다. 삼국시대 역사를 대략 700년으로 볼 때 1.5년에 한 번 꼴로 전쟁이 벌어진 셈이다. 기록에 나타나지 않은 전쟁까지 포함시킨다면 거의 1년에 한 번은 전쟁을 벌였다는 단순한 계산이 나온다. 특히, 589년 수나라가 중국을 통일한 이후 동아시아 국제질서가 재편성되면서 전쟁의 양상은 국제전으로 변모했고, 이에 따라 전쟁의 횟수가 급격하게 늘어났으며 그 규모도 전례 없이 커졌다. 이후 백제와 고구려가 멸망하고 신라가 삼국을 통합할 때까지 전쟁이 안 일어난 해는 거의 없었다. 7세기는 전쟁의 세기였다.

삼국 간의 군사 충돌이 치열하게 전개되고 있던 7세기 중반, 정확하게는 650년 신라의 승려 두 사람이 당으로 불법을 구하기 위해 국경을 넘었다. 두 사람은 당시 당나라와 고구려를 구분 지었던 요동 지역으로 길을 잡아 나가던 중 국경을 지키던 고구려 군사에 의해 수십 일 동안 감금당한다. 당나라행은 물론 무산되었고, 둘은 간신히 목숨만 부지한 채 신라로 되돌아온다. 그런데 이들의 발목을 붙잡은 혐의란 것이 뜻밖에도 '첩자'였다.

얼핏 뜻있는 종교인이 구법 과정에서 당한 시련 정도로 치부할 수 있는 대목이긴 하다. 하지만 관심의 초점을 구법승 두 사람이 아닌 그들에게 씌워졌던 '첩자'라는 혐의에 둔다면 우리 고대사 연구에서 관심을 기울이지 않았던 뜻밖의 흥미진진한 연구거리와 조우할 수 있다. 바로 '첩자'라는 익명의 존재들이다. 역사에서 이들은 철저하게 조연에 지나지 않았지만 그들의 행위는 개인이나 집단은 물론 한 나라의 운명까지 좌우할 정도로 중대한 결과를 낳았다. 650년 첩자 혐의를 받고 수십 일 동안 구금되었던 두 승려에 대한 기록은 『삼국유사』(권4 의해 제5 '의상전교')에 남아 있으며, 두 승려는 다름 아닌 원효와 의상이었다.

고구려는 첩보강대국이다. 승려들을 첩자로 활용하고 주변국과 맺은 혼인까지 첩보의 수단으로 삼았다. 뛰어난 바둑실력으로 백제 개로왕에게 신임을 얻은 승려 도림은 개로왕의 몰락에 일조했다. 호동왕자를 위해 자명고를 찢고 아버지의 손에 최후를 맞은 낙랑공주는 고구려 첩보전의 희생양이다. 호동왕자는 낙랑을 유람하던 중, 낙랑왕 최리의 눈에 들어 낙랑공주와 연을 맺는다. 따라서 호동왕자의 이 유람도 첩자활동일 공산이 크다. 즉 대무신왕은 아들과 며느리를 첩자로 활용했고, 호동왕자는 사랑을 미끼로 아내를 첩자로 이용한 것이다. 단재 신채호의 "음험하기가 사나운 독수리 같았던 정치가"란 평가가 무색하지 않다. 김유신의 첩보망은 백제 최고위층까지 뻗쳐 있었다. 치밀한 물밑작업 덕에 김유신은 삼국통일의 주역이 될 수 있었다. 『역사를 훔친 첩자』의 저자 김영수 박사는 "성충 같은 백제의 충신들이 별다른 죄도 없이 투옥된 것도 신라 첩자들 때문일 수 있다"고 추론했다.

살수대첩은 고구려의 치밀한 작전의 승리이자 을지문덕이란 명장의 심리전과 기만술 등이 효과적으로 작용한 첩보전의 승리다. 을지문덕은 스스로 첩자로 분해 적진에 뛰어들기도 하고 거짓으로 항복하기 전에 수나라 장군의 마음을 떠보는 등 최고 수준의 교란전술과 용병술을 유감없이 발휘했다.

고구려와 수의 제2차 전쟁은 그 규모가 가장 컸고 또 가장 중요한 전쟁이었다. 1차 전쟁을 겪으면서 고구려는 철저한 대비책을 강구한 상태였고, 수는 양제 개인의 성격적 결함과 서역에서의 성공 등에 자만하여 결국 대세를 그르치고 말았던 것이다. 사전 준비는 물론 전략과 전술 등 모든 면에서 고구려는 수를 압도했다. 특히 주목할 것은 고구려가 일찍부터 수의 변경에서 활발한 첩자 활동과 첩보전을 벌여왔다는 사실과 수나라 내부 고위관리를 포섭하여 내간으로 활용했다는 사실이다. 을지문덕이 서슴없이 수의 군영으로 들어갈 수 있었던 것은 이러한 첩자 활동과 첩보에 따른 자신감의 표출이었다. 여기에 활용 등 을지문덕의 능수능란한 용병술이 가미되어 고구려는 완승을 거둘 수 있었다. 얼마 전 드라마 〈대조영〉에서도 언급되었던 을지문덕이 우중문에게 보낸 시에서 말한 '귀신같은 책략' '기묘한 계책'은 고스란히 을지문덕에게 돌아가야 할 대목이었던 셈이다.

고구려의 장수왕은 즉위 63년째인 475년 9월에 3만 명의 병력으로 백제를 기습하여 개로왕을 사로잡아 처형하고 수도 한산을 점령했다. 백제는 멸망 일보 직전까지 몰렸다. 그런데 백제의 이 치욕스러운 패배의 이면에는 한 승려가 있었다. 그는 고구려가 치밀하게 준비한 백제 공략 시나리오에서 중요한 부분을 담당한 첩자였다. 장수왕은 첩자를 모집했고 그는 승려의 신분으로 조국 고구려를 위해 첩자를 자원했다. 그는 죄를 짓고 고구려에서 도망쳐 온 것처럼 꾸미고 개로왕의 취미인 바둑으로 접근하여 신임을 얻은 다음, 현란한 말솜씨로 각종 대형 토목사업을 부추겨 백제의 국력을 소모시켰다. 개로왕은 말할 수 없는 후회와 함께 첩자 도림을 저주하면서 죽어갔다. 이 사건은 첩자 한 사람이 한 국가를 멸망의 문턱까지 몰고 갈 수 있음을 보여준 대표적인 사례로 꼽힌다.

임자는 백제의 최고위급 실력자(좌평)였지만 나라 정보를 적국 신라의 장군 김유신에게 넘겨 결국 백제 멸망의 한 원인을 제공한 첩자였다. 임자가 자신의 안위를 위해 내부 정보를 유출함으로써 신라군은 마음놓고 백제를 칠 수 있었다. 이로 인해 김유신은 실제 전투뿐 아니라 첩보전의 대가라는 평가도 받았다. 이러한 점에서 낙랑군을 멸망시킨 고구려 호동왕자와 낙랑공주는 우리 역사 최초의 부부 간첩단인 셈이다.

신라 눌지왕의 동생들을 구하고 장렬하게 죽은 영웅 박제상은 사실 첩자였다. 그는 변복과 잠입으로 고구려에 인질로 가 있었던 복호를 구해왔다. 그리고 왜국에 붙잡혀 있는 미사흔을 빼내오기 위해 자신을 고국을 배반한 자로 꾸며 왜로 건너갔다. 화려한 언술로 왜왕을 안심시킨 박제상은 미사흔을 성공적으로 탈출시키며 첩보술을 훌륭하게 구사한 전형적인 첩자의 모습을 보여주었다.

돌아오지 않는 남편을 기다리다 돌이 된 아내의 슬픈 사연을 담은 망부석 전설. 이 아내가 애타게 기다리던 남편은 타국에 인질로 잡혀 있던 눌지왕의 동생들을 구해내고 죽은 박제상이다. 삼국유사에 따르면 박제상은 변복을 하고 고구려에 잠입해 왕제 복호를 구해낸다. 변복과 잠입은 첩자의 전유물이다. 다른 왕제를 데려오기 위해 왜국에 잠입하기 전, 박제상은 자신이 고국을 배반했다는 거짓 정보를 사전에 왜왕에게 흘린다는 계책을 냈다. 박제상은 충신과 첩자라는 두 얼굴의 소유자였다.

신라의 명장 김유신은 침투 간첩 조미곤을 통해 백제의 최고위층 실세인 좌평 임자를 포섭하여 백제 정권의 동향을 면밀히 파악하였고, 그 결과 상대적으로 크게 힘들이지 않고 백제를 멸망시킬 수 있었다. 조미곤은 백제에 포로로 잡혀가 좌평 임자의 집에서 종노릇을 하다가 도망쳐온 인물이었다. 김유신은 이 조미곤을 사상적으로 철저하게 훈련시켜 다시 임자에게 보내 그를 포섭하게 하는 완벽에 가까운 첩보술을 구사하고 있다. 백제가 힘 한번 제대로 써보지 못한 채 무너진 것은 신라의 첩보망이 백제 지배층 깊숙이 침투해 있었던 것과 결코 무관하지 않다.

김춘추로 하여금 목숨을 건 고구려행을 감행하게 만든 642년 백제와 신라의 대야성 전투도 그 실상을 파고들면 치정과 그것을 이용한 첩보전이 핵심이다. 대야성 성주였던 김춘추의 사위 김품석은 자신의 휘하에 있는 막료 검일의 아내와 불륜을 저지른다. 이런 상황을 예의주시하고 있던 백제의 첩자 모척은 김품석에게 불만을 품고 있는 검일을 포섭·매수하여 내통함으로써 대야성 전투를 승리로 이끌고, 김품석과 그 가족을 몰살했다. 대야성 전투로 야기된 김춘추의 고구려행은 궁극적으로 나·당 연합을 이끌어냈고, 나아가서는 신라가 삼국통일에 박차를 가하게 됨으로써 삼국은 물론 당시 국제정세의 판도 변화에 결정적인 작용을 했다.

이렇듯 삼국시대는 우리 역사에서 첩자들이 가장 왕성하고 눈부시게 활약하던 시기였다. 승려들까지 첩자로 활용할 정도로 첩자전이 치열하고 다양하게 전개되었다. 삼국은 모두 급변하는 국제정세와 무한경쟁에서 살아남기 위해 총력전을 기울였고, 그 과정에서 상대에 대한 첩보와 그를 통한 정보 확보는 필수적이었다. 때문에 삼국은 첩자 침투와 첩보를 쉴새없이 수행할 수밖에 없었다. 첩자들의 무대는 삼국에만 한정되지 않고 수.당을 축으로 한 동아시아 국제 사회 전반에 걸쳐 있었다. 그리고 그들의 활약상 여부에 따라 한 개인의 운명은 말할 것도 없고 한 국가의 흥망이 좌우되었으며, 나아가서는 국제정세의 판도까지 변화시켰던 것이다.

조선시대 임진왜란 때 일본도 첩보전에 능했다는 기록이 있다. 선조 29년 (1596년) 사헌부에서 군사기밀이 새나가는 것은 간첩 때문이라며 비변사(비상 내각)와 승정원(왕 비서실)의 책임을 묻자 선조가 도승지를 파직하고 비변사의 관료를 구속 수사했다.

근래에 들어선 해방 직후 미 군정기에 간첩으로 활동한 김수임과 1960년대 위장 귀순 간첩 이수근 사건이 유명하다. 김수임은 미모의 인텔리로 영어회화에 뛰어나 미군 통역으로 활동하며 사교계의 여왕이 됐다. 그는 공산주의자 이강국(북한 초대 외무부장)의 연인으로 월북한 이강국의 대남 공작을 도와 자기 집을 남조선노동당의 거점으로 제공하고 각종 기밀을 넘기다 체포돼 6·25전쟁 직전 처형됐다.

② 대한민국 건국 이후 간첩사건

가. 간첩사건 개관

한국의 간첩사건은 6·25전쟁 이후 적대적인 관계를 지속해 온 북한과의 사이에서 계속되었다. 이제까지의 간첩사건의 유형은 크게 세 가지로 나눌 수 있다. 첫째는 6·25전쟁 직후에 고정간첩들의 활약이 두드러진 시기이다. 기존의 남조선노동당 당원과 사회주의 신봉자들이 남한 내에 안정적으로 거주하며 간첩활동을 한 경우이다. 두번째는 북한 내 강경파의 득세에 따라 대남(對南)혁명의 시기가 무르익었다고 판단한 북한 내 지도부가 무장 게릴라세력을 대량 남파한 시기이다. 1960년대 말에 정점에 달한 무장 간첩사건은 1969년 31명의 무장 게릴라가 청와대습격을 목표로 남하한 1·21사건, 같은 해 11월 약 90명의 무장 게릴라가 경제혼란과 산업시설파괴를 목표로 남하한 울진·삼척 간첩사건 등이 있다. 세번째는 정보수집을 목표로 한 비무장 요원의 남파이다.

이 외에도 자생적으로 생겨난 남한 내 사회주의 조직이 북한과 연계하여 청년 학생과 지식인을 포섭함으로써 민중봉기를 획책하려는 사건들이 있다. 1964년의 인민혁명당사건(줄여서 인혁당사건), 1968년의 통일혁명당사건(줄여서 통혁당사건), 1979년의 남조선민족해방전선사건(줄여서 남민전사건), 1992년의 남한조선노동당사건 등이 이에 해당된다. 그러나 이 사건들에 대해서는 관계당국은 간첩

사건으로 규정하는 반면에 당사자들은 조작이라고 주장하기도 한다. 최근 간첩사건의 유형은 경제정보나 군사기밀의 유출을 둘러싸고 우방국들 간에 발생하는 비중이 커지고 있다.

북한 중앙통신 부사장이던 이수근은 1967년 판문점을 통해 위장 귀순했다. 그는 북한 실정을 폭로하는 강연 등으로 자신을 위장하며 남한의 기밀을 북한으로 보내다 발각돼 사형에 처해졌다. 분단의 시대를 살아온 우리에게 간첩은 뿔달린 도끼비나 시뻘건 허수아비 같은 형상으로 다가오곤 했다. 간첩이, 사실은 우리의 평범한 이웃과 조금도 다르지 않다는 사실을 알게 된 것은 민주화가 되고 나서였다.

지금 우리는 드라마같은 대규모 간첩단 의혹사건에 혼란스러워 하고 있다. 고정간첩 혐의를 받고 있는 장모씨와 그가 조직한 '일심회' 조직원, 그리고 일부 진보 정당원과 사회단체 인사들의 북한 공작원 접촉 의혹이 핵심이다. '서울시장 선거에서 특정 정당 당선을 막는 방안'과 '환경문제를 부각시켜 시민단체를 반미 투쟁에 끌어들이는 방안' 공작등 드러나고 있는 사실들이 점입가경이다.

더 큰 문제는 그들의 후원자들이다. 드라마나 영화 속 일이 아닌 데도 무감각해하는 이들이 적지 않다. 안보 불감증과 정치 공세 속에서 믿고 지켜온 가치는 송두리째 흔들린다. 그 혐의자가 달고 다닌 훈장에까지 생각이 미치면 말문이 막힌다. 사상이나 이념은 그렇다해도 행위는 제재해야 할 텐데 믿어지지 않는 일은 계속된다. 간첩사건의 수사를 지휘하던 정보기관의 책임자가 사의를 표시한 것은 무엇을 시사하는가. 첩자를 파견하는 생간(生間) 정도가 아니라 이미 오래전부터 적국 관리를 이용하는 내간(內間)의 차원으로 접어들었다는 느낌이다.

북핵 실험 여파로 더없이 어수선한 이즈음 간첩 사건은 국가 정체성에 대해 다시 돌아보게 한다. 지난 대선에서 '승차권' 잘못 끊은 탓으로 돌리고 언제까지 침묵할 수만은 없는 일이다. 먹고 사는 일은 그런대로 견딜 수 있고, 교육 문제도 참지 못할 이유가 없다. 햇볕도 포용도 얼마든 용인할 수 있다. 그러나 체제와 안보는 후대들을 위해서라도 타협하거나 포기해서는 안될 일이다. 그래서 우리를 태우고 달리는 운전기사에게 다시 묻게 되는 것이다. 이 버스가 목적지로 가기는 가는 것이냐고.

나. 주요 간첩 사건

1) 여간첩 김수임 사건

[그림 34] 여간첩 김수임

광복 후 미군정기에 활동한 간첩. 이화여자전문을 졸업한 인텔리로 영어회화에 뛰어났다. 공산주의자 이강국과 연인 관계였고, 미국인의 통역으로 활동하며 사교계의 여왕으로 부상하였다. 이강국에 대한 체포령이 내려지자 1947년 그의 월북을 돕는 등 많은 도움을 주었다. 8 · 15 광복 전에 이화여자전문을 졸업한 미모의 인텔리여성으로 영어회화에 뛰어났다. 세브란스병원에서 미국인의 통역을 맡고 있을 당시 공산주의자 이강국(李康國)을 알게 되어 동거생활을 하였다. 그녀는 미국대사관의 통역으로 자리를 옮겼으며, 수사기관의 고문으로 있던 미국인과 외인주택에서 동거하면서 사교계의 여왕으로 부상하였다.

그러던 중 이강국에 대한 체포령이 내려지자 그를 미국인 고문관의 집에 숨겨두었다가 1947년 월북시키는 데 도움을 주었다. 이강국은 김일성정권에서 초대 외무부장으로까지 발탁되었고 그 뒤 대남공작을 펼치자 이 계획에 동조하여 자기 집을 남조선노동당의 거점으로 사용하였으며, 각종 기밀을 빼돌려 남로당에 제공하였다. 한편 육군 특무대에 수감 중이던 남로당의 빨치산책인 사형수 이중업(李重業)을 빼내 의사로 가장시켜 월북시켰다.

1947년부터 1년 여 동안 여러 차례 이강국의 연락원을 자기 집에 숨겼으며, 같은 해 12월에는 조선은행권(朝鮮銀行券)을 서울로 운반하는 데 도움을 주는 등 간첩활동을 계속하였다. 그러던 중 1950년 4월 초 수사당국에 체포되었고, 가택수색에서 권총 3자루, 실탄 180발 및 북한으로 보내려던 많은 기밀물건들이 압수되었다. 같은 해 6월 15일 육군본부 고등군법회의에서 사형이 확정되었고, 6 · 25 전쟁 직전 총살형에 처해졌다.

2) 간첩 원정화 사건

[그림 35] 여간첩 원정화

원정화(元正花, 1974년 1월 29일 ~)는 북한 여간첩이다. 그녀는 조선민주주의인민공화국 함경북도 청진시에서 태어났다. 1988년 함북 부령군 고무산여자고등중학교 4학년 때는 학업성적이 우수하여 '이중영예 붉은기 휘장'을 받기도 했다. 15세 때 김일성사회주의청년동맹(사로청)에 의해 발탁돼 공작원 양성학교인 금성정치군사대학(현 김정일정치군사대학)에서 교육을 받다가, 1992년 머리 부상으로 소속 특수부대에서 의병제대했다.

1998년 국가안전보위부에 포섭돼 간첩활동을 시작했다. 일본에서 귀국 직후인 2008년 7월 15일에 대한민국의 군경합동 사법당국에 국가보안법 위반으로 체포되었다. 이와 동시에, 계부 김동순과 한국군내의 협력자들도 체포되었다.

그녀는 수원지방법원에서 열린 제1심 재판에서 전향서를 제출하면서, 간첩활동을 한 것에 대해 후회를 한다고 적었다. 대한민국 수원지방법원은 원정화에게 검찰 구형대로 징역 5년을 선고했다.

심화 탐구 주제

1. 전쟁에서 중요한 것은 적의 상황을 정확하게 파악하는 것이다. 즉 적의 병력 수, 무기체계, 각종 장비 및 물자 등이다. 더구나 적의 주요 지휘관이 전쟁을 어떻게 수행할 것인가를 파악할 수만 있다면 그 전쟁은 이긴 것이나 마찬가지다. 여기서 첩자가 수행할 수 있는 것이 어떤 것인가를 나름대로 연구해서 개인의 의견을 개진해 보세요

2. 첩자가 사용할 수 있는 수단은 어떤 것이 있는지 제시해 보세요.

3. 첩자의 운용에 있어서 국가나 기관에서는 무엇을 어떻게 지원해야 할 것인지 경제원칙에 입각해서 개인의 의견을 개진해 보세요

제2부 전쟁과 문화

제 5 장 전쟁과 무기: 외국사례

1 무기의 개념

무기란 전쟁에 쓰이는 여러 기구들의 총칭이다. 좁은 뜻으로는 가해력(加害力)을 가진 군용병기(軍用兵器)를 말하며 넓은 뜻으로는 군용의 기기나 장치류까지도 포함한다. 다시 말해서 병기라는 용어와 동일한 개념으로 쓰인다. 가해력을 가진 기구, 즉 도검(刀劍)·총포·폭탄·어뢰 등을 무기라 하고, 병기는 통신장비·전자장비와 같이 직접적인 가해력을 가지지 않은 전쟁도구와 무기를 포함한 광범위한 개념으로 쓰이는 경우가 있으나, 오늘날에는 일반적으로 동일한 뜻으로도 쓰인다.

또한 무기체계(weapon system)라는 용어는 하나의 무기가 독자적으로 목적을 달성할 수 있도록 보조역할을 하는 시설·장비·물자·용역·인원 등을 총체적으로 체계화한 것으로, 그 무기의 운반수단·보조장비·조작기술 등이 모두 포함되는 개념이다. 예를 들면, 방공전투기의 무기체계는 전투기의 기체·엔진·미사일·기관총·레이더·전자계산장치·항법통신장치·조종사 등 모든 요소를 방공목적에 적합하도록 하나의 시스템으로 종합한 것을 말한다.

전쟁의 실질적인 의미로는 정치집단, 특히 주권국가 사이에서 군사력 행사를 중심으로 오랜 시간에 걸쳐 벌어지는 대규모의 전면적 투쟁 상태를 가리키며, 이러한 전쟁은 당대의 국제사회 또는 국내사회의 정치적·사회적 구조를 반영하는 정치·사회현상이기 때문에 시대에 따라 그 성격을 달리 한다. 그리고 무기체계역시 전쟁의 양상에 따라 달라지며 변화 발전하게 된다.

2 무기의 역사

무기는 어느 시대에나 국가의 흥망을 좌우하는 전쟁에 사용되는 것이므로 그 시대의 최첨단 기술이 당연히 무기개발에 이용되었었다. 그리고 이들 무기의 발달과정은 전쟁의 성격과 사용된 무기를 기준으로 볼 때, 다음과 같은 4단계로 구분할 수 있다.

가. 고대-중세의 무기

이 시대의 전투는 전투원(戰鬪源)인 인간의 육체적 힘이 주체가 되고, 무기는 그것을 보완하는 구실을 하는 데 불과하였다. 석기·동기·철기시대를 통해서 돌·구리·철 등으로 만든 칼·창·도끼 등이 근접전투의 공격무기로 쓰였고, 원거리용으로는 투창·노궁(弩弓) 등이 사용되었다. 또 이 시대의 방어무기로는 투구·방패 등이 있었다.

1) 돌멩이와 칼

무기는 파괴력(살상능력), 이동거리 및 시간, 정확성, 그리고 제작비용 등에 따라 그 유용성과 성능을 평가받게 된다. 예컨대 돌멩이와 칼을 비교할 때, 칼은 돌멩이보다 파괴력이나 정확성 면에서 비교가 되지 않을 만큼 그 성능이 뛰어나다. 그러나 돌멩이도 무시할 수 없다. 칼과는 비교조차 할 수 없는 무기지만 그것을 사용하는 전투원과 때에 따라서는 입장이 전혀 달라질 때가 있다. 돌멩이야말로 때로는 무기 사용에 있어서의 이동 거리나 제작비용 등에 따라서 더 나을 수도 있기 때문이다. 다만 이를 언제, 어디서, 어떻게, 그리고 누가 사용하느냐에 따라 그 효과는 크게 달라진다. 이런 면에서 다윗의 돌멩이와 골리앗의 칼의 대결은 다소 극단적인 사례이긴 하지만 좋은 대조를 보이고 있다. 이들의 대결은 옛날 지중해 연안의 팔레스타인 지역 즉, 이스라엘과 블레셋과의 전투에서 벌어진 것이었다. 그 상세한 내용을 보면 다음과 같다.

『블레셋 사람들이 또 전쟁을 일으키려고 군인을 모두 모아 에베스담밈[1]에 진을 쳤다. 사울[2]도 이스라엘 군인들을 집결시켜 엘라 평지에 진을 친 뒤에, 블레셋 군인들과 맞서서 싸울 전열을 갖추었다. 그리하여 블레셋과 이스라엘이 골짜기를 사이에 두고, 이쪽저쪽 산 위에서 맞서서 버티고 있었다. 이 때 블레셋 진에서 가드 사람 골리앗이라는 장수가 싸움을 걸려고 나섰다. 그는 키가 여섯 규빗[3] 하고도 한 뼘이나 더 되었다. 머리에는 놋으로 만든 투구를 쓰고, 몸에는 비늘 갑옷을 입었는데, 그 갑옷의 무게는 놋 오천 세겔[4]이나 되었다. 다리에는 놋으로

---

1) 에베스담밈: 팔레스타인지역에 있는 한 성읍의 평지
2) 사울: 이스라엘의 초대 왕
3) 1규빗은 성인의 팔꿈치에서 손가락 중지까지의 길이로서 대략 45cm. 그러므로 여섯 규빗은 약 270cm 이며, 여기에다 한 뼘을 더하면 골리앗 장군의 키는 대략 3m임.
4) 1세겔은 약 12g. 따라서 갑옷의 놋 5천 세겔은 60kg의 무게임.

만든 각반을 차고, 어깨에는 놋으로 만든 창을 메고 있었다. 그의 창자루는 베틀의 용두머리만큼 굵었고, 그 창날의 무게는 쇠 육백 세겔이나 되었다. 그의 앞에서는 방패를 든 사람이 걸어 나왔다.

[그림 36] 다윗과 골리앗

골리앗이 나와서, 이스라엘 전선을 마주 보고 고함을 질렀다. "너희는 어쩌자고 나와서 전열을 갖추었느냐? 나는 블레셋 사람이고, 너희는 사울의 종들이 아니냐? 너희는 내 앞에 나설 만한 사람을 하나 뽑아서 나에게 보내어라. 그가 나를 쳐 죽여 이기면, 우리가 너희의 종이 되겠다. 그러나 내가 그를 쳐 죽여 이기면, 너희가 우리의 종이 되어서 우리를 섬겨야 한다." 사울과 온 이스라엘은 그 블레셋 사람이 하는 말을 듣고, 몹시 놀라서 떨기만 하였다. 이 때 다윗이 등장한다. 다윗은 유다 땅 베들레헴에 있는 에브랏 사람 이새의 아들이다. 이새에게는 모두 아들이 여덟 명 있었는데, 사울이 다스릴 무렵에, 이새는 이미 나이가 매우 많은 노인이었다. 이새의 큰 아들 셋은 사울을 따라 싸움터에 나가 있었다. 다윗은 여덟 형제 가운데서 막내였다. 위로 큰 형들 셋만 사울을 따라 싸움터에 나가 있었고, 다윗은 사울이 있는 곳과 베들레헴 사이를 오가며, 아버지의 양 떼를 치고 있었다. 이 때 이새가 자기 아들 다윗에게 일렀다. "여기에 있는 볶은 곡식 한 에바[5])와 빵 열 덩어리를 너의 형들에게 가져다주어라. 너는 그것을 가지고 빨리 진으로 가서, 너의 형들에게 주어라. 그리고 이 치즈 열 덩이는 부대장에게 갖다 드리고, 너의 형들의 안부를 물은 뒤에, 형들이 잘 있다는 증거물을 가지고 오너라."

다음날 아침에 다윗은 일찍 일어나서, 양 떼를 다른 양치기에게 맡기고, 아버지 이새가 시킨 대로 짐을 가지고 길을 떠났다. 그가 진영에 이르렀을 때에, 군인들은 마침 전선으로 나아가면서, 전투 개시의 함성을 올리고, 이스라엘과 블레셋

---

5) 1에바는 약 22리터에 해당함

군인이 전열을 지어 서로 맞서 있었다. 다윗은, 가지고 온 짐을 군수품 담당자에게 맡기고, 전선으로 달려가, 자기의 형들에게 이르러 안부를 물었다. 다윗이 형들과 이야기하고 있는 동안에, 마침 블레셋 사람 쪽에서 가드 사람 골리앗이라는 장수가 그 대열에서 나와서, 전과 똑같은 말로 싸움을 걸어왔다. 다윗도 그 소리를 들었다. 이스라엘 사람들은 그를 보고 무서워하며, 모두 그 사람 앞에서 달아났다. 다윗이 곁에 서 있는 사람들에게 물었다. 저 할례[6]도 받지 않은 블레셋 녀석이 무엇이기에, 살아 계시는 하나님을 섬기는 군인들을 이렇게 모욕하는 것입니까?" 다윗이 군인들과 이렇게 이야기하는 것을 맏형 엘리압이 듣고, 다윗에게 화를 내며 꾸짖었다. "너는 어쩌자고 여기까지 내려왔느냐? 들판에 있는, 몇 마리도 안 되는 양은 누구에게 떠맡겨 놓았느냐? 이 건방지고 고집 센 녀석아, 네가 전쟁 구경을 하려고 내려온 것을, 누가 모를 줄 아느냐?" 다윗이 대들었나. "내가 무엇을 잘못하였다는 겁니까? 물어 보지도 못합니까?" 그런 다음에 다윗은, 몸을 돌려 형 옆에서 떠나 다른 사람 앞으로 가서, 똑같은 말로 또 물어 보았다. 다윗이 한 말이 사람들에게 알려지고, 누군가가 그것을 사울에게 알렸다. 그러자 사울이 그를 데려오게 하였다. 다윗이 사울에게 말하였다. "누구든지 저 자 때문에 사기를 잃어서는 안 됩니다. 임금님의 종인 제가 나가서, 저 블레셋 사람과 싸우겠습니다." 그러나 사울은 다윗을 말렸다. "그만두어라. 네가 어떻게 저 자와 싸운단 말이냐? 저 자는 평생 군대에서 뼈가 굵은 자이지만, 너는 아직 어린 소년이 아니냐?" 그러나 다윗은 굽히지 않고 사울에게 말하였다. "임금님의 종인 저는 아버지의 양 떼를 지켜 왔습니다. 사자나 곰이 양 떼에 달려들어 한 마리라도 물어 가면, 저는 곧바로 뒤쫓아 가서 그 놈을 쳐 죽이고, 그 입에서 양을 꺼내어 살려 내곤 하였습니다. 그 짐승이 저에게 덤벼들면, 그 턱수염을 붙잡고 때려 죽였습니다. 제가 이렇게 사자도 죽이고 곰도 죽였으니, 저 할례 받지 않은 블레셋 사람도 그 꼴로 만들어 놓겠습니다. 살아 계시는 하나님의 군대를 모욕한 자를 어찌 그대로 두겠습니까?" 다윗은 말을 계속하였다. "사자의 발톱이나 곰의 발톱에서 저를 살려 주신 주님께서, 저 블레셋 사람의 손에서도 틀림없이 저를 살려 주실 것입니다." 그제서야 사울이 다윗에게 허락하였다. "그렇다면, 나가도 좋다. 주님께서 너와 함께 계시길 바란다." 사울은 자기의 군장비로 다윗을 무장시켜 주었다. 머리에는 놋투구를 씌워 주고, 몸에는 갑옷을 입혀 주었다. 다윗은,

6) 할례: 남성의 음경의 포피(包皮)를 절개, 혹은 일부를 떼어내는 의식. 이스라엘 남자들이 여호와의 선민임을 나타내기 위해 행하는 의식.

허리에 사울의 칼까지 차고, 시험 삼아 몇 걸음 걸어 본 다음에, 사울에게 "이런 무장에는 제가 익숙하지 못합니다. 이렇게 무장을 한 채로는 걸어갈 수도 없습니다." 하고는 그것을 다 벗었다. 그렇게 무장을 해 본 일이 없었기 때문이다. 그런 다음에, 다윗은 목동의 지팡이를 들고, 시냇가에서 돌 다섯 개를 골라서, 자기가 메고 다니던 목동의 도구인 주머니에 집어넣은 다음, 자기가 쓰던 무릿매[7]를 손에 들고, 그 블레셋 사람에게 가까이 나아갔다. 그 블레셋 사람도 방패 든 사람을 앞세우고 다윗에게 점점 가까이 다가왔다. 그 블레셋 사람은 다윗을 보고 나서, 그가 다만 잘생긴 홍안 소년에 지나지 않는다는 것을 알고는, 그를 우습게 여겼다. 그 블레셋 사람은 다윗에게 "막대기를 들고 나에게로 나아오다니, 네가 나를 개로 여기는 것이냐?" 하고 묻고는, 자기 신들의 이름으로 다윗을 저주하였다. 그 블레셋 사람이 다윗에게 말하였다. "어서 내 앞으로 오너라. 내가 너의 살점을 공중의 새와 들짐승의 밥으로 만들어 주마." 그러자 다윗이 그 블레셋 사람에게 말하였다. "너는 칼을 차고 창을 메고 투창을 들고 나에게로 나왔으나, 나는 네가 모욕하는 이스라엘 군대의 하나님 곧 만군의 주님의 이름을 의지하고 너에게로 나왔다. 주님께서 너를 나의 손에 넘겨주실 터이니, 내가 오늘 너를 쳐서 네 머리를 베고, 블레셋 사람의 주검을 모조리 공중의 새와 땅의 들짐승에게 밥으로 주어서, 온 세상이 이스라엘의 하나님을 알게 하겠다." 드디어 그 블레셋 사람이 몸을 움직여 다윗에게 점점 가까이 다가오자, 다윗은 재빠르게 그 블레셋 사람이 서 있는 대열 쪽으로 달려가면서, 주머니에 손을 넣어 돌을 하나 꺼낸 다음, 그 돌을 무릿매로 던져서, 그 블레셋 사람의 이마를 맞히었다. 골리앗이 이마에 돌을 맞고 땅바닥에 쓰러졌다. 이렇게 다윗은 무릿매와 돌 하나로 그 블레셋 사람을 이겼다. 그는 칼도 들고 가지 않고 그 블레셋 사람을 죽였다. 다윗이 달려가서, 그 블레셋 사람을 밟고 서서, 그의 칼집에서 칼을 빼어 그의 목을 잘라 죽였다. 블레셋 군인들은 자기들의 장수가 이렇게 죽는 것을 보자 모두 달아났다.」

이것이 다윗과 골리앗과의 대결 내용이다. 골리앗의 칼은 누구도 당할 수 없는 천하장사의 손에 쥐어진 칼이었고, 동시에 골리앗의 괴력을 힘입은 것 만큼 파괴력도 가지고 있었다. 이에 비해 다윗의 돌멩이는 정말 보잘 것 없는 무기였다. 왜냐하면 다윗은 골리앗에 비하면 한낱 애송이에 불과하기 때문이다. 하지만 다윗의 무릿매와 돌멩이는 원거리 이동과 신속한 타격의 장점을 가지고 있었다. 그

---

7) 무릿매: 노끈에 돌을 매어 두 끝을 잡아 휘두르다가 한 끝을 놓으면서 멀리 던지는 팔매. 돌팔매라고도 함.

리고 당시의 상황은 다윗과 골리앗 사이의 거리가 상당히 떨어져 있어서 무기의 위력이 발휘되려면 어느 정도의 이동거리가 필요했다. 즉 파괴대상으로의 이동거리가 매우 중요한 시점이었다. 게다가 다윗은 평소의 무릿매 던지기 연습이 숙달되어 있어서 그 정확도가 매우 뛰어났다. 따라서 무릿매를 떠난 다윗의 돌멩이는 골리앗의 이마를 정확하게 맞힌 것이다.

이것이 원시적인 무기이다. 이러한 원시적인 무기의 특징은 무기 그 자체의 능력보다는 그 무기를 가진 자의 개인적 능력이 더 중요한 것이다. 그리고 성능 발휘를 위해서는 대상자의 위치와 상호간의 이동거리 등이 반드시 고려되어야 하다. 다소 비약적인 논리이긴 하지만 이러한 다윗의 무릿매 돌멩이가 점점 발달하여 오늘날에는 최첨단 유도무기인 미사일[8]로 변화된 것이다.

전쟁의 성격을 살펴보면, 고대에서의 전쟁은 사유재산의 발생과 노예제도가 생기면서 부를 축적하기 위한 수단으로 활용되었다. 토지와 노예의 사적 소유를 바탕으로 성립했던 고대 노예제사회에서는 도시국가간의 전쟁, 대소국가간의 전쟁, 이들을 정복·지배한 여러 제국간의 전쟁은 모두 노예 소유계급이 토지·노예·공납의 획득을 위해서 벌인 정복과 약탈의 전쟁이었다. 위에서 나오는 다윗과 골리앗의 싸움도 결국은 블레셋이 이스라엘에서 식량을 탈취하고 자원을 약탈하기 위한 전쟁이었다.

2) 화살과 방패

도시국가의 차원을 넘어서 제국과의 전쟁에서 보면 화살이 매우 중요한 역할을 했었다. 이와 관련하여 페르샤와 스파르타와의 전쟁의 일부였던 테르모필레 전투(The Battle Of Thermopylae)[9]는 매우 유명하다. 고대 그리스의 도시국가를 침공한 백만 명의 페르시아 대군에 맞서, 단 300명의 스파르타 전사들이 최후까지 처절한 혈투를 벌였던 테르모필레 전투(The Battle Of Thermopylae)가 그것이다. BC 480년 7월, 제3차 페르시아전쟁 때 테살리아 지방의 테르모필레 협곡에서 일어난 이 전투는, 페르시아 전쟁에서 승패의 분수령이 되었고 이후 동서

---

8) 미사일(missile)·로켓·제트엔진 등으로 추진되며, 유도장치로 목표에 도달할 때까지 유도되는 무기. 어원적으로는 투창·화살·총포 등 날아가는 무기를 뜻하나, 오늘날은 유도무기로서의 유도미사일(guided missile)을 가리킨다. 러시아에서는 서방측에서 말하는 미사일을 로켓이라고 한다.

9) 테르모필레 전투(Battle of Thermopylae). 기원전 480년, 테르모필레 지역에서 벌어졌던 페르시아군과 그리스 연합군 사이의 전쟁으로 레오니다스 왕을 비롯한 그리스 연합군 대부분이 크세르크세스 왕이 이끈 페르시아군에게 전멸 당하였다.

양 역사를 뒤바꿔 놓았으며, 동서양의 구분에 대한 개념 또한 지금의 형태로 자리 잡게 된 시초가 되었다.

테르모필레 협곡은 산과 바다 사이에 있는 좁은 길로, 이곳에서 스파르타 왕 레오니다스는 300명의 스파르타 정예군과 테스피스인 700명을 이끌고 페르시아군의 남하를 효과적으로 저지하였다. 그러나 이 고장 출신의 내통자(에피알테스)가 페르시아의 크세르크세스[10] 왕에게 산을 넘는 샛길을 가르쳐 주어 수십만 명이 순식간에 습격하여 몰려오게 되었다. 이에 최후의 스파르타군 300명의 정예부대만이 남아 페르시아군을 막았고 그 사이에 그리스 함대는 무사히 퇴각할 수 있었다. 이 전투로 레오니다스 왕을 비롯한 전원이 전사하였으나 후에 그리스의 국민적 영웅으로 추앙 받았다. 한편 샛길이 알려지고 나서도 300명의 스파르타군은 꽤 오래 버텼다.

여기서 인상적인 것은 페르시아군의 주 공격무기인 그 엄청난 화살 공세와 스파르타군의 방패망 형성이다. 페르시아의 백만 대군이 집중적으로 화살을 쏘아대자 곧 하늘을 새까맣게 가릴 정도가 되어버렸다. 이에 날아오는 페르시아군의 화살을 보고 한 스파르타 군이 이렇게 말했다.

"그들이 '화살 구름'으로 뜨거운 태양을 가려주니 우린 시원한 그늘에서 싸울 수 있어 참 즐겁구나……"

[그림 37] 페르시아군의 화살 공세

---

10) 크세르크세스(Xerxes I, BC 519 ?~BC 465). 크세르크세스 대왕은 페르시아 제국의 황제로 기원전 485년부터 기원전 465년까지 페르시아를 통치했다. 이집트·바빌로니아의 반란을 진압하였고 운하와 선교를 만드는 등 그리스원정을 준비하였으나 실패하였다.

이에 대항하는 스파르타군의 방패망 또한 볼만한 장관이었다. 방패는 방어무기 중 가장 효율적이고 중요한 무기이다. 300명의 전사들이 스파르타군의 지휘관 레오니다스의 지휘에 따라 원형의 진을 형성하면서 각자의 방패들을 머리 위로 올려 절묘하게 결합함으로써 마치 거대한 금속 지붕처럼 방패망을 만들었고, 이를 통해 소나기처럼 날아오는 적의 화살을 완벽하게 막아내는 것이었다. 이리하여 적의 화살 공세는 아무런 위력을 발휘하지 못하고 만다. 동시에 페르시아군들이 칼과 창으로 덤벼들어도 바다와 협곡이라는 천연의 요새 덕분에 백만이 넘는 대군이었지만 페르시아군들은 대책 없이 허물어지고 만다.

이러한 스파르타군의 용맹성과 테르모필레 협곡의 천연의 요새, 그리고 레오니다스의 카리스마적 리더십을 조화롭게 묘사한 영화가 바로 "300"이다. 하지만 어쩌랴. 페르시아에 비해 엄청난 숫적 열세와 배신자에 의한 샛길의 정보 누설로 스파르타 군은 300명중 두 명만 빼고 모두 장렬하게 전사할 수밖에 없었다.

[그림 38] 에피알테스의 배신과 정보누설

정보 누설의 장본인은 바로 레오니다스 왕의 심복 에피알테스이다. 그는 300명의 전사팀에 가담하기를 요청했지만 레오니다스가 그의 용맹성과 충성심을 가상히 여기면서도 곱추라는 불구의 몸 때문에 실질적 전투가담을 거부하고 대신 다른 방법, 즉 후방지원 등으로 전투를 돕도록 배려했다. 그러나 심복 에피알테스는 매우 실망하게 되고, 그 실망은 분노로 이어져서, 결국은 페르시아의 첩자에 의해 크세르크세스에게 매수되고 만다. 에피알테스가 제공한 첩보의 핵심내용은 테르모필레 협곡을 우회하여 스파르타로 가는 샛길을 알려주는 것이었다. 결국 페르시아의 크세르크세스 군대는 샛길로의 진입에 성공하고, 대신 스파르타의 레오니다스는 실패하여 모두가 전사하게 된 것이다. 그 중 한명은 전령으로 살아남아 고국으로 돌아와 수치심에 자살하고, 한명은 눈을 다쳐 살아왔는데 후에 플라타이아이 전투(Battle of Plataiai)[11] 에서 명예회복을 위해 맹렬히 싸우다 전사한다.

고대의 무기체계중 화살만큼 위력적이고 효율적이고 사용하기에도 편리한 무기는 없을 것이다. 화살은 활시위에 오늬(화살 머리를 시위에 게도록 에어 낸 부분)를 메워 잡아당겼다가 놓으면 반동으로 날아가게 된 물건이다. 이 화살은 시(矢) 또는 줄여서 살이라고도 한다. 가는 대나 나무를 잘 다듬어 줄기로 삼고 그 앞 끝에는 쇠로 만든 촉을, 다른 한쪽에는 새의 깃털을 달고 오늬를 붙인다. 유럽 후기구석기시대의 동굴회화에는 들소에 꽂힌 화살이 묘사되어 있으며, 그리스·로마 시대에는 화전(火箭)도 발명되었다. 그리고 미개민족 중에는 화살촉에 독을 발라 사용하는 경우가 많다.

3) 제갈공명의 특이한 화살 제조법

화살의 제조에 대한 여러 가지 일화가 많이 있다. 그 중에서도 밤의 안개를 이용하여 화살을 획득한 제갈공명[12]의 솜씨는 무기의 역사에서 두고두고 화제가 되고 있다. 이는 당대 제일의 무기인 화살을 가장 손쉽게, 가장 저렴하게, 가장 빠르게 획득한 사례로써, 세계 역사상 그 유례를 찾아볼 수가 없을 정도이다. 『삼국지[13]』 제3권, 「적벽대전[14]편」 에 보면 제갈공명이 기이한 계책으로 화살

---

11) 플라타이아이 전투(Battle of Plataiai). 페르시아왕 크세르크세스의 그리스 침공(제2차 페르시아 전쟁)에서 전개된 최대의 지상결전(地上決戰:BC 479). 아티카 평야와 접경하는 보이오티아 지방의 도시 플라타이아이의 근교에서 벌어졌다. 살라미스해전(BC 480)의 패배에도 불구하고 타격을 덜 받았던 페르시아 육상군은 북부 그리스에서 월동한 다음 재차 남진해서 그리스 연합군 지상부대에 싸움을 걸었다. 스파르타의 장군 파우사니아스 지휘하의 그리스 연합군의 중장보병부대(重裝步兵部隊)는 플라타이아이市의 동쪽으로 진출하여 마르도니우스 지휘하의 페르시아군과 장기간 대치(對峙)하였다.

12) 제갈공명: 제갈량(諸葛亮, 181~234). 중국 삼국시대 촉한의 정치가 겸 전략가. 명성이 높아 와룡 선생이라 일컬어졌다. 오의 손권과 연합해 남하하는 조조의 대군을 적벽의 싸움에서 대파하고, 형주·익주를 점령했다. 그 후도 수많은 공을 세웠고, 221년 한의 멸망을 계기로 유비가 제위에 오르자 재상이 되었다.

13) 나관중 著, 연변대학 삼국연의 번역조譯, 『三國志』, (서울: 도서출판 청년사, 1994), pp. 95-104. 삼국지는 중국의 위(魏)·촉(蜀)·오(吳) 3국의 정사(正史)이다.

14) 적벽 대전(赤壁大戰): 중국의 삼국 시대, 조조가 통일의 야심을 드러내자, 손권과 유비가 연합해 그에 대항해 싸운 큰 전투이다. 소설 《삼국지연의》에 따르면, 실제로는 주유와 제갈공명이 두 나라의 군대를 지도했다고 나오지만, 정사 《삼국지》에서는 제갈공명은 외교관으로 활약했을 뿐 군사 작전은 참여하지 않았다. 소설 《삼국지연의》에서, 주유는 제갈공명을 오로 데려와 공격할 방법을 상의했다가 나중에는 제갈공명을 자주 죽이려고도 하였다. 오와 유비 진영은 고육계를 써 조조를 방심시키고,

을 획득한 내용이 다음과 같이 소개되고 있다.

『주유[15](주공근)가 제갈공명(제갈양)의 슬기와 지혜를 마뜩찮게 여겨 어떻게 해서든지 그를 죽이려 하고, 이런 사정을 잘 알고 있는 제갈공명이 중간 연락책 노숙에게 자신의 간파능력을 알리지 않도록 당부한다.

"자경(노숙)은 부디 공근의 앞에서 제갈공명이 이번 일을 먼저 알고 있더라고 말씀하지 마십시오. 공근이 투기해서 곧 일을 꾸며가지고 소인을 해치려 들까 두렵소이다."

노숙은 응낙하고 돌아갔다. 그러나 돌아가서 주유를 보자 노숙은 이 일을 사실대로 이야기하여 버렸다. 주유는 크게 놀란다.

"결단코 이 사람을 그냥 두어서는 안 되겠소. 나는 죽여 비리기로 뜻을 정했소."
"만약 공명을 죽인다면 도리어 조조의 웃음만 사게 되지 않으리까?"
"그가 죽어도 원망하지 못하도록 내가 공도(公道)를 써서 참(斬)하겠소."
"어떻게 공도로 그를 참하겠단 말씀입니까?"
"자경은 더 묻지 마시오. 내일이면 다 아시게 되리이다"

이튿날 주유는 장하에 여러 장수들을 모아놓고 공명에게 사람을 보내어서 '의논할 일이 있으니 좀 와 달라'고 청하였다. 공명은 흔연히 왔다. 자리에 앉자 주유는 공명에게 물었다.

"불일내로 조조 군사와 교전하게 될 터인데, 물에서 싸우려면 대체 어떤 병기를 써야 하겠습니까?"
"큰 강 위에서는 화살을 먼저 써야지요."
"선생의 말씀이 바로 내 생각과 똑 같습니다. 그러나 다만 지금 군중에 화살이 넉넉지 못하니 적과 싸울 준비로 수고스러우셔도 선생께서 화살 십만 살만 만들어 주셨으면 좋겠습니다. 이것은 공사(公事)니 선생은 행여 사양하지 마십시오."
"도독(都督)께서 맡기시는 일이니 수고를 아끼지는 않겠습니다마는 대체 화살 십만 살을 어느 때까지 마련해야 합니까?"

208년 초겨울 밤에 동남쪽 바람을 타고 화공을 써 20만이 넘었던 조조의 대군을 참패시키고 크게 이겼다.

15) 주유(周瑜, 175~210). 자는 공근. 중국 삼국(三國)의 하나인 오(吳)의 명신(名臣). 손견을 섬기다가 손견이 죽은 후 손책을 섬겨 양쯔강 하류지방을 평정하였다. 손책이 죽은 후는 그의 동생 손권을 섬겼다. 위(魏)의 조조(曹操)가 화북을 평정하고 진격해 오자 강화론자들을 누르고 촉(蜀)의 제갈공명과 함께 적벽대전(赤壁大戰)에서 위군(魏軍)을 대파하였다.

"열흘 안으로 다 해놓으시겠습니까?"

"조조 군사가 당장이라도 쳐들어올 판에 열흘씩이나 기다렸다가는 필시 대사를 그르치게 되오리다."

"그럼 선생은 며칠이나 가지시면 다 해놓으실 것 같습니까?"

"사흘만 주시면 화살 십만 살을 갖다가 바치겠습니다."

"군중에는 실없는 말씀이란 없는 법입니다."

"어찌 감히 도독께 실없는 말씀을 하겠습니까? 아주 군령장(軍令狀)을 들여놓고 사흘 동안에 못 해놓으면 중한 벌을 달게 받기로 하오리다."

주유는 심히 기뻐하여 군정사(軍政司)을 불러 그 자리에서 문서를 받아 놓고 술을 내어 접대하며 말한다.

"싸움이 끝난 뒤에 선생의 수고를 사례하오리다."

"오늘은 늦었으매 안 되겠고 내일부터나 시작하겠으니 사흘째 되는 날 군사 오백 명만 강변으로 보내서 화살을 나르게 하십시오."

공명은 술을 서너 잔 마시고는 하직하고 돌아갔다.

"이 사람이 거짓말을 하는 것이나 아닐까요?"

노숙이 묻자 주유가 말한다.

"제가 죽고 싶어서 그러는 것이지 내가 그를 핍박한 것이 아니오. 이제 여러 사람 앞에서 명백하게 문서를 들여놓았으니 제가 두 겨드랑이 밑에 날개가 돋치더라도 날아가지는 못할 것이오. 내가 군중의 장인들에게 분부해서 짐짓 일을 지연시키게 하며 또 소용되는 물자들을 일절 갖추어주지 않고 보면 반드시 제 날짜에 해놓지 못할 것이오. 그 때 죄를 다스린다면 제게 무슨 변명할 말이 있겠소. 공은 한번 가서 그의 허실을 탐지해다가 회보해주시오."

노숙이 명을 받고 공명을 가서 보니, 공명의 말이

"내 자경더러 공근에게 말씀을 말라고 했지요? 말씀을 하면 반드시 그가 나를 해치려들 것이라고요. 그런데 자경이 나를 위해 숨기려 안 하고 곧이곧대로 말씀을 해서 오늘 과연 일이 또 나고 말았으니, 대체 사흘 안으로 화살 십만 살을 무슨 수로 만들어 낸단 말씀이오. 자경은 부디 나를 구해 주십시오."

"공이 스스로 그 화를 취하신 터에, 내가 무슨 수로 구해 드린단 말씀입니까?"

"자경은 부디 내게 배 스무 척만 빌려주시되 매 척에 군사 삼십 명씩 싣고 선상에는 청포장을 둘러치고 각각 제웅 천여 개씩 배 양편에다 벌여 세워주시오. 그러면 내가 묘하게 써서 사흘째 되는 장담하고 화살 십만 살을 마련해놓겠습니다. 그런데 공근에게만은 또 이 말씀을 하지 마십시오. 만일 공근이 아는 날에는 내 계책은 깨어지고 맙니다."

노숙은 어인 까닭을 모르는 채 응낙하고 돌아가서 주유에게 회보를 하는데, 배 빌려달라던 말만은 쑥 빼고 '공명이 살대와 살깃이며 아교와 칠 따위는 하나도 쓰지 않고 화살을 만들어 낼 도리가 있다고 하더라'고만 말하였다. 주유는 못내 의아해 한다.

"제가 사흘 뒤에 내게다 어떻게 대답을 하는가 두고 보자."

한편 노숙은 사사로이 쾌선 스무 척을 내어 배마다 사람 30여명과 포장, 제웅 등을 다 준비해놓고 공명이 쓰기만 기다리는데, 첫날은 공명에게 아무 동정이 없었고, 둘째 날도 역시 그러하였다. 사흘째 되는 날 사경에 공명이 노숙을 배 안으로 청하는 것이어서 노숙이 물었다.

"왜 나를 부르셨습니까?"
"함께 화살 가지러 가시자고 자경을 오시랬습니다."
"어디로 가지러 가시나요?"
"자경은 묻지 마시오. 이제 보시면 자연 알게 될 겁니다."

공명은 배 20척을 기다란 노로 서로 연해서 북쪽 언덕을 바라고 나아가게 하였다. 이날 밤에 안개가 자욱하게 하늘을 덮었는데, 장강[16] 위에는 더욱 심해서 서로 낯을 마주 대하고도 보이지 않을 형편이었다. 공명은 배를 재촉해서 그대로 앞으로 나가는데, 과연 안개가 대단하였다. 이날 밤 오경쯤 해서 배가 조조의 영채[17] 가까이에 이르렀는데, 이 때 공명이 배들을 머리는 서쪽에 두고 꼬리는 동쪽에 두게 하여 한 줄로 벌여 세워놓고서 배 위에서 북치고 고함지르게 한다.

"만약에 조조 군사가 일시에 내달으면 어찌하려고 어러십니까?"

---

16) 장강: 양쯔 강(Yangtze River)을 말한다. 중국 대륙 중앙부를 흐르는 아시아에서 가장 긴 강이다. 나일 강과 아마존 강 다음으로 세계에서 세번째로 긴 강이기도 하다. "양쯔 강"이라는 이름은 원래 이 강의 하구 지역을 부르는 이름이었으나 선교사와 상인들을 통해 서양에 알려지면서 강 전체를 부르는 말로 다른 나라에서 쓰이게 되었다.

17) 영채: 營寨 (garrison)

노숙이 깜짝 놀라 물으니 공명이 웃었다.

"내가 요량하건대 조조가 이 짙은 안개 속에서 감히 나오진 못할 것이오. 우리는 그저 술이나 마시면서 즐기다가 안개가 걷히거든 그때 돌아가기로 하십시다."

한편 조조의 진중(陣中)에서는 이때 어지러이 울려오는 북소리, 고함소리를 듣자 모개와 우금 두 사람이 황망히 조조에게 고하였다. 조조는 즉시 영(令)을 전해서

"지금 안개가 자욱하게 강을 덮었는데 적병이 졸연히 이르렀으니 필시 매복이 있을 것이라. 결단코 경솔하게 움직여서는 아니 될 것이다. 수군 궁노수들을 내어서 그저 어지러이 활로 쏘도록 하여라."

이르고 다시 사람을 육지 진영 안으로 보내서 장요와 서황을 불러 각기 궁노수(弓弩手) 3천씩 거느리고 급히 강변으로 나가서 수군을 도와 함께 활을 쏘게 하였다. 조조의 호령이 전해졌을 때 모개와 우금은 남쪽 군사들이 혹시 영채안으로 뛰어 들어올까 두려워서 궁노수들을 영채 앞으로 내어 보내 활을 쏘게 하였는데, 조금 있다가 육지 진영 안에서 또 궁노수들이 들이닥쳐서 약 만여 명이 모조리 강 한가운데를 향해 활들을 쏘니 화살이 사뭇 빗발치듯 한다. 공명은 배들을 빙그르 돌려서 이번에는 머리를 동쪽에 두고 꼬리를 서쪽에 두게 한 다음에 영채 앞으로 바싹 다가 들어가서 화살을 받으며 북치고 고함지르게 하다가 해가 높이 떠올라 안개가 흩어지기를 기다려서 영을 내려 배들을 수습해 가지고 급히 돌아가게 하니, 20척 배 좌우편에다 죽 벌여 세운 제웅들 위에 빈틈없이 죽 꽂힌 것이 모두 다 화살이다. 공명은 배 위 군사들을 시켜서 일제히 소리 질러,

"승상이 화살을 주어서 감사하외다."

하고 크게 외치게 하였다. 그러나 조조 영채 안에서 이 일을 조조에게 고했을 무렵에는 이편 배들은 급류를 따라서 20여리나 하류로 내려 가버린 뒤라 쫓아도 미치지 못하는 것이었다.

이리하여 제갈공명은 주유가 요구한 화살보다 훨씬 많은 수십만 개의 화살을 단숨에 획득한 것이다.

나. 중세-근대의 무기

1) 기관총

1331년 B.슈바르츠에 의해서 흑색 화약이 발명되면서 화약의 힘으로 탄알을 날리는 총포류가 개발되기 시작하였다. 총포가 처음 무기로 쓰인 것은 1346년 크레시 전투[18) 때부터였다. 그 후 1850년의 프로이센-프랑스와의 전쟁에서는 처음으로 기관총[19)이 나타났다.

[그림 39] 18세기에 처음 만들어진 기관총

이 기관총은 19세기말에 상당한 규모로 도입되어 전쟁의 성격을 크게 변화시켰다. 오늘날의 기관총은 5가지 송류로 나뉜다. 자동소총은 대부분의 기관총보다 더 정확하고 비교적 사정거리가 긴 장거리용 무기로서, 대부분 총열이 길고 쌍각 받침대에 고정시켜 사용한다. 경기관총은 총신이 뜨거워져 정확성이 떨어지면 차가운 총신으로 재빨리 교체할 수 있도록 설계되어 있고, 역시 쌍각대에 장치하여 사용한다. 경기관총은 대개 상자형 탄창을 갖고 있으며, 두 사람이 한 조를 이루고 소총과 같은 탄약을 발사한다. 다목적 기관총은 탄띠로 장전하고 대부분 삼각대 위에 올려놓고 사용하며, 조준기가 달려 있다. 이것은 경기관총보다 약간 무겁다. 중형기관총(中型機關銃)은 오늘날의 무기라기보다는 구형에 속한다. 이것은 비교적 무거운 수냉식 기관총으로, 탄띠로 장전하며 여러 사람으로 구성된 특별분대가 다루도록 되어 있다. 또 삼각대 위에 올려놓고 사용하는데, 한국전쟁이 끝난 뒤 다목적 기관총으로 교체되기 시작했다. 중기관총(重機關銃)은 보통의 전투용 소총보다 큰 탄약을 발사한다. 가장 널리 사용되는 구경은 12.7㎜이지만, 소련의 중기관총은 구경 14.5㎜의 총알을 발사하도록 되어 있다.

---

18) 크레시 전투(Battle of Crécy): 백년전쟁 초기 프랑스군이 대패한 전투. 1346년 노르망디에 상륙한 영국 왕 에드워드 3세와 에드워드 흑태자(黑太子)의 군대는 프랑스 왕 필리프 6세를 대항하여 싸웠고, 이에 프랑스는 수 배의 대군이었으나 실패하고, 크레시(아미앵 북서 약 50 km)언덕 위에서 영국군에게 요격을 당하였다.

19) 기관총(機關銃, machine gun). 18세기에 처음 만들어진 자동무기.

중세 말기에 화기가 도입된 뒤, 재장전하지 않고 여러 발을 발사할 수 있는 무기를 설계하려는 노력이 있었다. 총열을 여러 개 묶어서 잇달아 총알을 발사하는 무기가 대표적인 것이었다. 1718년에 제임스 퍼클은 런던에서 기관총 특허를 얻어 실제로 기관총을 생산했는데, 그 기관총은 지금 런던탑에 전시되어 있다. 제임스 퍼클이 만든 기관총의 주요한 특징은 약실에 총알을 공급하는 회전식 탄창이었고, 이것이 자동 무기의 기본이 되었다. 이 무기가 성공하지 못한 것은 부싯돌식 점화장치가 쓰기에 불편하고 믿을 수 없었기 때문이다. 19세기에 뇌관이 도입되자 미국에서는 수많은 기관총이 발명되었다. 그중 일부는 미국 남북전쟁 때인 1862년 버지니아에서 벌어진 7일전투에서 남군이 처음으로 사용했다. 이때 발명된 기관총들은 모두 탄창이나 총열 묶음을 손으로 회전시키도록 되어 있었다. 가장 큰 성공을 거둔 기관총은 회전식 개틀링 기관총이었는데, 나중에 더욱 개량된 개틀링 기관총은 총알과 탄환 발사 화약과 점화제를 포함하는 근대적인 탄약통을 채택했다.

[그림 40] 회전식 개틀링 기관총

무연화약이 개발되자, 손으로 크랭크를 돌리는 수동식 기관총을 진짜 자동무기로 바꿀 수 있게 되었다. 즉 무연화약은 균일하게 연소했기 때문에 그 반동을 이용하여 볼트를 작동, 빈 약협을 배출하고 재장전할 수 있게 된 것이다. 미국의 하이럼 스티븐스 맥심은 무기 설계에 이런 효과를 처음으로 도입한 발명가였다. 맥심 기관총(1884)에 뒤이어 호치키스·루이스·브라우닝·매드센·모제르 등을 비롯한 여러 종류의 기관총이 잇달아 개발되었다. 이들 기관총 중 일부는 무연화약의 균일한 연소라는 또 하나의 속성을 활용했다. 즉 탄환이 1발 발사될 때마다 연소 가스의 일부가 실린더 구멍으로 밀려들어가 피스톤이나 레버를 밀어 폐쇄기를 열리게 함으로써 차발(次發)을 장전할 수 있게 한 것이다. 그 결과, 제1차 세계대전 중에는 처음부터 기관총이 전쟁터를 지배했는데, 그것은 일반적으로 급탄(給彈)은 탄대식(彈帶式)이고 동력은 가스압으로 얻으며 냉각 방식은 수냉식이고 탄알의 구경은 소총과 비슷하거나 약간 큰 기관총이었다. 비행기 프로펠러에 동조(同

調)된 것을 제외하면 기관총은 제1차 세계대전을 지나 제2차 세계대전 때까지도 거의 변화를 보이지 않았다. 그러나 제트기와 새로운 야금술이 개발되자 기관총에 상당한 변화가 일어났다. 무게가 더욱 가벼워지고 정확도도 훨씬 높아졌으며 발사속도도 빨라졌다

대부분의 기관총은 탄약이 폭발할 때 생기는 가스를 이용하여 자동장전장치를 움직인다. 여기에는 여러 가지 방법이 있는데, 탄약의 폭발에 의해 빈 약협이 뒤쪽으로 튀어나가면서 볼트와 추진 용수철에 직접 에너지를 부여하는 단순한 '블로백 방식', 같은 원리를 이용한 변형 블로백 방식, 탄약이 폭발할 때마다 별개의 실린더에 가스를 받아들여 실린더 안의 피스톤을 움직이는 방식 등이 있다. 또다른 작동 방식은 반동을 이용하는 것이다. 이런 총에서는 볼트를 총열에 고정시키는데, 총열이 반동을 일으키면 볼트가 움직여 폐쇄기가 열리고 새로운 탄환이 제자리로 들어간다. 이와 같이 이 시대의 지상 전투무기는 총포의 발명·개량을 계속하여 19세기 초에 근대식 총포가 완성되었다.

2) 화포

전쟁은 정치·경제적 제도와도 밀접한 관계가 있다. 주종관계를 정치의 기본 조직으로 하는 봉건제도에 큰 변화를 가져온 것은 화폐교환 경제의 발달 및 도시 시민계급의 경제력 증대와 이들 세력과 결합한 국왕권력의 확대였다. 도시의 재정 지원은 국왕의 용병부대 대량사용을 가능하게 하였고, 그에 따라 전쟁은 초기의 약탈 위주의 소규모 전쟁에서 적의 격멸을 노리는 대규모 전쟁으로 변했다. 왕권의 확대·강화를 목표로 한 전쟁이 된 것이다. 백년전쟁[20]이 그 대표적인 사례이다.

그러나 무엇보다도 병기의 양상을 크게 전환시킨 것은 화약이다. 7세기 전반에 중국 연단술사(煉丹術師) 손사막(孫思邈)에 의해 흑색화약이 발명되어 소이병

---

20) 백년전쟁(百年戰爭, Hundred Years' War). 14~15세기 유럽에서 프랑스 왕위계승의 정통성을 포함한 여러 문제를 놓고 잉글랜드와 프랑스가 벌인 전쟁. 100년 내내 지속되지는 않았고 간헐적으로 벌어졌으나, 수세대에 걸친 잉글랜드와 프랑스 왕들의 싸움이 되었다. 문서상으로 볼 때 이 전쟁은 1337년에 시작되어 1453년에 끝난 것으로 되어 있으나, 사실상 프랑스에 있던 잉글랜드의 봉토를 놓고 일어났던 분쟁까지 거슬러 올라가자면 12세기에서 그 기원을 찾을 수 있다.

기(燒夷兵器)에 이용되었다고 전해지고 있다. 유럽에서는 14세기에 화약의 힘을 응용한 대포가 발명되었고, 15세기에는 총(銃)이 나타났으나, 과학적인 방법에 의하여 병기가 본격적인 변용(變容)을 이룩하고 전쟁의 양식이 변화하기 시작한 것은 19세기에 들어서면서부터이다. 화포(火砲)의 정밀도나 사정(射程)이 개선되고, 그때까지의 성곽이 무력화되었으며, 나폴레옹전쟁에서 포(砲)가 큰 위력을 발휘한 것처럼 병기의 위력이나 새로운 병기의 발명으로 전투의 귀추(歸趨)가 크게 달라지게 되었다. 총도 뇌관격발장치(雷管擊發裝置)나 라이플(旋條), 무연화약(無煙火藥)의 발명과 함께 급속히 병기화되었고, 해상에서는 14~15세기까지의 요선(橈船)이나 그 후의 항양범선(航洋帆船)으로 바뀌었으며, 19세기에는 기선(汽船)이 나타났으며, 화포나 조선기술(造船技術)의 개발과 함께, 20세기 초에는 이른바 대함거포(大艦巨砲)시대를 맞이했다.

다. 근대-현대의 무기

제1차 세계대전 무렵에는 당시의 공업수준을 반영하여 함정이나 포, 자동차량(自動車輛), 기총이 개량되었으며 전쟁터에는 처음으로 항공기와 잠수함, 독가스, 근대전차가 나타났는데, 여기에 무선에 의한 통신도 추가되고 있다. 그러나 독가스를 제외한 이와 같은 병기가 본격적으로 사용된 것은 1939년 독일군의 폴란드침공에서 전차의 대규모 사용에서 볼 수 있듯이 제2차 세계대전 무렵부터인데, 이 대전에서는 새로이 항공기의 내습(來襲)을 조기에 탐지하기 위한 레이더, 바닷속의 잠수함을 탐지하기 위한 수중탐지기(SONAR) 등의 전자·음향병기, 독일의 V병기로 대표되는 근대 로켓병기가 나타났으며, 대전 말기에는 핵분열(核分裂)의 거대한 에너지로 목표를 철저하게 파괴하는 핵폭탄(원자폭탄)이 등장했다.

1) 군용항공기 (軍用航空機, military aircraft)

[그림 41] B-29 슈퍼포트리스

　군용항공기는 군사목적을 위하여 설계·제조·사용되는 항공기이다. 항공기는 발명된 당시부터 군사목적에 응용이 고려되었으나, 본격적으로 전쟁에 사용된 것은 제1차 세계대전 이후부터이다. 특히, 제2차 세계대전 때부터는 전쟁의 주도권을 장악하게 되었다. 그 중에서도 B-29 슈퍼포트리스는 1942년에 비행, 1944년 6월 실용 배치되어 제2차 세계대전 당시 일본 본토 공습의 주력기였으며 6·25 전쟁 때에도 사용되었다. 이 외에도 북한군에 의해 6·25전쟁에서 사용된 소련제 미그기(MIG-15)가 있다. 대전 후 미사일이 실용화되면서 임무의 일부를 대행하게 되었으나, 아직도 군용기는 현대전에 결정적인 역할을 수행하는 중요한 무기이다.

　오늘날 사용되는 군용기를 크게 구별하면 폭격기·공격기·전투기·정찰기·경계기·초계기·수송기·급유기·구조기·구난기·지휘기·연락기·연습기와 실험 등에 사용되는 특수용도기가 있다.

[그림 42] T-41 메스칼레로 훈련기

예컨대 T-41메스칼레로 훈련기의 경우, 조종사 후보 선발용 훈련 항공기로 군사작전시와 동일한 항공전자공학장비가 구비되어 있다. 초기에는 기구·비행선 등 경항공기도 사용되었으나, 오늘날은 비행기·헬리콥터만이 군용기에 포함된다. 기능도 근래에 터빈기관과 각종 전자장치가 채택되어 대폭적으로 확대되어 가고 있다.

SR-71은 록히드 마틴에서 개발한 전략정찰기이다. 블랙버드(Blackbird)라는 별칭을 가지고 있다. 기체의 빛깔이 검은 데서 블랙버드(검은새)라는 별명으로 불린다. 세계 최초의 마하 3급 초고속기로서, 2만 4000m 이상 고공에서 시간당 26만 ㎢의 지역을 사진 촬영할 수 있는 능력을 가졌다. 원형인 A-11은 1959년부터 개발에 착수하였으나, 첩보기 U-2기가 1960년 5월 1일 소련의 미사일에 의해서 격추되자 개발에 박차를 가하여 1964년 7월에 SR-71의 일부가 공표되었으며, 1965년부터 U-2기의 후계기로서 전략공군에 실용 배치되었다. 길이 37.75m, 나비 16.95m, 무게 77t, 최고 작전고도 2만 4,000m 이상, 최고속도 마하 3.3, 순항속도 마하 3, 항속시간 1.5시간이며, 조종사 1명과 정찰요원 1명이 탑승한다. 기체는 고온에 견딜 수 있게 대부분 티탄합금으로 되어 있다.

[그림 43] SR-7블랙버드

　태평양에서의 전투에서는 또 항공기를 탑재한 항공모함이 미국 측의 주전력 (主戰力)이 되었다. 제2차 세계대전에서 특기할 것은 레이더나 원폭개발인 맨해튼계획에서 볼 수 있듯이, 병기의 개발에 과학기술이 전면적으로 투입되었으며, 독일의 전략폭격에 대응해서 유럽에서 연합군에 의하여 도시나 공업의 전면파괴를 목표로 한 무차별 전략폭격이 개시되었다는 점이다.

[그림 44] 항공모함 – 니미츠급

1943년의 함부르크폭격에서는 수시간에 약 1000t의 폭탄이 투하되었고, 1945년의 도쿄공습에서는 276대의 B-29폭격기에 의해 약 2000t의 소이탄이 투하되어, 잔혹병기(殘酷兵器)의 사용금지와 비전투원을 전투에서 제외한다고 하는 전시국제법(戰時國際法)의 원칙이 붕괴되었다. 핵폭탄 특히 1950년대에 들어서서의 수소폭탄의 등장은 대륙간의 약 8000km거리를 불과 30분 만에 날아가는 탄도미사일의 개발과 함께 전략뿐만 아니라 전쟁 그 자체의 성격을 기본적으로 변화시켰으며, 인류의 생존 그 자체마저도 위태롭게 되는 위기를 조성했다. 핵에너지의 이용은 한편으로 고속·장기작전을 가능하게 하는 원자력잠수함도 탄생시켰다.

　　핵병기는 처음에 그의 파괴력의 크기나, 핵미사일 자체를 보호하여 비취약화(非脆弱化)하는 지하 사일로의 사용, 상대방으로부터의 공격에 대해 비취약한 미사일 원자력잠수함의 등장 등에 의하여 전쟁의 발생을 억지(抑止)한다는 이른바 억지효과(抑止效果)를 가진다고 했었으나 최근에는 핵미사일의 고성능화와 정밀도의 향상 등으로 인하여, 초기의 상호확증파괴(相互確證破壞 ; MAD)에 의한 억지의 개념을 넘어서, 한정적인 핵전쟁을 수행할 수 있는 전략태세가 지향되고 있다.

　　해상에는 핵(核)항공모함 기동부대가 등장했고, 한편 각종 대잠병기(對潛兵器)의 발달로 인하여 미사일잠수함을 파괴하기 위한 대규모의 대잠작전(ASW)도 전개되고 있다. 최근 컴퓨터를 중심으로 한 전자병기의 발달이 뚜렷하며, 모든 병기시스템의 정밀화·고정도화(高精度化)의 경향도 현저하다. 한편에서는 베트남전쟁에서 사용했던 고엽제(枯葉劑)와 같은 환경파괴병기가 대규모로 사용된 것 외에, 생물병기나 사용시에 2종의 비치사성성분(非致死性成分)을 혼합해서 독성을 지니도록 하는 바이날리형 신경가스의 개발 등 화학병기에서도 큰 전개를 볼 수 있다. 제1차세계대전 후 1925년의 제네바의정서에는 독가스의 사용이 금지되었으나, 제2차세계대전 이후의 원자폭탄·수소폭탄의 사용금지는 아직 실현하지 못하고 있다.

라. 현대무기의 분류

[그림 45] 대륙간 탄도미사일

현대의 무기체계는 사용목적에 따라 전략병기 · 전역병기 · 전술병기, 나아가서는 대공병기 · 대잠병기 등으로 분류할 수가 있다. 전략병기는 상대방의 영내에 있는 전략목표를 직접 공격할 수 있는 병기로서 사정거리 5500km 이상의 ICBM이나 SLBM, 장거리전략폭격기 등으로 구성되며, 최근에는 이른바 다핵탄두(多核彈頭:MIRV)를 보유하는 경우가 많다.

MIRV는 1기(基)의 미사일로 십수개까지의 개별목표로 유도되는 자탄두(子彈頭)를 탑재한 것으로서, 이렇게 함으로써 1기의 미사일로 동시에 수백km 떨어진 복수의 목표를 공격할 수 있게 되었을 뿐만 아니라 이론상으로는 상대방 미사일의 사일로도 파괴할 수 있게 되었다.

전역병기는 지역 내에서 사용하는 것으로서 사정 5500km까지의 각종 핵미사일과 공격기를 말하며, 사정 1000km 이상의 퍼싱Ⅱ, 지상발사순항(地上發射巡航)미사일, 소련의 SS20 등의 장사정(長射程)인 LRINF와, 사정 200km 이상의 단사정(短射程)인 SRINF가 있었으나, 1987년 12월의 미 · 소조약에서 전량 폐기가 결정되었다.

유의해야 될 일은, 예를 들면 서유럽에 배치된 미사일이 사정 5500km 이하의 전역병기라 할지라도 러시아에서 보면, 본토 내에까지 도달하는 전략병기가 된다는 점이다. 유익(有翼)으로서 TERCOM이라 불리는 전자적(電子的)인 지형조합유도장치(地形照合誘導裝置)를 가졌고 대기권 내를 지그재그비행할 수 있는 순항미사일도 전략폭격기에 탑재되어 전략병기(ALCM)가 되며, 지상 · 함정에 장비되어 전역병기(GLCM, SLCM)가 되거나 또는 비핵(非核)인 대함전술공격병기(對艦戰術攻擊兵器)가 된다.

[그림 46] 원자력 잠수함 – 오하이오급

● 알아두면 재미있는 부분 ●

[그림 47] 북한 미사일 발사 탐지, 추적과정

　미국의 북한 미사일 발사 탐지 추적과정은 매우 흥미롭다. 미국은 북한이 동해로 발사한 미사일의 발사 준비부터 목표지점 타격에 이르기까지 전 과정을 손금 들여다보듯 포착했던 것으로 밝혀졌다. 티모시 키팅 북미우주방공사령부(NORAD) 사령관 겸 북부사령관은 2008년에 상원 군사위 국방예산 청문회에서 "우리는 북한의 발사 계획을 처음부터 알고 있었다"며 "북한은 초단거리(very short-range) 지대지(地對地) 미사일 3기를 발사했다"고 밝혔다.

이에 앞서 버웰 벨 주한 미군사령관은 하원 군사 청문회에서 북한이 과거에 비해 정확도와 기동성이 향상된 고체연료를 사용하는 미사일 3기를 발사했다고 밝혀 북한 미사일의 제원과 성능을 '훤하게' 파악하고 있음을 시사했다. 키팅 사령관이 이번에 발사된 것이 '초단거리 미사일'이라고 확인한 것은 북한이 사정거리가 100~120km 되는 미사일을 발사했다는 뜻이라고 국방 소식통은 전했다. 군사 전문가들은 북한이 군사분계선에서 100여km 떨어진 평택기지로 주한미군이 이전하는 것을 염두에 두고 수년 전부터 소련제 SS-21을 자체 개량한 KN-02 미사일을 개발한 것으로 보고 있다.

미군의 대북 첩보망은 매우 탁월하다. 미군은 북한의 미사일 발사를 포착하기 위해 한반도를 포함한 동북아에 미 육군 정보 전력의 25%에 해당되는 엄청난 정보 인프라를 깔아놓았다. 우선 오산에 배치된 미 공군 501정보여단은 북한 전역의 통신과 영상 정보를 수집한다. 북한이 미사일을 발사하려면 평양의 지휘부와 미사일 발사기지 간에 각종 교신이 이뤄져야 하는데 이 내용은 한국군과 미군 감청망에 즉각 포착된다. 미사일 발사 징후가 포착되면 미군은 U-2 정찰기 3대를 하루에 한 번 출격시킨다. U-2기는 북한 상공 20km를 7~8시간씩 초고공 비행하며 미사일 조립, 병력 이동, 연료 주입 움직임 등을 샅샅이 촬영한다. 이를 한 번 출격시키는 데 드는 비용만 100만 달러(약 10억 원)에 이른다. 또 암호명이 키홀(Keyhole)인 정찰 위성 KH-11은 지상 600km에서 지상 10cm 크기의 물체를 판독해낸다.

이 밖에도 미국은 북한의 미사일 발사를 포착하기 위해 오산을 비롯한 네 곳에 특수 레이더를, 그리고 알래스카에 탐지거리가 5000km에 이르는 최첨단 X밴드 레이더를 운용하고 있다. 주한미군 관계자는 "현재 주한미군이 운영하는 감청 능력과 첩보위성, 그리고 대북 정찰을 통해 북한의 미사일 발사 징후는 물론 지휘부의 숨소리까지 감지가 가능한 수준"이라고 주장했다.

공중발사하는 ALCM이나, 함정에 장착되는 SLCM의 토머호크는 금후, 미국의 핵전력의 중심이 될 것 같다. 전술병기에는 각종 항공기와 대전차미사일(ATM), 화포, 지뢰 그 밖에 여러 재래형 병기가 있으며 소형의 핵탄두를 가지는 경우도 많다. 대공병기는 공중조기경계관제기(空中早期警戒管制機 ; AWACS)와 각종 대공미사일(SAM), 대공화포로 구성되며, 탄도미사일의 요격을 목적으로 하는 미사일을 탄도탄요격미사일(BMD 또는 ABM)이라고 하는데, 걸프전쟁에서 높은 명중률을 보인 패트리엇미사일이 그 예이다. 대잠병기는 전자장치를 만재한 대잠초계기(對潛哨戒機)와 대잠소나, 핵 또는 비핵의 각종 대잠로켓, 폭뢰(爆雷) 등으로 구성된다.

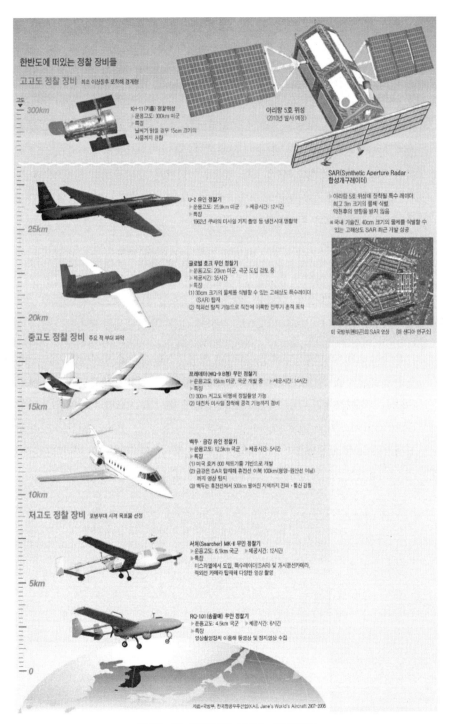

[그림 48] 한반도에 떠있는 정찰장비

우리나라 합참의상은 매일 북한 지역의 군사정보를 체크한다. 북한의 도발 징후를 알기 위해서다. 1차 체크리스트의 항목은 10개 이하다. 북한 잠수함의 이동 상황, 후방의 기계화 군단 움직임, 탄도미사일의 연료 주입 준비 여부, 전투기의 전진배치, 장사정포 등의 사격준비 상태 등이다.

유사시 잠수함을 대거 투입해 우리 함정과 유조선 등이 부산 등 남한의 주요 항만에 드나들지 못하도록 기뢰를 부설하는 게 북한의 전술이기 때문이다. 북한이 기습 도발을 하려면 북한 후방지역의 기계화군단을 2차 공격에 가담시키기 위해 미리 전방으로 이동시켜야 한다. 합참의장은 이 같은 북한의 도발 기미가 보이면 한미연합사령관과 협조해 체크리스트를 즉각 200개가량으로 확대한다.

이런 전략정보 수집에는 한·미군의 정찰감시장비가 총동원된다. 한국군은 백두와 금강 정찰기, 정보본부 산하의 통신감청부대를 주로 투입한다. 미국은 KH-11 등 사진정찰위성, 고공 유인정찰기 U-2기, 고고도 무인정찰기 글로벌 호크 등으로 정보를 수집한다. 합참과 육·해·공군은 이 정보를 바탕으로 북한에 대한 대비 태세를 조정한다.

한국이 2010년 아리랑 5호를, 2011년 아리랑 3호 위성을 발사하면 우리 군의 전략정보 판단 능력은 더욱 향상된다. 아리랑 5호에 탑재되는 특수레이더(SAR=Synthetic Aperture Radar·개구합성레이더)는, 밤은 물론 구름이 끼어도 지표면의 물체를 파악할 수 있다. SAR(Synthetic Aperture Radar)는 나무·금속 등 지상 물체의 재질도 가려낸다. 이라크 전쟁 때 미군은 인공위성과 무인정찰기 등에 탑재된 SAR 레이더로 이라크 공군기지에 설치된 나무로 만든 가짜 전투기와 진짜를 가려내 골라서 파괴했다.

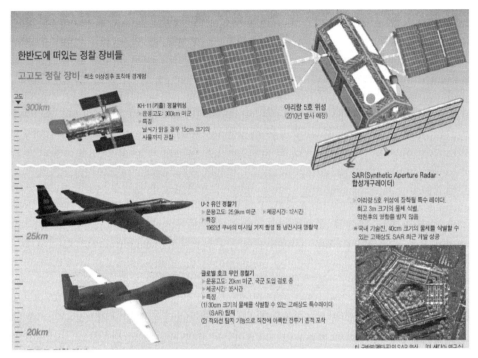

한반도에 떠있는 정찰 장비들

고고도 정찰 장비 | 최초 이상징후 포착해 경계형

고도
300km
KH-11 (키홀) 정찰위성
▶운용고도: 300km 미군
▶특징
날씨가 맑을 경우 15cm 크기의
사물까지 관찰

아리랑 5호 위성
(2010년 발사 예정)

SAR(Synthetic Aperture Radar ·
합성개구레이더)
▶아리랑 5호 위성에 장착될 특수 레이더.
최고 3m 크기의 물체 식별,
악천후의 영향을 받지 않음

※국내 기술진, 40cm 크기의 물체를 식별할 수
있는 고해상도 SAR 최근 개발 성공

25km
U-2 유인 정찰기
▶운용고도: 25.9km 미군 ▶체공시간: 12시간
▶특징
1962년 쿠바의 미사일 기지 촬영 등 냉전시대 맹활약

글로벌 호크 무인 정찰기
▶운용고도: 20km 미군. 국군 도입 검토 중
▶체공시간: 35시간
▶특징
(1) 30cm 크기의 물체를 식별할 수 있는 고해상도 특수레이더
(SAR) 탑재
(2) 적외선 탐지 기능으로 직전에 이륙한 전투기 흔적 포착

20km

[그림 49] 한반도에 떠있는 정찰장비 부분 확대도

아리랑 3호는 전자광학(EO) 망원경으로 60~80cm 크기의 지상 물체까지 구분할 수 있다. 북한군 전차와 장갑차·야포 등과 병력의 움직임을 자세히 관찰할 수 있다.

북한군은 무인 정보수집 능력이 사실상 전무하다. 1996년 강릉 무장공비 사건처럼 간첩이나 특수부대를 남파해 우리 군의 움직임을 파악해야 하는 형편이다. 따라서 북한군이 작전을 위해 의사결정에 걸리는 시간은 수일 이상이다. 하지만 한·미군은 수 분~수 시간으로 매우 짧다.

그러나 한국의 두 인공위성만으로는 전시에 동시다발적인 북한군 움직임을 완전히 파악하기에는 무리가 있다. 미국도 이라크 전쟁 때 다른 나라의 상업위성까지 임대해 66개의 인공위성을 투입했다. 전시에는 한·미군이 적극 협력해 정보를 공유할 수밖에 없다. 특히 휴전선에서 100km 이북 북한 후방지역의 기계화군단과 미사일기지, 북한 지휘부의 움직임을 관찰하려면 미국의 지원이 필수적이다.

우리 군은 향후 정보전력을 강화하고 작전 템포를 빠르게 하기 위해 육군에 첨단 정찰장비와 지휘통제자동화(C4I:Command Control Communication Computer & Intelligence) 체

계를 보완 중이다. C4I체계는 음성·데이터·화상 교환이 가능한 군내 인터넷과 같은 것으로 이를 통해 작전의 지휘 통제가 가능하다. 군은 현재 육군 군단과 포병부대 위주로 구축된 이 체계를 대대와 병사·장갑차·전차까지 모두 구축할 계획이다.

현대의 병기체계는 각각의 사용 장소에 따라 육전병기·해전병기·항공병기·수중병기·해저병기·우주병기로 나눌 수도 있다. 우주병기에는 일찍부터 사전정찰위성(스파이위성)과 전자정찰위성, 통신위성, 상대방의 미사일에서 나오는 적외선을 포착해서 그의 발사를 조기에 탐지하기 위한 조기경계위성 등이 있으나, 1980년대에 들어서서 비로소 실용적인 대위성공격병기(ASAT)도 등장했다. 미국의 ASAT는 비행중인 전투기에서 발사되어 적외선 등으로 목표 위성을 추적, 충돌해서 위성을 파괴한다. 미국의 SDI에서는 궤도상에 있는 강력한 레이저포나, 전자력으로 작은 물체를 매초 수km의 초고속으로 발사하는 레일건을 탑재한 공격위성을 사용하는데, 제1단계에서는 엔진을 분사(噴射)해서 상승중인 미사일을 공격하고, 제2단계에서는 MIRV 이탈 전의 미사일, 제3단계에는 궤도를 탄도 비행중인 MIRV탄두, 최종단계에서는 지상에서 발사한 ABM으로 대기권 돌입 후의 탄두를 요격, 파괴한다. 하지만, 이것에 대해서는 일찍부터 경량의 금속벌룬 등 다수의 유도탄두의 사용이 고안되고 있다.

현대의 병기체계는 또, 응용하는 물리화학현상이나 에너지의 종류에 따라 광학병기·전기병기·자기병기(磁氣兵器)·전자병기·전파병기·음향병기·물리병기·방사선병기·환경병기·화학병기(생물·세균병기)·핵병기·통상병기(通常兵器) 등으로 나눌 수도 있다.

광학병기로서는 SDI 위성의 레이저포나 스파이위성, 각종 적외선추적미사일, 전기병기·자기병기로서는 레일건이나 대잠병기인 자기탐지기, 전자병기나 전파병기로서는 크고 작은 각종 레이더, 상대방의 통신체계를 마비시키는 전자교란장치, 다양한 대전자병기(對電子兵器, ECM), 음향병기로서는 대잠작전용소나, 물리병기로서는 SDI용으로 구상되고 있는 입자(粒子)빔병기, 방사선병기로서는 대량의 오염물질인 핵분열생성물(核分裂生成物)을 발생시키는 수소폭탄이나, 소형수소폭탄을 폭발시켜서 대량의 중성자(中性子)를 발생시켜서 건물 따위를 파괴하는 일 없이 인명만을 살상하는 중성자폭탄(ERW) 등을 들 수 있다. 환경병기는 작전지역의 환경을 파괴하는 병기를 말한다. 미국이 베트남전쟁에서 대규모로 사용한 고엽제는 화학병기임과 동시에 환경파괴병기의 새로운 출현이었다.

마. 현대의 주요 전쟁

1) 베트남전쟁(Vietnam War)

공산주의와 민족주의를 내세운 북베트남이 독립의 쟁취를 위해 프랑스와 치룬 제1차 전쟁, 미국의 비호를 받는 남베트남과 치른 제2차 전쟁으로 구분되며 제2차 전쟁부터 라오스와 캄보디아까지 전장이 되어 인도차이나 전쟁이라고도 불린다. 전쟁의 원인은 매우 복잡하지만 대체로 베트남의 정치적 정체성을 확립하기 위한 투쟁이라고 보는 것이 보편적이다.

2) 걸프전쟁(Gulf War)

이라크의 쿠웨이트 침탈(侵奪)이 계기가 되어, 1991년 1월 17일~2월 28일, 미국·영국·프랑스 등 34개 다국적군이 이라크를 상대로 이라크·쿠웨이트를 무대로 전개된 전쟁이다.

쿠웨이트가 원유시장에 물량을 과잉 공급하여 유가를 하락시킴으로써 이라크 경제를 파탄에 몰아넣었다고 비난한 바 있는 이라크 대통령 사담 후세인은, 1990년 8월 2일 쿠웨이트를 전격 침공, 점령하고 쿠웨이트를 이라크의 19번째 속주(屬州)로 삼아 통치권을 행사하였다. 이라크의 침공 직후 쿠웨이트 왕가는 사우디아라비아로 피신하여 망명정부를 수립하였다. 이에 대해 미국을 중심으로 한 서방 각국은 8월 2일부터 12개에 이르는 대 이라크 유엔결의안을 통과시키고 이를 통해 이라크를 침략자로 규정하고 이라크군의 즉각적인 쿠웨이트 철수와 쿠웨이트 왕정복고, 대 이라크 무역제재 등의 강력한 이라크 응징을 결의하였다.

유엔 안전보장이사회는 1991년 1월 15일까지 쿠웨이트에서 철군하지 않을 경우 이라크에의 무력사용을 승인하는 결의안을 통과시켰고, 이를 전후하여 미국이 대이라크전에 대비한 다국적군의 결성을 주도함으로써, 43만의 미군을 포함한 34개국의 다국적군 68만 명이 페르시아만 일대에 집결하였다. 이에 대해 이라크도 50여 만의 정규군과 50여 만의 예비군을 동원하고, 그들이 자랑하는 정예 공화국 수비대 15만을 쿠웨이트 및 이라크 남부 지역에 집중시켜 대치하였다.

미국은 이라크의 철수시한 이틀 뒤인 1991년 1월 17일 대공습을 단행하여 이로부터 1개월간 10만 여 회에 걸친 공중폭격을 감행, 이라크의 주요시설을 거의 파괴하였으며, 2월 24일에는 전면 지상작전을 전개, 쿠웨이트로부터 이라크군을 숙출한 뒤 지상전 개시 100시간 만인 2월 28일 전쟁종식을 선언했다. 이라크군은 42개 사단 중 41개 사단이 무력화되고 약 20만 명의 사망자를 낸 끝에 패퇴하였으며, 다국적군은 378명의 전사자를 냈다. 걸프전쟁의 결과 중동은 미국의 절대적 영향 하에 새로운 질서로 재편되는 계기를 맞게 되었다. 한국은 5억 달러의 지원금을 분담하고 군의료진 200명, 수송기 5대를 파견하여 34개 다국적군의 일원이 되었다.

이 전쟁은 국제연합의 결의에 따른 집단안보를 위한 조치로 취하여진 전쟁으로, 첫째 그동안 개발하여 실전에서 실험하지 못한 하이테크 병기의 실험장이었으며, 둘째 텔레비전이라는 대중매체를 이용하여 여론(輿論)을 조작한 전쟁이었고, 셋째 산유(産油) 지역에서 산유국끼리 직접 정면대결한 전쟁이었고, 국가에 의한 인실선략을 사용하였다는 특징을 지닌 전쟁이었다.

3) 이라크 전쟁(Iraq War)

2003년 3월 20일부터 4월 14일까지 미국과 영국 등 연합군이 이라크를 상대로 벌인 전쟁이다. 2001년 9월 11일 미국 대폭발 테러사건(9·11 테러사건)이 일어난 뒤 2002년 1월, 미국은 북한·이라크·이란을 '악의 축'으로 규정하였다. 그 후 이라크의 대량살상무기(WMD)를 제거함으로써 자국민 보호와 세계평화에 이바지한다는 대외명분을 내세워 동맹국인 영국·오스트레일리아와 함께 2003년 3월 17일 48시간의 최후통첩을 보낸 뒤, 3월 20일 오전 5시 30분 바그다드 남동부 등에 미사일 폭격을 가함으로써 전쟁을 개시하였다. 작전명은 '이라크의 자유(Freedom of Iraq)'이다.

전쟁 개시와 함께 연합군은 이라크의 미사일기지와 포병기지·방공시설·정보통신망 등에 대해 3회에 걸쳐 공습을 감행하고, 3월 22일에는 이라크 남동부의 바스라를 장악하였다. 이어 바그다드를 공습하고 대통령궁과 통신센터 등을 집중적으로 파괴하였다. 4월 4일 바그다드로 진격해 사담후세인국제공항을 장악하고, 4월 7일에는 바그다드 중심가로 진입한 뒤, 이튿날 만수르 주거지역 안의 비밀벙커에 집중 포격을 감행하였다. 4월 9일 영국군이 바스라 임시지방행정부를 구성하고, 다음날 미국은 바그다드를 완전 장악하였다. 이로써 전면전은 막을 내리고, 4월 14일에는 미군이 이라크의 최후 보루이자 후세인의 고향인 북부 티크리트 중심부로 진입함으로써 발발 26일 만에 전쟁은 사실상 끝이 났다.

동원된 병력은 총 30만 명이며, 이 가운데 12만 5000여 명이 이라크 영토에서 직접 작전에 참가하였다. 인명 피해는 미군 117명, 영국군 30명이 전사하고, 400여 명이 부상당하였다. 또 종군기자 10명 외에 민간인 1,253명 이상이 죽고, 부상자만도 5,100여 명에 달한다. 그 밖에 1만 3,800여 명의 이라크군이 미군의 포로로 잡히고, 최소한 2,320명의 이라크군이 전사하였다.

일명 '전자전'으로 불릴 만큼 각종 첨단무기가 동원되었는데, 개량형 스마트폭탄(JDAM, 합동직격탄), 통신·컴퓨터·미사일 시스템을 마비시키는 전자기 펄스탄, 전선과 전력시설 기능을 마비시키는 소프트폭탄(CBU-94/B) 외에 지하벙커·동굴파괴폭탄(GBU-28/37), 열압력폭탄(BLU-118/B), 슈퍼폭탄(BLU-82), 무인정찰기 겸 공격기인 프레데터, 지상의 왕자로 불리는 개량형 M-1A2 에이브럼스전차, AC-130 특수전기 등이 그것이다.

◀ 알아두면 재미있는 부분 ▶ 이라크 전쟁에 사용된 첨단무기들

이라크 전쟁에서는 초고가의 최첨단 무기가 대량 사용되었다. 당연히 전쟁 비용도 천문학적 수준에 이를 것으로 예상된다. 전문가들은 걸프전보다 훨씬 적은 병력과 장비가 투입됐음에도 불구, 최소 걸프전 수준(600억 달러)이거나 많으면 2배 가까운 1,000억달러(약 120조원)가 투입될 것으로 전망하고 있다. 물론 이라크 점령 후의 비용은 제외한 것. 그야말로 돈을 하염없이 쏟아 붓는 금력전(金力戰)인 것이다.

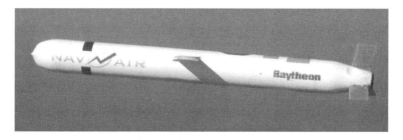

[그림 50] BGM-109 토마호크 크루즈미사일

개전 첫날 후세인 은신처 공격에 결정적 역할을 한 BGM-109 토마호크 크루즈미사일의 값은 한 발당 60만~150만달러(7억2,000만~18억 원). 이틀간 60여발이 발사됐으니 432억~1,080억 원을 쏘아댄 셈이다. 토마호크는 신형(60만 달러)이 구형(100만~150만 달러)보다 오히려 싸다.

[그림 51] 핵항모 니미츠급

이라크 전쟁에서 크게 두각을 나타내면서 위용을 과시한 것은 바로 항공모함이다. FA-18 등 공습에 참가한 전폭기를 발진시킨 것으로 알려진 미 항공모함 '에이브러햄 링컨' '시어도어 루스벨트' '해리 트루먼' 등은 모두 니미츠급(級) 핵추진 항모이다. 만재 배수량이 9만5,000t에 달하는 이들 항모는 건조비만 40억 달러(4조8,000억원). 이들 3척의 핵항모 값만 우리나라 1년 국방예산에 조금 못 미치는 120억 달러(14조4,000억원)에 이른다. 연간 운영 · 유지비는 3억 달러(3,600억 원)로 우리 해군의 신형 구축함 건조비에 맞먹는다. 토마호크 미사일을 발사한 '알레이버크'급 이지스 구축함도 척당 10억 달러(1조2,000억 원)가 넘는다. 원자력항공모함 니미츠급 10여척-Nimitz급 항모는 8종류의 총 85대 이상의 항공기를 보유하고 있고, 모두 4개의 캐터필터를 가지고 있어서 4분 안에 4대의 항공기를 동시에 띄울 수 있어 공항이라 불릴만하다. 약 5,500평의 비행갑판에서는 능률적이면서 안전하게 요원들이 항공기들을 비행할 수 있게 도와준다. 4개의 항공기용 엘리베이터는 아래의 격납고에서 위에 있는 비행갑판으로 옮겨주며 작은 견인차가 비행할 수 있는 곳까지 견인을 한다. 또한 강력한 증기 캐터펄트는 3초 이내에 37 t의 비행기를 정지상태에서 비행가능한 속도인 시속 290 km의 속도로 가속 시켜준다.

Nimitz급 항모는 미사일, 포와 전자전을 포함한 모든 전투에 대해 스스로를 방어할 수 있다. NATO Sparrow 미사일 시스템은 두 개의 발사대가 있으며 각각 8발씩의 미사일을 가지고 있다. 침입하는 중거리의 적 항공기나 미사일은 레이더 유도방식의 Sea Sparrow가

맡는다. 또한 아주 짧은 거리의 적은 인접 무기 시스템으로 방어를 하는데 이것은 20 mm 발칸포로 분당 3,000발을 발사할 수 있다.

두 개의 핵 엔진은 사실상 무한대에 가까운 거리를 갈 수 있으며 30 knot에 달하는 스피드를 낸다. 여덟개의 증기 터빈은 각각 8,000 kw의 전기를 생산하여 이 작은 도시에 공급하며, 90일 동안 먹을 수 있는 식량을 가지고 있다. 4대의 증류기계는 바닷물을 증류하여 400,000 갤론의 신선한 물을 매일 생산한다. 또한 이 항모는 보급없이 작전을 할 수 있도록 항공기와 호위함들이 사용할 약 300만 갤론의 연료와 충분한 무기를 가지고 있다. 그리고 항공기를 포함하여 광범위하게 수리를 할 수 있는 능력이 있다. Nimitz급 항모는 우체국, TV와 라디오 방송국, 신문사, 소방서, 도서관, 병원, 가게, 이발소등 미국의 도시들에서 찾을 수 있는 많은 것들을 갖춘 쾌적한 곳이다.

다음은 조기경보기(AWACS)이다. 이것은 공중경보통제 시스템(Airborne Warning And Control System)으로써, 보통 AWACS로 불리고 있으며, 이 조기경보통제기는 방어 작전시 요격기를 관제하고 공격 작전시 공격기 부대를 지휘하며, 공중급유 및 구조작전을 지원하는 역할을 맡고 있다. 1990년 8월 이라크가 쿠웨이트에 침공한 후 미국 공기기로서 최초로 파견된 기체가 E-3라는 점에서 AWACS의 중요성을 이해할 수 있다.

[그림 52] E-3

E-3의 베이스는 보잉 707-320B 여객기로서 1970년 7월에 개발이 시작되어 2대의 EC-137이 시험 제작되었다. 양산형인 E-3A의 1호기는 1975년 2월에 첫 비행을 하고 각종 테스트를 마친 뒤 1978년 2월에 취역하였다. 최종 생산기는 1991년 완성되었다. E-3A의 등에 있는 로토돔(회전식 레이돔)은 직경 9.13 m, 두께 1.83 m로서 웨스팅하우스사의 AN/APY-1 레이더와 IFF를 수용하고 있다. 보통은 수색거리가 약 400 km이며 탐지 범위

안에 있는 600개의 목표물을 탐지하여 그 중 200개의 목표물을 식별/추적할 수 있다. 수
평선 밖의 수색거리는 약 800 km에 달한다.

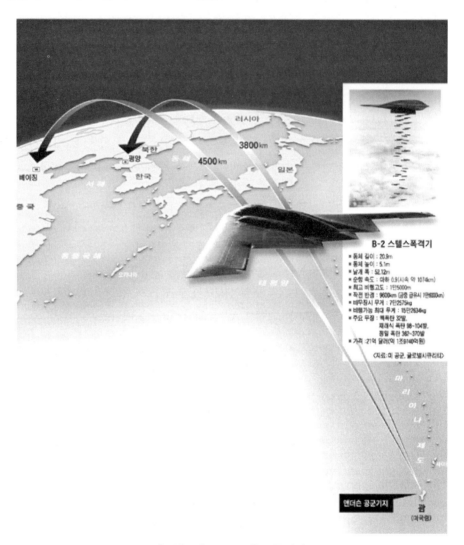

[그림 53] B-2 스텔스 폭격기

다음은 B-2 스텔스 폭격기이다. 이라크 목표물 공격에 핵심 역할을 하고 있는 B-2 스텔
스 폭격기는 사상 최고가의 항공기이다. 초기에는 대당 무려 21억 달러(2조5,200억 원)에
달했고, 이후 생산량이 늘면서 5억3,000만 달러(6,300억원)로 낮아졌다. 노스롭그루먼 사
가 개발한 B-2는 기존 B-52 폭격기보다 레이더 탐지 회피 능력이 100배나 우수한 다목적
장거리 전략 폭격기. B-2의 작전 반경은 약 9600km(공중 급유시 1만6000km)로, 괌 기지

를 기준으로 하면 북한과 중국 전역이 이 범위 안에 들어온다. 앤더슨 기지와 베이징의 거리는 4500㎞, 평양과의 거리는 3800㎞에 불과하다. 미군은 지난 2004년 3월부터 장거리 전략 폭격기인 B-1, B-2, B-52기를 괌 기지에 순환 배치해 왔으며 B-2 폭격기는 지난 2006년 여름 괌 기지에 배치됐었다. B-2는 최대속도가 마하 0.9이고 폭탄과 미사일을 22t까지 적재할 수 있어 '하늘을 나는 무기고'로 불릴 정도로 어마어마한 화력을 구비하고 있으며 항속거리가 6천마일(1만800km)에 달해 재급유 없이 전 세계의 어느 곳이든 날아가 작전을 수행할 수 있다. 특히 미 공군보고서에 따르면 정밀유도무기로 무장한 2대의 B-2 스텔스 폭격기는 스텔스 기술이 적용되지 않은 재래식 항공기 75대분의 작전임무를 수행할 수 있는 것으로 평가되고 있다.

[그림 54] 합동직격탄(JDAM)

JDAM은 현대전의 개념을 바꿔놓은 대표적인 정밀유도무기로 이라크 전에서 미군이 가장 많이 사용한 스마트(SMART) 탄 중의 하나이다. 언론에서는 국방부는 JDAM을 일천 발 도입한다고 했다. 빠른 속도로 비행하는 항공기에서 일반 폭탄을 떨어뜨려 적의 목표물을 파괴하기란 고도로 숙련된 조종사에게도 쉬운 일이 아니다. 특히 지하에 은폐된 적 포병진지에 대한 공격은 말할 것도 없다. 때문에 2차대전까지 공중 타격은 대형폭격기의 '융단폭격'이 주를 이뤘다. JDAM은 일반 폭탄의 꼬리부분에 위성위치확인시스템(GPS)과 날개를 부착한 것이다. 항공기의 조종사가 미리 폭탄에 적 목표물의 좌표를 입력시킨 뒤 투하하면 JDAM은 GPS 신호를 받아 스스로 날개를 조정해 목표물을 추적해 파괴한다. '레이저 JDAM'의 경우 산 속 깊숙이 은신한 적의 지하갱도까지 정밀타격이 가능하다고 한다.

[그림 55] ICBM (대륙간 탄도미사일)

ICBM(대륙간 탄도미사일)은 보통 핵탄두를 장착할 수 있으며 가장 위력이 있는 핵무기는 100매가톤급 핵탄두로써 히로시마 원폭의 5000배의 위력을 가진다. 이런 것이 떨어지면 반경120km 이내의 생명체는 타죽을 뿐만이 아니라 핵 폭발시 발생하는 충격파(EMP)로 인해 전자, 통신장비가 마비되어서 군장비 운용에 큰 지장을 준다. 대륙을 가로질러 날아갈 수 있는 핵탑재가 가능한 탄두탄을 말하는 것으로 최소 3단 이상의 로켓으로 구성되어있으며, 대륙간 탄투단은 단일 탄두로 된 것도 있지만 대부분이 다수의 핵탄두로 구성되어 발사체에서 분리되어 목표를 타격할수있는 탄두이다. 대륙간 탄도탄을 만들수있는 나라는 우주에 위성체를 올릴수있는 발사체를 만들 수 있는 기술에 핵탄두개발기술을 가지고 있어야 한다.

M1A2 주력전차는 1차 이라크 전쟁(쿠웨이트 해방전)때 이라크의 T-55, T-62계열 전차 100여대를 모두 파괴하고 미군 피해는 겨우 1대였다고 한다. 당시의 상황을 보다 상세히 살펴보면 다음과 같다. "1991년 걸프전 당시 이라크군의 전차 13대가 미군의 M1A1 전차에게 일시에 공격을 감행 하였으나 미군전차의 불과 30m 앞에 떨어지고 미군 전차는 전속력으로 뒷걸음질 치면서 사격을 가하여 210m 거리에서 13대를 모두 격파, 전차에 탑승했던 모든 승무원이 1계급 특진한 사례가 있다. 그 탱크의 발전형 M1A2이다. 현재 보유량은 15,000대 정도이다.

[그림 56] M1A2 주력전차

한편 한국에 처음 도입되는 공군 차세대전투기(FX)인 F-15K는 한번에 8발의 JDAM을 장착할 수 있다. 그러나 KF-16에 장착하려면 KF-16에 대한 별도의 개량작업을 벌여야 한다. 당초 JDAM의 도입 규모를 1000발로 늘린 것은 휴전선 인근에 배치된 1000여문의 북한군 장사정포 때문이다. 자주국방의 '최대화두'는 북한군 장사정포의 조기 제거라고 해도 과언이 아니다.

[그림 57] F-35전투기 모형

F-35전투기는 음성인식 기능을 갖춘 최첨단 항공기이다. 조종사 말에 의해 작동되는 '꿈의 전투기'가 2009년 미국에서 첫 선을 보이게 된다고 미 공군이 밝혔다. 미 공군은 '공군 군수사령부(Air Force Material Command)'에서 처음 배치를 시작하는 최신예 F-35 전투기(일명 라이트닝II)는 적의 레이더에 잡히지 않는 스텔스 기능뿐만 아니라 항공기 사상 처음으로 음성인식 기능을 갖추게 된다고 공식 발표했다. 이에 따라 미 공군과 해군·해병대가 현재 운용 중인 A-10, F-16, F/A-18, 그리고 AV-8 등 전투기 후속 모델로 개발돼 내년부터 미군에 인도되는 F-35 전투기는 조종사가 계기판의 스위치를 작동하는 대신 말로 명령

을 내림으로써 통신 · 비행관련 계기 등 다양한 항공기의 하부시스템을 가동할 수도 있게 된다고 미 공군은 밝혔다.

지난 25년간 음성인식기술을 맡아온 데이비드 윌리엄슨 선임엔지니어는 "F-35 전투기의 새로운 음성인식 시스템이 앞으로 실전 테스트를 받을 때 최적으로 작동되도록 확실히 하기 위해 담당자들이 각종 데이터와 개선권고사항 등을 확보하고 있다"고 말했다.

미 공군에 따르면 F-35 전투기의 음성인식 시스템은 각종 자료에 접근할 수 있도록 전투기에 탑재된 컴퓨터와 통합돼 있으며 조종사가 산소마스크에 있는 마이크를 통해 명령을 내리면 컴퓨터가 이를 인식, 작동하게 되며 조종사의 앞면 헬멧에 피드백 명령이 제공된다.

[그림 58] 글로벌호크

우리나라 방위사업청에서도 고고도(高高度) 무인정찰기(UAV)인 글로벌호크 4대를 2011년까지 미국에서 도입하는 사업 일정을 확정했다. 방위사업청은 올해 말까지 글로벌호크 시험 평가와 대미 협상 전략을 수립한 뒤 2009년 도입 협상을 끝내고 2011년까지 기체 4대를 도입해 실전 배치하기로 했다. 글로벌호크 사업비는 기체 도입비 1811억 원, 이착륙 통제장비 도입 등 초기 사업비 58억 원을 합해 총 1869억 원으로 정해졌다. 이 사업은 2012년 4월로 예정된 전시작전통제권의 전환에 대비하기 위한 것이다. 글로벌호크는 북한 전역은 물론 한반도 주변국을 첩보위성 수준으로 전략정찰할 수 있어 독자적인 정보 수집 능력을 갖추는 데 핵심 전력으로 꼽힌다.

· 알아두면 재미있는 부분 · 미군 보병 1인당 무장비용 1600만원

미군 보병의 1인당 무장 비용이 2차 대전 이후 급증해 현재 1만7472달러(약 1600만원)에 달한다. 미군 전투보병의 무장 비용은 1940년대 2차 대전 당시에는 현재 물가로 환산해 170달러(약 16만원) 정도로, 현재의 약 100분의 1에 불과했다. 총과 전투복, 헬멧, 침낭, 식반 정도만 제공하면 됐기 때문이다. 이후 1970년대 베트남전쟁 때에는 방탄조끼와 신형무기 등을 추가로 지급하면서 무장 비용이 1112달러(약 100만원)로 늘었다. 최근에는 더욱 늘어 현재 이라크와 아프가니스탄에 주둔하는 미군은 첨단 방탄조끼와 방탄안경 등 개인 장비가 모두 80여 가지, 30여 kg에 달한다.

첨단장비 개발에 따라 무장 비용은 앞으로 더욱 늘어 2015년쯤에는 1인당 무장 비용이 사병 2만8000달러(약 2570만원), 지휘관 6만 달러(약 5520만원)에 이를 전망이다. 이 때문에 첨단 보병이 현실화되는 이 시대를 군사전문가들은 첨단 전투기 F-16에 빗대 'F-16 보병'의 시대라고 부른다.

병력과 장비 유지에 필요한 탄약·식량·연료 등 보급품 비용도 과거 전쟁에 비해 훨씬 늘어났다. 미 보병 1인당 필요한 보급품은 하루 45~225kg. 제2차 세계대전 때 25kg 정도가 지원됐던 데 비해 크게 증가했다. 미 1개 기갑사단은 하루 평균 탄약 2,300t, 연료 1,133t 등 총 3,610t의 보급품을 필요로 한다. 핵항모와 순양함·구축함 등으로 구성된 미 항공모함 1개 전단(戰團)은 하루 평균 10t 트럭으로 500대 분량인 5,000t의 보급품을 해치운다. 걸프전 때 다국적군은 6개월 작전 수행을 위해 무려 700만t의 보급품을 비축해야 했다.

심화 탐구 주제

1. 전쟁 양상의 변화에 따른 무기 발달의 상관관계를 찾아보고, 그 구체적 사례를 제시해 보세요

2. 무기 개발이 인간의 삶의 터전을 파괴하는 것으로만 사용되어지는 것이 아니라, 인간의 생활을 윤택하게 하는 긍정적인 측면도 있다면 어떤 것이 있는지 개인의 의견을 개진해 보세요.

3. 전쟁 중 고도의 정밀 무기 일수록 공격 시 오차 범위를 좁혀서 불필요한 부분을 파괴하거나 살상하는 일이 없도록 하는 것이 오늘날 무기 운용의 개념이라면, 이것이 정의의 전쟁과 어떤 상관관계가 있는가 토의해 보세요.

한국에서는 부족 간의 전쟁에서 국가간의 전쟁에 이르기까지 수많은 종류의 무기가 사용되어 왔다. 돌·칼·창·화살 등의 원시적 무기에서부터 현대의 복잡하고 과학적인 현대적 무기까지 다양한 무기들이 만들어져 사용되고 있다. 무기는 한 시대, 한 나라의 운명을 좌우할 수 있는 것인 만큼 나라에서는 당시의 최고 과학기술을 투입하여 무기에 대한 연구와 개발을 해왔는데, 이러한 옛 무기를 통하여 선조들의 과학적 창조력과 기술을 알 수 있다.

1 무기의 종류

가. 쏘는 무기

대표적인 것으로 활과 쇠뇌가 있다. 활은 사냥과 이웃과의 전쟁에서 접근을 못하게 하면서 싸울 때 쓰는 유일한 병기였다. 특히 한국은 예로부터 동이족(東夷族)이라고 불릴 정도로 활을 잘 쏘았다. 가장 오래된 화살촉은 신석기시대의 것으로 뗀돌살촉(=打製石鏃)이 발견되었다.

다음으로 고조선 및 삼한시대에는 간돌살촉(=磨製石鏃)이나 청동으로 만든 화살촉이 등장하는데, 후기에는 쇠화살촉이 사용되었다.

그 후 삼국시대의 고구려 활은 80㎝ 내외의 굽은 활, 즉 만궁(彎弓)이었는데 말을 타고 전투를 하는 민족에게 유리한 활이었다. 특히 고구려의 만궁인 맥궁은 유명하다. 백제나 신라의 활도 만궁이었을 것으로 짐작되나, 가야지방에서는 일본활과 비슷한 직궁과 관계있는 자료들이 출토되었다. 삼국시대의 화살촉은 주로 쇠살촉(=鐵鏃)인데 나라에 따라 특징이 있다. 신라와 고구려의 화살촉 중에는 날아갈 때 공기를 이용하여 소리를 내도록 하여 신호용으로 사용한 소리화살촉도 있었다.

고려의 활과 화살은 갑옷과 투구의 발달에 따라 관통력이 강한 화살촉으로 발달하였다. 삼국시대보다 발전된 것은 화살촉의 양옆에 피홈(물체에 화살촉이 박혔을 때 다시 화살을 뽑기 쉽도록 공기가 들어가게 낸 홈)이 길게 있는 점이다.

조선시내에는 일성한 규격에 맞추어 활과 화살을 제작하였는데, 활의 길이는 약 1.8m 정도이고 화살은 철전(鐵箭)·편전(片箭)·목전(木箭) 등이 있었다. 편전 쏘는 기술은 매우 유명하였다. 쇠뇌는 보통활 보다 큰 활을 나무발사틀에 걸고 발사하는 기계활이다.

나. 베는 무기

대표적인 것은 칼인데, 큰칼(=大劍)과 작은칼(=短劍)로 나눌 수 있다. 원시시대의 간돌검(=磨製石劍)과 고조선 및 삼한시대 이후의 청동검은 작은칼이며, 이후에 등장하는 것은 철로 만든 검으로 큰칼과 작은칼이 있다. 큰칼의 칼자루 끝에는 둥근 고리가 있으며 고리안의 장식형태에 따라 사용하는 사람의 신분을 알 수 있다. 조선시대의 칼(雲劍)의 길이는 80~90㎝ 정도였다.

다. 기타

이 외에도 치는 병기, 찌르는 병기, 걸어당기는 병기 등이 있다. 치는 병기는 도끼(=斧)를 말하며, 뗀돌도끼·간돌도끼·청동도끼·철도끼 등으로 발전되었다. 찌르는 병기는 창(槍)이 있는데, 넓적창·뾰족창·가지창 등이 있다. 조선 초기의 창은 끝이 뾰족한 양날 칼을 손잡이용 나무자루에 박은 형태이고 아래 끝에도 뾰족한 쇠를 박아 사용하였다. 걸어 당기는 병기는 적의 신체 중 한 곳을 걸어 잡아당겨서 넘어뜨리거나 말에서 떨어뜨리는 병기이다. 낫(=戈)과 가지극(=皆枝戟)이 있는데, 평화시에는 농기구로도 썼다.

② 화약무기

1377년(우왕 3)에 최무선(崔茂宣)에 의하여 이루어진 화약 제조는 한국 병기 발전의 전환점이 되었다.

가. 고려시대의 병기

고려의 화약병기는 총포, 발사물(發射物), 폭탄, 로켓병기, 그리고 기타로 구분할 수 있다. 총포 종류에는 대장군(大將軍), 이장군(二將軍), 삼장군 등이 있는데, 이것은 총포 크기의 순서에 따라 정한 것이다. 발사물인 철령전(鐵翎箭)·피령전(皮翎箭)은 각각 철과 가죽으로 날개를 만든 화살이며, 철탄자(鐵彈子)는 공 형태의 발사물이다. 폭탄인 질려포통은 나무로 뚜껑이 있는 그릇을 만들고 그 속에 화약·쑥잎·쇠파편 등을 넣은 것이다.

로켓병기인 주화(走火)는 화살 앞부분에 종이화약통을 매달아 화약통 속의 화약이 타면서 분사구멍으로 내뿜는 힘에 의해 날아가서 목표물을 태우는, 한국 최초의 로켓병기이다.

나. 조선시대의 병기

조선 초기의 화약병기는 세종 때에 이르러 대개혁이 이루어졌다. 1448년(세종 30) 9월 《총통등록(銃筒謄錄)》이 간행되었으나 전하지 않고, 1474년(성종 5)에 편찬된 《국조오례서례》의 <병기도설>에 세종 때의 병기와 1474년까지 개발된 병기가 기록되어 있다. 또한 《세종실록》에 있는 총통도(銃筒圖)는 한국에 남아 있는 가장 오래된 화약병기의 그림이다.

조선초기의 병기로는 총포가 11종, 발사물이 12종, 폭발물 7종, 로켓병기 5종, 기타 3종을 들 수 있다. 이 병기들은 중국 화약병기의 모방을 벗어난 독창적인 것이었다. 총포류의 총통완구는 크게 발사물인 둥근돌(=石丸)을 올려놓는 완(碗)과 화약과 격목을 끼우는 약통(藥筒)으로 이루어져 있다. 발사물 여러 개를 한꺼번에 발사하는 기술은 세종 때 창안된 것이다.

한번에 세전(細箭) 8개를 쏘는 팔전총통이 국립진주박물관에 있다. 폭발물류의 대·중·소 질려포통은 해전에서 적의 배에 던져 폭발하게 하는 병기이다. 로켓병기는 화약의 추진력으로 날아가는 병기를 말한다. 화차는 신기전발사틀이나 총통틀(=銃筒機)을 올려놓고 사용할 수 있는 강력한 병기이다.

총포의 구조에서도 큰 변화가 생겼는데 처음에는 1번에 1개의 발사물만을 쏠 수 있었으나, 세종 때의 격목형총포(激木型銃砲)는 1번에 여러 개를 발사할 수 있었다. 조선중기의 화약병기는 임진왜란 전후에 사용된 병기이며, 1635년 편찬된 《화포식언해》에 수록된 병기들이다. 이 시기의 총포들은 초기의 총포들을 중심으로 개발·보완되었으며, 중국에서 수입된 것과 섞여 있다. 조선 후기의 화약병기는 1813년(순조 13)에 편찬된 《융원필비(戎垣必備)》에 기록되어 있는

데, 총통은 좀너 섬세하게 제작되었고, 완구 종류는 대형화되었다. 소총은 조총만 남고 모두 없어졌다.

1) 천자총통

[그림 59] 천자총통

이 총통은 불씨를 손으로 점화 발사하는 유통식이다. 즉 포구에 화약과 토격 대장군전일 경우에는 목격 그리고 철환을 장전하고 목표물에 대하여 중약선에 불씨를 점화 발사하는 것인데 이는 주로 육. 해전을 비롯한 공수성용으로 널리 활용된 중화기로 처음 만들었을 때에는 대장군전을 발사하였지만 세종 7년(1425)경부터 철탄자가 개발 되면서 병용되었다. 이 총통의 제조연대는 정확히 알 수 없으나 주조 형식은 조선후기에 제조한 유물로 추정된다. 사정거리는 약1.2km정도이다.

2) 현자총통

[그림 60] 현자총통

불씨를 손으로 점화 발사하는 유통식으로 천.지.현.황(天.地.玄.黃) 중 그 크기가 세 번째에 해당하는 중화기에 속한다. 발사물로는 차대전을 사용하는데 차대전을 넣고 쏘면 사정거리는 900m이내에 이르고 그 발사과정은 천자총통과 같다. 이 총통의 재원은 총길이 95cm, 통장60cm, 구경 7.5cm, 외경 16cm로써 주철제 이다.

3) 황자총통

불씨를 손으로 점화 발사하는 유통식으로 천.지.현.황(天.地.玄.黃) 중 네 번째에 해당하는 화포로 발사과정은 역시 천자총통과 같고 발사물로는 피 령전과 철환을 사용한다. 이 총통은 청동제로 순조 12년 (1812) 3월에 주조한 것이다. 사정거리는 1.1km이다

[그림 61] 황자총통

4) 승자총통

[그림 62] 승자총통

이 승자총통이 처음 만들어지기는 선조 8년 (1575)에서 동왕11년 사이 에 전라좌수사와 경상병사를 역임한 바 있는 김지 장군이 고안 제작한 유통식 화기로써 이는 특히 선조 16년(1583)에 일어난 니탕개의 난 때에 적을 물리치는데 공헌한 총통이다. 화포식 언해 장방법(火砲式諺解裝放法)에 의하면 중약선이 3촌이고 화 약이 1냥, 토격이 6푼, 철환은 15개를 장전하여 발사한다 하였고, 또한 피령목전을 발사하면 600보에 이른다 하였다. 이 총통은 선조 16년(1583)에 만들어진 것이다.

5) 차대전

이 병기는 지금의 로켓포의 할아버지뻘 되는 무기이다. 생김새는 미사일처럼 생겼고 현자총통, 지자총통에 끼워서 발사한다. 해전에서는 조선군이 일본군함을 뚫고 나가 커다란 구멍을 내어 침몰시켰고, (이순신 장군도 사용함) 육전에서는 적의 노대나 바리케이트 등을 공격하여 격파하는 무기로 사용되었다. 사정거리는 900m이내이다.

6) 화차

조선시대의 전차. 1409년(태종 9) 군기소감 이도와 군기감승 최해산 등이 처음 만들었으며, 2번째 화차는 51년(문종 1) 문종의 창안에 따라 제작된 문종화차이다. 이것을 1592년 변이중이 개량하여 수레 속에 100곳의 총구멍을 내어 신기전을 걸고, 심지를 이어 차례로 발사되게 만들었다. 화차는 신기전을 한번에 무려 100발이나 쏘아댄다. 임진왜란 때 박진이 경주 탈환에서, 권율이 행주산성 싸움에서 각각 사용하였다.

[그림 63] 화차

7) 임진왜란 당시 일본군의 조총

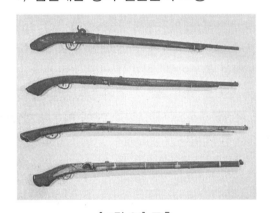

[그림 64] 조총

일본명 화승총으로 임진왜란 당시 위력을 떨쳤던 일본군의 개인 화기이다. 이 총의 특징은 총신이 길며 탄환이 장거리에 미칠 수 있고 또한 발사과정에서 화승 물림인 계두를 방아쇠로 당겨 화명에 떨어지게 되어 있어 총신이 움직이지 않아 명중률이 좋은 편이다. 왜적은 선조 25년(1952) 4월 14일에 이 조총을 주무기로 삼아 부산진에 첫 침공하였다. 조선이 육전에서 패한 주된 요인은 신무기인 이 조총 때문이었다. 사정거리는 50m 이내 승자총통보다는 파괴력이 뒤떨어지지만 조준을 하고 발사할 수 있어 게릴라전에 유리하다고 할 수 있다

④ 근대 화약병기

1874년 운현궁에서 제작된 소포 종류가 있는데, 이것은 외국형 병기로 말 등을 이용하여 이동이 쉬웠다. 이 밖에 소포·중포·해안포 등이 남아 있다. 8·15광복 이후 한국군이 무장한 병기는 1970년대에 이르러 자체 생산하기 전까지는 거의

가 미군이 사용하는 것과 같은 종류였다. 국군이 조직되기 전 국방경비대가 사용한 병기는 일본군의 38식·99식 소총과 미군의 카빈소총·M1소총을 사용하였다.

정부수립 후 개인화기는 30구경 M1 소총, 카빈소총, 30구경자동소총 등이었고, 공용화기는 50구경 중기관총과 45구경 기관단총 등이었다. 지상화력으로는 M3형 105㎜ 곡사포를 비롯하여 대전차포 등이 사용되었으며 기갑병기로서 M8 경장갑차가 사용되었다.

6·25전쟁 이후의 한국 육군의 개인화기는 전량 M1 소총으로 갖추어졌고, 월남 파병 이후에는 M16 소총을 갖추게 되었다. 6·25전쟁 직전 해군의 병기는 소해정 1척, 상륙정 1척, 화물수송선 1척과 구잠함(PC) 4척이 전부였다. 1949년 이후 장비들을 보충하였으나 전체적인 함상장비는 극히 빈약하였다. 그러다가 1963년 구축함(DD)을 갖추게 되었다.

한국공군은 6·25전쟁 전에는 전투용 항공기가 1대도 없었으나, 1955년부터 제트기 공군시대로 진입하게 되었다. 월남 파병을 계기로 F5A전폭기, 1969년에 F4D팬텀전폭기를 장비하게 되었다. 자체병기생산은 1971년부터 시작되어 1972년에 4.2inch박격포를 비롯하여 한국형 무기가 생산되었다. 개인화기로는 M16 자동소총, K1·K2 자동소총이 개발되었으며, 기갑병기로는 1977년에 한국형 M48A3전차를 생산하였다.

1986년에는 88한국형전차를 개발하여 실전배치하였다. 해군이 자체 생산한 병기로 대표적인 것은 한국해역의 특성에 맞는 개선형 구축함인데, 이 구축함은 원해작전능력(遠海作戰能力)을 발휘할 수 있는 함정이다. 한국 공군의 자체 생산 병기는 초음속전투기 F5F기를 들 수 있다.

1970년 이래 기본화기를 비롯하여 제반 야포·박격포·장갑차·전투함정·전투기를 자체 생산하여 사용하고 있다. 병기생산의 과제는 선진국가의 군사기술을 소화, 발전시켜 고도정밀 병기의 독자적 개발·생산능력을 확보하는 것이다.

⑤ 앞으로의 동향

현대 병기체계의 큰 특징은, 핵에너지나 재래형인 이른바 통상병기체계뿐만 아니라 그 밖의 모든 물리·화학현상을 포함해서, 상호간에 관련되는 거대한 공격·방어를 겸한 시스템을 형성하며, 더욱이 그것이 운용을 포함해서 고도로 정밀화되어가고 있는 데 있다. 이러한 경향은 앞으로 더욱 심화될 것이다.

핵병기도 종래처럼 도시나 전략목표를 파괴하는 대량파괴병기의 성격을 가지는 한편, 소형정밀화해서 석유기지나 군사사령부 등 개별 목표를 선택적으로 공격하는 데도 사용하게 되어서, 이른바 <선제공격증후군(先制攻擊症候群)>을 안출(案出)해내고 있다. 새로운 물리현상을 응용한 것으로서는 이미 기술한 바와 같이 SDI 위성용 레이지포 등의 지향성에너지병기(DEW)를 비롯, 레일선과 같은 운동에너지병기(KEW), 소립자의 빔을 광속(光速)에 가속하고 발사시켜서 목표를 파괴하는 입자(粒子)빔 병기 등의 구상이 있으며, 똑같은 SDI용으로서 개발되고 있는 X선 레이저에서는, 대기권 밖에서의 수소폭탄의 폭발에너지를 강력한 X선빔으로 전환시켜서 목표를 조사(照射), 파괴한다.

대기권 밖에서 핵폭발 때 생기는 강력한 전자파루스(EMP)는 무방호(無防護)의 전자회로를 순간에 파괴할 수 있다. 전자레일건은 우주병기로서뿐만 아니라 지상에서의 대전차병기로서도 사용할 수 있다. 레이저광선은 공격병기로서 뿐만 아니라 광(光)파이버를 통해서 EMP에 영향을 받지 않는 대용량의 군사통신에도 많이 사용되고 있다. 최근에는 또 레이더파를 흡수하는 <보이지 않는 폭격기(스텔스)>의 개발과 전술용 미사일 요격, 고도(高度)의 대잠작전(ASW) 등도 이미 실전 배치되기 시작했다.

현대의 병기체계에서는 또 모든 곳에 컴퓨터가 들어가고, 정보처리능력이 병기체계의 기능을 지배하게 되어 있다. 핵전쟁은 궤도상의 핵폭발탐지위성 등의 정보에 기초해서 컴퓨터로 차례차례 목표를 선택해서 수행할 수 있도록 계획되고 있다.

대잠초계기로 수집된 각종 물리 데이터도 컴퓨터에 의해 분석되며 목표인 잠수함이 식별된다. SDI에서도 동시에 수천 개의 탄두와 유도탄두를 식별 요격하기 위한 고속·대용량의 컴퓨터가 중심역할을 하기 때문에, 그것을 위한 방대한 소프트웨어를 만들 수 있는지의 여부가 SDI 그 자체의 실현가능성을 좌우할 것으로 보인다. 최근에는 또한 인공두뇌(人工頭腦, AI)를 도입해서 전투 그 자체를 로봇화, 자동화하는 것도 검토되고 있다. 사용목적 차이 외에는 병기기술과 평화목적의 일반기술 사이에 차이가 없어져 가고 있다.

이와 같은 병기체계의 전자화는 다른 한편에서는 불가피하게 전자화나 고속화에 수반하는 새로운 문제를 낳는다. 첫째는 미사일이나 광학병기에 의한 공격의 고도화로 인한 경계시간의 단축이며, 그것이 상대방에게 컴퓨터에 의한 경보즉시 자동발사(警報卽時自動發射) 태세를 갖추도록 한 뒤 선제제일격공격(先制第一擊攻擊)을 유리하게 해서, 전략태세를 현저하게 불안정하고 위험한 것으로 만든다. 병기체계의 전자화로 인하여 인간의 판단이 개입할 여지가 없어지며, 장차는 컴퓨터에 의하여 자동적으로 전투가 개시될 가능성도 있다.

둘째는, 시스템의 복잡화로 인한 판단의 잘못이나, 인위적인 실수로 인한 예상 외의 사태 발생인데, 이미 미국 등에서는 컴퓨터 실수로 인한 오경보(誤警報) 사건도 빈발하고 있다. 핵병기의 사용은 아무리 제어된 한정적인 것이라고 할지라도 급격하게 확대되어 전면적인 핵전쟁이 일어나지 않는다는 보장은 없다. 장기적이고 안정된 세계평화를 구축하기 위해서는 병기의 우열이라고 하는 옛 개념을 버리고, 전쟁의 발생을 막기 위한 단순한 군비관리 차원을 넘어서, 참된 군축으로 나아가는 길 외에는 다른 여지가 없었다.

심화 탐구 주제

1. 전쟁 양상의 변화에 따른 무기 발달의 상관관계를 찾아보고, 그 구체적 사례를 제시해 보세요

2. 무기 개발이 인간의 삶의 터전을 파괴하는 것으로만 사용되어지는 것이 아니라, 인간의 생활을 윤택하게 하는 긍정적인 측면도 있다면 어떤 것이 있는지 개인의 의견을 개진해 보세요.

3. 전쟁 중 고도의 정밀 무기 일수록 공격 시 오차 범위를 좁혀서 불필요한 부분을 파괴하거나 살상하는 일이 없도록 하는 것이 오늘날 무기 운용의 개념이라면, 이것이 정의의 전쟁과 어떤 상관관계가 있는가 토의해 보세요.

제 7 장

전쟁과 영화: 외국사례

1 트로이 전쟁과 영화

가. 트로이 전쟁

트로이전쟁 [Trojan war]은 고대 그리스의 영웅 서사시에 나오는 그리스군과 트로이군의 전쟁이다.

그리스군의 아킬레우스와 오디세우스, 트로이군의 헥토르와 아이네아스 등 숱한 영웅들과 신들이 얽혀 10년 동안이나 계속된 이 전쟁은 오디세우스의 계책으로 그리스군의 승리로 끝났다. 그리스군은 거대한 목마를 남기고 철수하는 위장 전술을 폈는데, 여기에 속아 넘어간 트로이군은 목마를 성 안으로 들여 놓고 승리의 기쁨에 취하였다. 새벽이 되어 목마 안에 숨어 있던 오디세우스 등이 빠져나와 성문을 열어 주었고 그리스군이 쳐들어와 트로이성은 함락되었다.

이 전쟁에 얽힌 흥미로운 이야기는 고대인들의 상상력을 자극하여 수많은 영웅 서사시가 만들어졌으나 그 중에서 뛰어난 문학성을 인정받은 호메로스의 《일리아드》와 《오디세이아》만이 후세에 전해졌으며, 이 전쟁과 관련된 이야기를 소재로 하여 수많은 예술 작품이 탄생하였다.

영화 트로이

전쟁 영화의 대표적인 작품이다. 트로이 전쟁을 작품화한 것이다. 감히 대적할 수 없는 불멸의 신화가 깨어난다고 평가할만한 작품이다. 마침내 현실이 된 불멸의 신화! 유사 이래, 인간은 늘 전쟁을 해왔다. 권력을 위해, 영광과 명예를 위해, 그리고 때로는 사랑을 위해... 이것을 멋있게 그린 것이 트로이이다. 그 대략의 스토리는 다음과 같다.

3,200년 전, 미케네(Mycenae)의 왕인 아가멤논(Agamemnon)은 전쟁을 통해 그리스 전체를 하나의 왕국으로 통일했다. 오직 데살리(Thessaly)를 제외하고. 아가멤논의 아우인 스파르타(Sparta)의 왕 메네라우스(Menelaus)는 전쟁에 지친 나머지, 그리스 왕국의 최대 라이벌인 트로이(Troy)와의 평화협정을 체결할

[그림 65] 영화 트로이

방법을 모색하고 있었다. 아킬레스 (Achilles)는 그리스 군의 역사상 최강의 전사였지만, 그는 아가멤논의 통치에 따르지 않았고, 아가멤논과 헤어질 기미를 보이고 있었다.

사람들은 불멸에 대해 꿈을 꾼다. 그래서 우리는 우리가 시간의 흐름을 넘어, 존재할 수 있을 것인지 자문하곤 한다. 우리가 죽은 다음에도 많은 사람들이 우리의 이름을 들을 수 있을 것인가? 우리가 누구였으며 얼마나 용감하게 싸웠는지, 얼마나 열정적으로 사랑했는지에 대해 궁금해 할는지도 모른다.

고대 그리스 시대, 처절한 전투가 한창인 그리스의 데살리(Thessaly, Greece). 가장 잔인하고 불운한 사랑에 빠지고 만 비련의 두 주인공 트로이 왕자 '파리스'(올란도 블룸)와 스파르타의 왕비 '헬레네'(다이앤 크루거). 사랑에 눈 먼 두 남녀는 트로이로 도주하고, 파리스에게 아내를 빼앗긴 스파르타의 왕 '메넬라오스'(브렌든 글리슨)는 치욕감에 미케네의 왕이자 자신의 형인 '아가멤논'(브라이언 콕스)에게 복수를 부탁한다. 이에 아가멤논은 모든 그리스 도시국가들을 규합해 트로이로부터 헬레네를 되찾기 위한 전쟁을 일으킨다. 그러나 전쟁의 명분은 동생의 복수였지만, 전쟁을 일으킨 진짜 이유는 모든 도시 국가들을 통합하여 거대한 그리스 제국을 건설하려는 야심이었다.

[그림 66] 영화 트로이 한 장면

그러나 '프리아모스' 왕(피터 오툴)이 통치하고 용맹스러운 '헥토르' 왕자(에릭 바나)가 지키고 있는 트로이는 그 어떤 군대도 정복한 적이 없는 철통 요새. 트로이 정복의 결정적인 키를 쥐고 있는 것은 바다의 여신 테티스(줄리 크리스티)와 인간인 펠레우스 사이에서 태어난 불세출의 전쟁 영웅 위대한 전사 '아킬레스' (브래드 피트) 뿐. 어린 시절, 어머니 테티스가 그를 불사신으로 만들기 위해 스틱스 강(황천)에 담궜을 때 손으로 붙잡고 있던 발뒤꿈치에는 강물이 묻질 않아 치명적인 급소가 되었지만, 인간 중에는 당할 자가 없을 만큼 초인적인 힘과 무예를 가진 아킬레스는 모든 적국 병사들에게 공포의 대상이었다.

그러나 아킬레스는 전리품으로 얻은 트로이 여사제 브리세이스(로즈 번)를 아가멤논 왕이 빼앗아가자 몹시 분노해 더 이상 전쟁에 참가하지 않을 것을 선언하고 칩거해버린다. 아킬레스가 전의를 상실하자 연합군은 힘을 잃고 계속 패하게 되고 트로이 굳게 닫힌 성문은 열릴 줄을 모른다. 결말이 나지 않는 지루한 전쟁이 계속 이어지고 양쪽 병사들이 점차 지쳐갈 때쯤, 이타카의 왕인 지장 오디세우스(숀 빈)가 절묘한 계략을 내놓는다. 그것은 바로 거대한 목마를 이용해 트로이 성을 함락시키자는 것...

만약 내 이야기가 기록된다면, 나는 거인들과 같이 살았다고 쓰여지길 바란다. 사람들은 쉽게 태어나고 죽지만, 그의 이름은 영원히 살아있으며... 아킬레스는 군사력의 정점인 헥토르와 같은 시대를 살면서 뭇 영웅들과 한 시대를 풍미하며 짧고 굵게 살았다고 써주길 바란다.

② 마케도니아왕국(Kingdom of Macedonia)과 영화

마케도니아는 그리스 북쪽에 있던 고대 왕국이다. BC 12세기에 북쪽으로부터 침입하여 들어온 도리스인이 이 후 마케도니아인의 중심이 되었다. 전설에 따르면, BC 640년경 아르고스의 명문 자손인 페르디카스가 일리리아 지방으로부터 들어와 마케도니아 왕국을 창건하였다고 한다. 아이가이를 수도로 하여 왕가가 성립되었다.

BC 514~BC 479년의 페르시아전쟁 시기에는 페르시아 쪽에 가담하였고, 페르시아 세력이 후퇴한 후로는 그리스와의 관계가 심각해져서 정치적·군사적 충돌이 잦았다. 아르켈라오스 왕의 치하(BC 413~BC 399) 때부터는 그리스 문화를 적극적으로 받아들이고, 군비를 강화하였다.

영화 알렉산더

[그림 67] 영화 알렉산더

운명은 용기있는 자를 선택한다! 그의 이름은 전설이 되고, 그의 인생은 역사가 되었다! 유럽, 아프리카, 아시아 3개의 대륙을 정복하고 최초로 동, 서양의 융합을 이루며 헬레니즘 문화를 형성했던 역사상 가장 위대한 정복자 알렉산더 대왕의 이야기를 그린 서사극. 20세에 왕위에 올라 13년 만에 그리스, 페르시아, 인도에 이르는 대제국을 건설하고, 33세에 돌연사로 생을 마감한 그의 짧은 일생을 스펙터클한 전투와 화려한 영상을 통해 선보이고 있다.

필리포스 2세는 내란을 진압해 국력을 강화하였다. 트라키아를 병합하는 등 국토를 수배로 확장하였으며, BC 338년에는 그리스의 여러 폴리스를 항복시키고 헬레네스 연맹을 결성하여 전(全)그리스를 지배하게 되었다. 이듬해에는 그리스 폴리스 연합의 군사 총사령관으로서 페르시아에 대한 국민적 보복전(報復戰)에 나섰다. 그러나 필리포스가 중도에서 암살되자 그의 아들 알렉산드로스 대왕이 마케도니아 왕위에 올라, 그리스에서 일어난 반(反)마케도니아 동란을 진압하고, BC 334년 죽은 부왕(父王)과 똑같은 자격으로 페르시아 정벌에 나섰다. 그는 BC 330년에 페르시아제국을 정복하고, 이어 인도의 인더스강까지 동정(東征)을 계속하여 유럽·아시아 두 대륙에 걸친 대제국을 건설하였다. 이 때가 마케도니아 왕국의 전성기였다.

그러나 이와 같은 융성은 오래 가지 못하였다. 알렉산드로스 대왕은 동정 중 마케도니아 본국과 그리스 및 트라키아의 군사·정치를 그의 측근이며 총독인 안티파트로스에게 위임하였다. BC 323년 대왕이 급사하자 왕위계승자로 대왕의 이복동생인 아리다이오스와, 알렉산드로스 대왕과 왕비 로크사네 사이에서 출생한 아들 알렉산드로스 4세(재위 BC 323~BC 310)의 공동통치가 군대 및 장군들에 의해 확인되고, 마케도니아는 안티파트로스가 종전과 마찬가지로 섭정이 되어 관리하도록 결정하였다. 이후 왕족·근신(近臣), 여러 장군들 사이의 권력투쟁이 격렬하게 전개되어 필리포스 3세인 아리다이오스는 BC 317년에 태후 올림피아스에게 살해되고, 올림피아스와 로크사네 및 알렉산드로스 4세는 안티파트로스의 아들 카산드로스에게 살해되어 알렉산드로스 대왕의 왕통은 단절되었다. 카산드로스는 필리포스 2세의 딸 테살로니케와 결혼하여 마케도니아의 왕위에 올랐다. 그러나 그의 마케도니아 왕국은 1대에 끝나고, 안티고노스가 마케도니아 왕을 자칭하였고, 왕위는 그의 아들 데메트리오스·리시마코스·프톨레마이오스 케라우노스 등으로 전전하여 내려오다가 데메트리오스의 아들 안티고노스 2세 고나타스에 이르러 확정되었다. 그는 여기에서 안티고노스 왕가를 확립하였다 (BC 272).

그의 사후 필리포스 5세(재위 BC 222~BC 179)는 지중해 세계로의 진출을 도모하였으나, 로마의 동방진출정책과 충돌하게 되었다. 그는 제1회(BC 215~BC 205)와 제2회(BC 200~BC 197)의 마케도니아 전쟁에서 패한 후 국력회복을 꾀하였으나 목적을 이루지 못하고 죽었다. 그의 아들 페르세우스 왕도 부왕의 뜻을 이어 반(反)로마정책을 취하여 로마와 다시 충돌하였으나(제3회 마케도니아전쟁, BC 171~BC 168), 로마군에게 패배하여 포로로 잡혀감으로써 마케도니아는 멸망하고 로마의 속주(屬州)가 되었다. 마케도니아 왕국은 알렉산드로스 대왕에 의하여 세계제국으로 세력이 신장되었고, 짧은 시기에 대제국은 멸망하였지만, 그로 인하어 그리스 문화가 유럽과 아시아 및 이집트에까지 유포되었다. 통일국가를 형성한 대왕에 대한 군주예배는 후세의 시리아·이집트, 그 밖의 여러 나라에서 지배자에 대한 신적(神的) 권위의 계기를 만들었다.

③ 십자군(十字軍, crusades) 전쟁과 영화

[그림 68] 십자군 경로

11세기 말에서 13세기 말 사이에 서유럽의 그리스도교도들이 성지 팔레스티나와 성도 예루살렘을 이슬람교도들로부터 탈환하기 위해 전후 8회에 걸쳐 감행한 대원정. 이에 참가한 기사들이 가슴과 어깨에 십자가 표시를 했기 때문에 이 원정을 십자군이라 부른다. 십자군에게서 종교적 요인을 강하게 느끼게 되는 것은 그리스도교도와 이슬람교도와의 싸움이라는 점에서 당연하다. 그러나 이것을 간단히 종교운동이라고 성격지을 수는 없다. 봉건영주, 특히 하급 기사들은 새로운 영토지배의 야망에서, 상인들은 경제적 이익에 대한 욕망에서, 또한 농민들은 봉건사회의 중압으로부터 벗어나려는 희망에서 저마다 원정에 가담하였다.

그 밖에 여기에는 호기심·모험심·약탈욕 등 잡다한 동기가 신앙적 정열과 합쳐져 있었다. 대체로 십자군시대의 서유럽은 봉건사회의 기초가 다져지고 상업과 도시의 발달도 어느 정도 이루어져 있어서 노르만인의 남(南)이탈리아 및 시칠리아 정복, 에스파냐의 국토회복운동, 동부 독일의 대식민활동 등에서 볼 수 있듯이 주변 세계와의 경계를 전진시키고 있었다. 따라서 이런 배경에서 십자군도 정치적·식민적 운동의 일환이 될 수밖에 없었고, 종교는 이 운동을 성화(聖化)시키는 역할을 수행하게 된 것이다.

킹덤 오브 헤븐

[그림 69] 영화 킹덤 오브 헤븐

십자군 전쟁의 내용 일부를 영화화한 작품이다. 〈글래디에이터〉 감독이 창조한 새로운 신화적 작품이다. 전쟁으로 가족을 잃고 깊은 슬픔에 잠겨있는 프랑스의 젊고 아름다운 대장장이 발리안(올랜도 블룸)에게 부상당한 십자군 기사 고프리(리암 니슨)가 찾아온다. 무언가 비밀을 품고 있는 듯한 그의 정체는 바로 발리안의 아버지. 발리안에게 숨겨진 전사의 자질을 꿰뚫어본 고프리는 자신과 함께 떠날 것을 제안하고, 결국 발리안은 성스러운 도시를 지키기 위한 영예로운 여정을 시작한다.

발리안은 고프리로부터 여러 가지 검술과 전술 등을 배우며 용맹한 전사로 거듭난다. 그리고 고프리가 죽기직전 수여한 작위를 받아 정식기사가 되어 성스러운 도시 예루살렘의 국왕 볼드윈 4세(에드워드 노튼)에 대한 충성을 서약한다. 그 후 발리안은 뛰어난 검술과 용맹함으로 맹위를 떨치며 국왕의 신임을 한 몸에 받게 되고, 왕의 동생인 아름답고 신비로운 공주 실비아(에바 그린)와 격정적인 사랑에 빠진다. 하지만 그녀는 악명 높은 교회 기사단의 우두머리 가이 드 루시안과 정략 결혼을 한 상태.

운명적인 사랑은 거역할 수 없는 것. 명예를 목숨보다 소중히 여기는 기사 발리안은 고뇌하지만, 금지된 사랑은 더욱 뜨겁게 타오른다. 실비아를 빼앗긴 가이는 발리안을 향해 분노를 폭발 시키다가, 마침내 피비린내 나는 전쟁을 일으킨다. 이에 발리안은 예루살렘 왕국과 사랑하는 실비아 공주를 지키기 위해 목숨을 내놓고 최후의 전투를 시작한다. 과연 발리안은 실비아 공주와 예루살렘의 백성들을 지킬 수 있을 것인가? 이제, 명예로운 젊은 영웅 발리안의 위대한 전쟁이 시작된다!

4 중국의 내전과 적벽대전

[그림 70] 영화 적벽대전

영화 적벽대전은 삼국지를 배경으로 한 작품이다. 삼국지 [三國志]는 중국의 위(魏)·촉(蜀)·오(吳) 3국의 정사(正史)로서, 진(晉)나라의 학자 진수(陳壽:233~297)가 편찬한 것이다. 이는 《사기(史記)》《한서(漢書)》《후한서(後漢書)》와 함께 중국 전사사(前四史)로 불린다. 위서(魏書) 30권, 촉서(蜀書) 15권, 오서(吳書) 20권, 합계 65권으로 되어 있으나 표(表)나 지(志)는 포함되지 않았다. 위나라를 정통 왕조로 보고 위서에만 〈제기(帝紀)〉를 세우고, 촉서와 오서는 〈열전(列傳)〉의 체제를 취했으므로 후세의 사가(史家)들로부터 많은 비판의 대상이 되었다.

그러나 저자는 촉한(蜀漢)에서 벼슬을 하다가 촉한이 멸망한 뒤 위나라의 조(祚)를 이은 진나라로 가서 저작랑(著作郎)이 되었으므로 자연 위나라의 역사를 중시한 것으로 여겨진다. 그 때문에 후에 촉한을 정통으로 한 사서(史書)도 나타났다. 그러나 찬술한 내용은 매우 근엄하고 간결하여 정사 중의 명저(名著)라 일컬어진다. 다만 기사(記事)가 간략하고 인용한 사료(史料)도 지나치게 절략(節略)하여 누락된 것이 많았으므로 남북조(南北朝) 시대 남조(南朝) 송(宋)의 문제(文帝, 407~453)는 429년에 배송지(裵松之, 372-451)에게 명하여 주(註)를 달게 하였다.

《삼국지》에 합각(合刻)되어 있는 배송지주(裵松之註:裵註)가 그것이다. 이 배송지의 주는 본문의 말뜻을 주해하기보다는 누락된 사실을 수록하는 데 힘을 기울여, 어환(魚豢)의 《위략(魏略)》을 비롯한 하후담(夏侯湛)의 《위서(魏書)》 이하 당시의 사서와 제가(諸家)의 계보(系譜)·별전(別傳)·문집(文集) 등 140여 종의 인용문이 기재되어 있다. 이 제서(諸書)는 그 후 태반이 산일(散

逸)되었는데, 여기에 인용된 글들이 당시의 사실을 고증하는 데 귀중한 사료가 된다. 그 중에서도 어환의 《위략》은 특히 귀중한 사료가 많이 있어, 이것을 배송지가 인용한 주를 바탕으로 하고, 거기에 다른 일문(逸文)을 추가하여, 청(淸)나라 때 장붕일(張鵬一)이 《위략집본(魏略輯本)》 25권을 편찬하였다.

또한 《위서(魏書)》 동이전(東夷傳)에는 부여(扶餘)·고구려·동옥저(東沃沮)·읍루(挹婁)·예(濊)·마한(馬韓)·진한(辰韓)·변한(弁韓)·왜인(倭人) 등의 전(傳)이 있어, 동방 민족에 관한 최고의 기록으로 동방의 고대사를 연구하는 데 유일한 사료가 된다. 《삼국지》에 관하여는 후세에 많은 참고서가 만들어졌으며, 그 중에서도 청나라 전대소(錢大昭)가 엮은 《삼국지변의(三國志辨疑)》 3권과 양장거(梁章鉅)의 《삼국지방증(三國志旁證)》 30권 및 항세준(杭世駿)의 《삼국지보주(三國志補注)》 등이 저명하다. 최근의 것으로 1957년 베이징[北京]의 고적출판사(古籍出版社)에서 발간된 노필(盧弼)의 《삼국지집해(三國志集解)》 65권, 보권(補卷) 2권이 《삼국지》의 해설서로는 가장 상세하고 완벽한 것이라 할 수 있다.

이 영화는 삼국지를 배경으로 제작된 것이다. 위, 촉, 오 3국이 대립하던 서기 208년 중국.. 천하통일을 위해 중국대륙을 피로 물들여가던 '위'의 조조(장풍의)는 뛰어난 통치력과 막강한 군사력을 바탕으로 대륙의 반 이상을 차지하게 된다. 한편, 조조에게 쫓겨 퇴각에 퇴각을 거듭하던 '촉'의 유비군은 최후의 보루인 '신야성'마저 함락당하고, 손권(장첸)이 통치하는 '오'나라 인근 강남지역으로 피난을 떠난다. 하지만 조조에게 결코 물러서지 않겠다는 의지로 뭉친 유비군은 남은 병력으로 필사의 항쟁을 다짐한다. 하지만 이를 위해서는 '오'와의 연합세력을 결성해야만 하는데, 전쟁을 기피하는 손권과의 결탁 또한 어려운 일이었다. 이에, 유비군의 책사인 제갈공명(금성무)은 홀로 '오'나라로 향하게 된다.

[그림 71] 영화 적벽대전의 한 장면

제갈공명과 주유, 그들이 만든 기적적인 연합세력. '촉'나라의 정벌로 사실상 천하통일을 이룬 조조는 마지막으로 '오'나라 에게 항복을 강요하고, 유비의 책사 제갈공명은 '오'에 당도해 손권과의 동맹을 제안하지만 손권은 조조의 대군 때문에 망설인다. 제갈공명은 손권의 마음을 움직이기 위해 '오'나라 제일의 명장 주유(양조위)를 먼저 찾아간다. 무기도 격한 언쟁도 없지만 제갈공명과 주유의 팽팽한 심리대결은 긴장감을 더하고, 주유는 기예(技藝) 대결을 통해 제갈공명과의 연합을 결심하여 자신의 주군 손권을 설득한다. 한편, 적벽으로의 출정을 앞둔 주유를 바라보는 그의 아내 소교(린즈링). 그녀는 자신을 흠모하는 조조의 100만 대군에 맞서야 하는 남편, 주유의 안위가 걱정되지만 이를 차마 말하지 못하는 가운데, 유-손 연합군은 적벽으로 향한다.

10만 대 100만, 천지를 뒤 흔든 세기의 전쟁이 시작된다! 유-손 연합군 결성에 분노한 조조는 100만 대군을 이끌고 '오'를 향해 최후의 출격을 하게 되고, 10만 연합군은 양쯔강 지역의 험준한 '적벽'에서 조조의 100만 대군을 맞을 준비를 한다. 10만 대 100만의 수적 열세에도 불구하고 연합군을 이끄는 주유와 제갈공명은 반드시 승리할 것이라 호언장담한다. 그리고 그들은 놀라운 지략과 병법들로 서서히 조조의 100만 대군을 압도하기 시작하여 마침내 최후의 승리를 차지한다.

5 제1차 세계대전과 영화

가. 제1차 세계대전

제1차 세계대전은 1914년부터 4년간 계속되었던 세계전쟁이다. 1914년 7월 28일 오스트리아가 세르비아에 대한 선전포고로 시작되어 1918년 11월 11일 독일의 항복으로 끝난 세계적 규모의 전쟁이다. 이 전쟁은 영국·프랑스·러시아 등의 협상국(연합국)과, 독일·오스트리아의 동맹국이 양 진영의 중심이 되어 싸운 전쟁으로서, 그 배경은 1900년경의 '제국주의' 개막의 시기부터 고찰되어야 할 것이다.

제1차 세계대전은 20세기 초엽 인류가 경험한 최초의 대규모적인 세계전쟁이었다. 그 발발의 배경에는 19세기 말부터 20세기 초에 걸쳐서 나타난 세계 제국주의의 성립이 있었다. 이 시기에 유럽 제국과 미합중국, 약간 뒤늦게 일본 등에서는 자본주의 경제가 독점단계로 들어가, 각국은 대형화한 경제력의 배출구(판로)를 필요로 했고 이에 따라 이들 국가는 해외에서 식민지나 세력권을 넓히기 위한 격렬한 경쟁을 전개하였다.

그 결과, 세계는 제국주의 열강에 의하여 거의 분할되었으며, 이제는 그 재분할이 열강의 주요한 관심사가 되었다. 그리하여 19세기 말의 쿠바나 필리핀을 둘러싼 미국—스페인전쟁이나, 남아프리카의 보어전쟁(Boer War) 후, 20세기에 들어서 제국주의 열강의 재분할 경쟁의 새로운 초점이 된 것은 '아시아의 병든 대국'인 중국과 투르크(터키)였다.

따라서 중국 동북(만주)과 한반도의 지배를 놓고 일본과 러시아 사이에 제국주의 전쟁이 일어난 것도 우연한 일이 아니다. 러·일전쟁의 배후에는 각각 영국·미국과 프랑스·독일이 있으며, 1905년까지 제국주의의 국제 대립의 중심은 동아시아에서의 러시아와 영국 간의 항쟁에 있었다.

그러나 러·일전쟁 후 러시아는 후퇴하고, 다시 그 진로를 발칸·중근동으로 향했기 때문에, 이후 제1차 세계대전 발발까지 제국주의 열강의 국제 대립의 무대는 종래 오스만 투르크제국의 지배영역이었던 발칸·근동지역으로 옮겨졌으며, 그 곳에서 대립의 주역이 된 것은 영국과 신흥 독일이었다.

　1914년 6월 28일, 긴장이 고조되는 발칸의 일각, 보스니아의 사라예보에서 오스트리아 육군 대연습의 통감(統監)으로 이 곳을 방문한 오스트리아의 황태자 페르디난트 부부가 세르비아의 참모본부 정보부장이 밀파한 7명의 자객 가운데 G. 프린치프의 흉탄에 맞아 피살되었다. 오스트리아는 이 사건을 이용하여 세르비아를 타도하고, 발칸에서의 열세를 일거에 만회하고자 하였으며, 독일도 그것을 지지하였다. 오스트리아는 7월 23일, 세르비아가 도저히 받아들일 수 없는 조건을 붙여 최후통첩을 보냈으며, 이것이 일부 거부되자, 즉각 세르비아와 국교를 단절하고 이어 28일에는 선전을 포고하였다. 그 동안, 오스트리아는 7월 5일에 황제 특사를 독일로 보내어 대(對)세르비아 강경방침에 대한 독일측의 양해를 얻었다.

　종래의 정설은 독일이 오스트리아에 끌려서 전쟁에 말려들었다고 보았으나 근년의 연구로는 세르비아에 대한 강경방침을 내세우면서도 주저했던 오스트리아의 지도자를 격려하고, 오히려 빨리 전쟁을 개시하도록 압력을 가한 것이 독일측이었음이 밝혀졌다. 독일의 정부·군부 지도자가 오스트리아와 세르비아의 전쟁이 러시아나 프랑스까지도 끌어들이는 유럽전쟁으로 될 것을 충분히 알면서도 이와 같은 강경방침을 선택한 것은 깊어져 가는 국제적 고립과 해외 진출에서의 벽에 부닥친 처지를 타개하기 위하여 전쟁의 위험을 무릅쓴다는 결의가 되어 있었기 때문이다. 더욱이 독일이 이 시기를 택한 것은 독일측의 군비강화가 1914년 여름에 그 절정에 달하는 데 비하여, 프랑스나 러시아의 그 시기는 1915년 또는 1916년이었음으로, 따라서 지금이 가장 유리하다고 판단했기 때문이기도 하였다.

　한편, 러시아는 7월 28일, 오스트리아의 대(對)세르비아 선전포고에 대하여 즉각 대(對)오스트리아 동원을 하고 30일에는 총동원령을 내려, 이 또한 전쟁의 국지화(局地化)를 불가능케 하였다. 독일은 23~27일 러시아와 오스트리아 사이를 조정해 달라는 영국의 여러 차례의 요청을 무시하거나 거부하였다. 그러나 29일 심야, 영국의 중립 예상이 무너지고 전쟁개입이 확실해지자 독일의 정부 지도자는 그 때까지의 강경한 태도를 약간 바꾸어, 오스트리아에게 러시아와의 교섭에 응할 것을 권장하였다. 그러나 때는 이미 늦어서 '7월 위기'는 위기로 그치지 않고 마침내 대전으로 급선회하고 만다.

　31일 독일은 러시아에 대하여 총동원령 철회를 12시간의 기한부로 요구하는 최후통첩을 보내고, 러시아로부터 아직 회답이 없는 상태에서, 8월 1일 대러시아 선전포고를 하였다. 더욱이 8월 3일 독일은 프랑스의 벨기에 중립 침범을 비난하여 선전포고를 해놓고서도 스스로, 북서 프랑스 진공(進攻)을 위하여 벨기에에 침입하였고 영국은 이것을 이유로 하여 다음날(4일) 대독 선전포고를 하였다. 이리하여 제1차 세계대전은 이탈리아를 제외한 전유럽 열강이 참가하는 유럽전쟁으로 발전하였다.

나. 영화 라파에트

[그림 72] 영화 라파에트

제1차 세계대전을 배경으로 한 작품. 1917 최강의 전투비행팀 1917년 세계 최대의 전쟁 중에 8인의 비행사, 그들이 있었다!! 제1차 세계대전이 한창인 프랑스. 역사상 유례없는 최대의 공중전이 펼쳐지고 수백 만 명이 목숨을 잃는 전쟁이 계속되고 있다. 바다 건너 미국에서도 전쟁으로 몸살을 앓고 있지만 미 정부는 참전을 결정하지 않는 가운데, 연합군의 약세는 피할 수 없어 보이는 상황이다.

한편, 가업으로 내려오던 목장을 잃고 혼란스러운 카우보이 롤링스(제임스 프랭코)는 젊음과 열정을 의미 있는 곳에 쏟고싶어 연합군에 자원, 프랑스로 향한다. 거기에는 롤링스말고도 출신과 나이, 인종은 다르지만 뜻을 위해 모여있던 7명의 젊은이들이 기다리고 있었다. 이름하여 미국인 최초의 전투비행단인 라파예트(Lafayette Escardrille). 아직 서툰 비행에도 불구하고 독일군을 상대로 맹렬히 그들은 그 어떤 연합군보다 용기있는 전투를 벌인다.

[그림 73] 영화 라파에트 한 장면

하루 하루가 위태로운 전장의 생활 중에서도 롤링스는 아름다운 여인, 루시엔을 만나 사랑을 키워나가며 팀에서도 에이스로 자리잡아간다. 그러나 독일군은 프랑스 전토를 불태울 가공할 위력의 폭탄을 싣고 파리를 향해 시시각각 다가온다. 롤링스는 무방비 지대에 홀로 남겨진 루시엔을 구하고 싶은 안타까움과 치열한 전투 사이에서 결단을 내려야 하는데… 결국은 그들을 구하기 위해 용단을 내림으로써 사랑의 위대성을 보여준다.

6 제2차 세계대전과 영화

가. 제2차 세계대전

1939년 9월 1일 독일의 폴란드 침입과 이에 대한 영국·프랑스의 대독선전에서부터, 1941년의 독일·소련 개전, 그리고 태평양전쟁의 발발을 거쳐 1945년 8월 15일 일본의 항복에 이르는 기간의 전쟁이다. 이 전쟁은 첫째 유럽에서는 영독전쟁, 독소전쟁, 둘째 동아시아와 태평양에서의 중일전쟁, 태평양전쟁의 단계가 있다. 이들 전쟁은 각각 독자적 요인을 안고 발전했는데, 1939년 9월에 유기적인 연관에 놓여져서 미·영·프·소·중의 연합국과 독·이·일의 동맹국(同盟國)이라는, 이 전쟁을 일관하는 기본적 대항 관계의 기초가 이룩되었다. 또 이 전쟁에서 전체로서의 지배적인 성격은 반(反)파시즘 전쟁이었다

제1차 세계대전 후 자본주의 세계는 전반적 위기단계에 돌입하였다. 더욱이 자본주의 제국의 발전의 불균등이 두드러졌고, 1929~33년의 세계공황은 이와 같은 불균등에 근거하는 국제대립을 일거에 첨예화시켰다. 즉 자본주의 열강의 블록화와 폐쇄경제적인 경향은, 자본주의국으로서 기초가 약한 독일·이탈리아·일본 등에게 심각한 영향을 주었다.

[그림 74] 일본의 진주만 기습

일본은 국내정책의 정돈상태를 타개하기 위하여 1931년 9월 중국 동북에서 침략행동을 개시, 1933년 '만주국'을 성립시켜, 이 지역에 자본주의 발전의 기반을 얻으려고 하였다. 1933년 3월 국제연맹이 만주국을 부인하자 일본은 곧 연맹을 탈퇴하였다. 한편 독일에서는 국내 정치의 혼란 가운데에서 1933년 베르사이유 체제 타파를 외치던 히틀러가 정권을 장악하고 같은 해 10월 제네바 군축회의 결과의 불만으로 국제연맹을 탈퇴하였으며, 1935년 3월에는 재군비를 선언, 1936년 3월 라인란트 비무장지대에 진주하여 로카르노 조약을 파기함과 아울러 베르사이유 조약을 유명무실하게 만들었다. 이를 본 이탈리아는 1935년 10월 에티오피아에 침입하여 36년 5월에는 전토를 정복하였다.

　이와 같은 침략의 확대, 전쟁 위기의 절박을 앞에 두고 반(反)파시즘, 민주주의 옹호를 주창하는 민중의 반전(反戰)운동도 활발해져서, 이것을 배경으로 1935년 여름의 코민테른 제7회 대회는 인민전선의 결성을 제창, 1936년 2월에는 에스파냐에, 같은 해 6월에는 프랑스에 인민전선정부가 성립되었다. 그러나 에스파냐에서는 독·이의 노골적인 개입으로 내란이 벌어졌고, 중국에서는 1936년의 시안[西安]사건을 계기로 항일민족통일전선이 결성되자, 일본은 이를 응징한다는 명목으로 1937년 7월 전면적인 중일전쟁을 도발하였다.

　1936년 11월 독·일은 방공협정(防共協定)을 체결하였고, 1937년 11월 이탈리아가 이에 가입하여 독·이·일 3국은 반소(反蘇)를 공공연히 외쳤으며, 이것을 구실로 하여 국내에서의 파시즘화와 대외침략을 추진하였을 뿐만 아니라, 나아가서는 똑같이 공산주의를 겁내는 미·영·프의 지배층으로부터 그 침략을 용인받으려고 하였다. 미·영·프의 지배층은 일면으로는 독·이·일과 제국주의적 대립을 나타내면서도, 일면으로는 이들 3국의 창끝이 소련이나 식민지 민족해방운동에로 향해지는 한, 이와 타협한다는 경향을 보였다

　1937년 11월 오스트리아와 체코슬로바키아의 합병을 결의한 히틀러는 1938년 2월 일련의 인사이동으로 나치스 체제를 강화하고 같은 해 3월 오스트리아를 합병(合併:안슐루스)하였다. 이어 체코슬로바키아의 수데텐 지방을 요구하여 전쟁의 위기를 조성하자, 영국 총리 체임벌린은 1938년 9월 뮌헨 회담에서 체코슬로바키아로 하여금 수데텐 지방을 할양케 하였다. 이리하여 독일은 동·중부 유럽 진출을 위한 전략적 지위를 확보하였으나, 한편 국제연맹 또는 집단안보 체제는 붕괴되어 갔다.

　소련은 독·일의 연맹 탈퇴 후인 1934년 9월 국제연맹에 가입하여 집단안보 정책에 노력(리트비노프 외교)하게 되는데 체코슬로바키아와 상호원조조약을 맺은 소련이 뮌헨 회담에서 제외된 것은 리트비노프 외교의 기초가 상실된 것을 의미한다. 더욱이 에스파냐에서는 1939년 1월 독·이가 원조하는 프랑코가 인민전선정부를 타도했다. 1939년 5월 소련 외상 V.M.몰로토프가 취임하여 무력외교로 자국의 안전을 꾀하려 하였다. 1939년 3월 히틀러는 체코슬로바키아를 해체하고 이어 폴란드 회랑(廻廊)과 단치히(그단스크)를 요구하였다. 끝없는 히틀러의 요구에 영·프에서도 유화정책에 대한 비판의 소리가 높아져, 양국은 폴란드에 원조를 약속하였다.

독일 · 폴란드 간의 긴장 격화와 함께 영국은 대독개전(對獨開戰)에 대비하여 소련과 교섭을 시작하지만, 한편으로는 극비리에 독일과도 교섭하고 있었다. 뮌헨 회담 이래로 소련의 영 · 프에 대한 불신은 숨길 수 없게 되었고, 8월에는 영 · 소 교섭이 정체되고, 이에 따라 독 · 소 교섭이 갑자기 활기를 띠게 되었다. 이미 폴란드 공격을 결의하고 있던 히틀러는 동서에 걸치는 2정면(二正面) 전쟁을 피할 필요가 있었고, 소련은 독일-폴란드전쟁이 반소(反蘇)전쟁으로 변할 것을 두려워했기 때문이다. 8월 23일의 독 · 소 불가침조약은 전세계를 깜짝 놀라게 하였다. 전혀 상반되는 이데올로기를 가진 양국이 제휴하였기 때문만은 아니다.

영 · 프의 유화정책은 결정적으로 파탄되었으며, 대소 침략을 겨냥한 일본의 대독 군사동맹교섭은 도각(倒閣)으로서 끝나 버렸고, 가장 큰 충격을 받은 깃은 파시즘에 반대해 온 유럽의 공산주의자, 소련 지지파, 인민전선 옹호자들이었다. 소련의 중립을 확보한 독일은 예정대로 1939년 9월 1일 폴란드에 침입하였다. 9월 3일 영 · 프는 독일에 선전(宣戰)함으로써 제2차 세계대전은 시작되었다.

가. 쉰들러 리스트 [Schindler's List]

[그림 75] 영화 쉰들러 리스트

이 영화는 제2차 세계대전을 배경으로 제작된 작품이다. 오스트레일리아의 토마스 케닐리의 원작 소설을 영화화한 작품. 오스카 쉰들러(라이엄 니슨)는 나치당원으로 거물들과의 인맥을 바탕으로 돈을 벌어들이는 사업가이다. 1939년 폴란드는 2주 만에 독일군에 점령되었다. 쉰들러는 이곳에 식기공장을 세워 전쟁기간에 돈을 벌 계획을 세운다. 그는 유대인 회계사 스텐(벤 킹슬리)과 함께 공장의 문을 연다. 유대인을 무임금으로 고용할 수 있어 돈을 많이 벌어들인다. 그러던 어느 날 마을을 폐쇄하라는 명령이 내린다. 유대인들에게 이유도 없이 죽어야 하는 상황이 벌어진다. 쉰들러 공장의 노동자와 함께 스텐도 수용소에 끌려가게 된다. 어둠 속에서 끊이지 않는 총성과 불꽃을 바라보며 쉰들러는 무언가 잘못되어 가고 있음을 느낀다.

크라코우 수용소로 끌려간 유대인들은 심한 노동과 언제 죽을지 모르는 불안 속에서 지낸다. 쉰들러는 광기어린 친위대의 젊은 장교 괴트(레이프 파인스)와 개인적인 친분을 두텁게 한 뒤, 식기공장을 다시 운영할 수 있도록 한다. 괴트의 감시 아래 있지만 공장이 다시 가동되어 스텐과 직공들도 다시 일하게 된다. 노동력으로 부적합하다는 판정을 받은 사람은 찜통 열차속에 짐짝처럼 채워져 죽음을 향해 떠난다. 이런 일들을 겪은 쉰들러는 고민하다 유대인을 살려내자는 결단을 내린다.

[그림 76] 영화 쉰들러 리스트 한 장면

전쟁 동안 축적한 재력을 바탕으로 유대인 한 사람당 값을 쳐주고 괴트와 협상한다. 자신의 고향인 체코에 공장을 세우는 데 필요한 노동력을 산다는 명목이다. 전에 자신의 공장에서 일했던 사람, 그 가족 등 스텐과 함께 모두 1,100명의 유대인 명단을 작성한다. 이들은 극적으로 체코행 기차에 탄다. 잘못되어 아우슈비츠로 보내져 머리를 깎이고 옷이 벗겨져 한 방에 모인 그들의 머리 위에서 살인 가스가 나올까 질려 일그러진 모습, 공포에 떠는 가장 비극적인 인간의 모습의 한 장면이다. 쉰들러의 유대인들은 체코의 공장에서 일하면서 종전을 맞기까지 인간적인 생활을 한다.

전쟁이 끝난 뒤 유대인들은 자신들의 금이빨을 뽑아 만든 반지와 전범으로 몰릴 쉰들러를 염려해 모두의 서명이 된 진정서를 써서 고마움을 표시한다. 그들이 준 반지에는 '한 생명을 구한 자는 전세계를 구한 것이다'라는 탈무드의 글귀가 새겨져 있다. 이 반지를 받아든 쉰들러는 더 많은 유대인을 구해내지 못한 것을 아쉬워하며 울음을 터뜨린다.

제작 연출을 맡은 스티븐 스필버그 감독은 나치들의 잔인한 광기에 희생당한 유대인들의 이야기를 객관적이며 사실적으로 그려냈다. 출연자 모두 폴란드와 이스라엘의 무명배우들로, 장소도 실화의 현장인 크라쿠프에서 실제 그때의 공장을 사용해 촬영한 흑백영화이다. 1993년 제66회 아카데미시상식에서 작품상, 감독상 등 7개 부문에서 수상하였다.

나. 라이언 일병 구하기

[그림 77] 영화 라이언 일병 구하기

이 영화는 제2차 세계대전을 배경으로 제작된 것이다. 임무는 단 한 사람(The Mission is a Man). 1944년 6월 6일 노르망디 상륙 작전. 오마하 해변에 대기하고 있던 병사들은 한치 앞도 내다볼 수 없는 긴장된 상황과 두려움에 무기력함을 감출 수 없었다. 노르망디 해변을 응시하는 밀러 대위(Captain Miller: 톰 행크스 분) 그리고 전쟁 중 가장 어려운 임무를 수행해야할 두려움에 지친 그의 대원들. 지옥을 방불케하는 치열한 총격전이 벌어지고 수많은 병사들이 총 한번 제대로 쏘지 못하고 쓰러져간다. 마침내 밀러 대위를 위시한 그들은 몇 번의 죽을 고비를 넘기고 맡은 바 임무를 완수한다.

같은 시각, 2차 대전이 종전으로 치닫는 치열한 전황 속에서 미 행정부는 전사자 통보 업무를 진행하던 중 충격적인 사실을 발견하게 된다. 4형제 모두 이 전쟁에 참전한 라이언 가에서 며칠간의 시차를 두고 3형제가 이미 전사하고 막내 제임스 라이언 일병(Private Ryan: 맷 데몬 분)만이 프랑스 전선에 생존해 있음을 알게 된 것이다. 네명의 아들 가운데 이미 셋을 잃은 라이언 부인을 위해 미 행정부는 막내 제임스를 구하기 위한 매우 특별한 작전을 지시한다. 결국 사령부에서 막내를 찾아 집으로 보낼 임무는 밀러에게 부여되고, 이것은 이제껏 수행했던 임무보다 훨씬 어렵고 힘든 것이었다.

밀러는 여섯 명의 대원들과 통역병 업햄(Corporal Timothy Upham: 제레미 데이비스 분) 등 새로운 팀을 구성, 작전에 투입된다. 라이언의 행방을 찾아 최전선에 투입된 밀러와 대원들은 미군에게 접수된 마을을 지나던 중 의외로 쉽게 그를 찾아낸다. 하지만 임무 완수의 기쁨도 잠시. 그는 제임스 라이언과 성만 같은 다른 인물로 밝혀진다. 다음 날, 밀러 일행은 우연히 한 부상병을 통해 제임스 라이언이 라멜 지역의 다리를 사수하기 위해 작전에 투입됐고, 현재는 독일군 사이에 고립돼 있다는 사실을 듣게 된다.

[그림 78] 영화 라이언 일병 구하기 한 장면

단 한명의 목숨을 구하기 위해 여덟 명이 위험을 감수해야할 상황에서 대원들은 과연 '라이언 일병 한 명의 생명이 그들 여덟 명의 생명보다 더 가치가 있는 것인가?'라는 끊임없는 혼란에 빠진다. 하지만 지휘관으로서 작전을 끝까지 책임지고 성공적으로 완수해야 할 밀러는 부하들을 설득해 다시 라이언 일병이 있다는 곳으로 향한다. 도중에 독일군과의 간헐적인 전투를 치르면서 결국 밀러 일행은 라멜 외곽지역에서 극적으로 라이언 일병을 찾아낸다.

다. 영화 진주만

[그림 79] 영화 진주만

1941년 12월 7일 아침, 진주만에 일본군이 기습공격 해올 때, 바로 그때 운명이 그들을 방해놓는 세 명의 연인들은 진주만에 있었다. 이 세 연인의 운명처럼 전쟁의 운명도 휘몰아치기 시작하고, 과연 이들의 운명은 전쟁의 소용돌이 속에서 어떻게 될것인가의 관심 속에 영화 진주만의 스토리는 전개된다. 미국 테네시주에 사는 두명의 젊은이 레이프 맥컬리(Captain Rafe McCawley: 벤 에플렉 분)와 대니 워커(Captain Danny Walker: 조쉬 하트넷 분)는 어릴 적부터 형제처럼 자란 죽마고우이다. 이 둘은 자라서 둘 다 미 공군 파일럿이 되고, 레이프는 미 해군에서 근무하는 아름답고, 용기있는 간호사 에벌린 스튜어트(Nurse Lieutenant Evelyn Stewart: 케이트 베킨세일 분)와 사랑에 빠진다.

©Touchstone Pictures and Jerry Bruckheimer, Inc. All Rights Reserved.

[그림 80] 영화 진주만 한 장면

레이프와 에벌린의 사랑이 이제 겨우 무르익기 시작했을 때, 운명은 그 둘의 사랑을 시기하는지 레이프가 배치받은 비행대대를 유럽으로 이동하게 만든다. 그 때 유럽은 독일이 갓 일으킨 제2차 세계대전으로 혼란스러웠고, 레이프가 유럽으로 간 사이 미국에 남은 대니와 에벌린은 하와이에 있는 진주만 베이스에 배치받게 된다. 하지만 운명은 레이프와 에벌린의 사랑을 시기해 이 사랑하는 연인을 멀리 갈라놓는데서 그치지 않고, 불행하게도 어느날 레이프가 죽었다는 통지서가 날라오고 만다. 사랑하는 연인과 형제와도 같은 친구의 죽음은 에벌린과 대니가 서로를 의지하게 만들고, 그 둘은 곧 서로를 사랑하게 된다. 사랑하는 연인과 형제와도 같은 친구의 죽음으로 그 둘에게 더 이상의 시련이나 아픔은 없을 것이라고 믿었던 에벌린과 대니는 몰랐었다. 그들이 죽었다고 알고 있는 레이프가 살아 있었다는 것을. 그리고, 레이프는 돌아오게 된다.

라. 영화 애너미 엣 더 게이트

이 영화는 제2차 세계대전을 배경으로 그려진 것이다. 1942년 가을, 유럽 대륙은 나치의 발굽 아래 처참히 짓밟혔다. 독일 지도자는 권력의 정상에 우뚝 서 있었다. 히틀러의 군대가 소련 연방 공화국의 심장부를 뚫고, 아시아 대륙의 유전을 향하여 진군하고 있었다. 마지막 장애물이 남아 있었다. 세계의 운명을 좌우되고 있는 곳은 볼가 강 유역의 도시, 바로 스탈린그라드였다.

제2차 세계대전 당시 소련이 미국의 동맹국으로 독일에게 강력히 저항하게 되자 독일은 소련을 장악하기 위하여 소련의 마지막 보루인 '스탈린그라드'의 침공

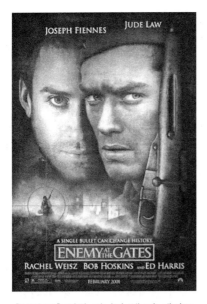

[그림 81] 영화 애너미 엣 더 게이트

을 강행하게 된다. 그러자 이 '스탈린그라드'
는 전쟁의 최고 격전지가 되고 독일군의 파
상 공세에 소련군은 점차 위기에 몰리게 된
다. 이때 소련군 선전장교 다닐로프(조셉 파
인즈 분)는 선전 전단을 뿌리기 위하여 전장
의 한복판에 뛰어들었다가 소련 병사 바실리
(쥬드 로 분)의 기막힌 사격 솜씨를 목격하
게 된다.

그렇게 그의 탁월한 사격술을 발견한 다닐
로프는 패배감에 젖어 사기가 저하된 소련군
에게 승전할 수 있다는 희망을 주기 위하여
바실리를 영웅으로 만들어 소련군의 사기를
올려주어야겠다는 생각을 떠올리게 된다. 벼
랑 끝에 몰린 러시아에게 있어 마지막 방어

지인 스탈린그라드에서의 전투는 물러설 수 없는 것이어서 스탈린은 흐루시초프
(밥 호스킨스)를 현지 책임자로 파견한다. 다닐로프의 계획에 의해 바실리는 하
루하루 나찌 장교들을 처단하는 저격수로 변하게 되고 평범했던 그는 어느새 전
설적인 소련의 영웅으로 재탄생하게 된다.

[그림 82] 영화 애너미 엣 더 게이트 한 장면

전쟁 중에도 사랑은 피는 법. 바실리는 아름다운 여병사 타냐(레이첼 와이즈
분)를 만나 사랑을 느끼게 되고, 그녀를 만나게 된 다닐로프 역시 그녀와 사랑을
느끼게 되면서 그들은 삼각관계에 놓이게 된다. 바실리는 다닐로프의 각본대로

놀라운 사격 솜씨로 독일군 장교들을 해치우게 되고, 생존하는 영웅으로 독일군의 사기를 떨어뜨리게 되자 마침내 독일측에서도 바실리를 없애기 위해 독일군 최고의 저격수 코니그 소령(에드 해리스 분)을 파견하게 된다. 이후로 그들은 서로를 죽이기 위한 두뇌 싸움과, 그들 둘만의 숙명적이고 처절한 전쟁이 시작된다.

레닌(Lenin)에게 여러 번 표창을 받았던 바실리 자이체프(Vassili Zaitsev)는 훗날 소련 연방의 영웅급으로 승진되었다. 그의 총(rifle)은 나치 독일군에 대한 승리의 표상으로 오늘날까지 스탈린그라드 역사 박물관(the Stalingrad History Museum)에 소장되어 있다.

마. 영광의 날들

[그림 83] 영화 영광의 날들

세계가 인정한 실화의 감동 그리움과 증오가 교차하던 그날, 삶의 희망을 보다! 모든 걸 바쳐 지키고 싶은 것이 있었다! 어머니의 만류에도 불구하고 프랑스를 위해 군대에 지원한 알제리 청년 사이드. 한 전투에서 자신의 목숨을 구해준 '마르티네즈' 하사의 당번병이 된다. 오직 진급이 목표인 '압델카데르' 하사, 동생 결혼식을 위해 죽은 병사들의 호주머니를 뒤지는 불 같은 성격의 '야시르' 그리고 아름다운 프랑스 여인과 사랑에 빠진 '메사우드' 등 토착민 출신 병사들은 고된 훈련을 참아내며 계속되는 전투에서 승리를 거둔다.

하지만 식사와 진급, 편지검열 등 토착민 병사에 대한 불평등이 계속되고 '압델카데르'가 또다시 진급에서 밀려나자 프랑스 군인과 토착민 병사들 사이의 불신은 더욱 깊어진다. 결국 '사이드' 를 비롯한 그의 동료들은 소기의 성과를 거둬 자신들의 정당한 권리를 찾고 그리운 고향으로 금의환향 하기 위해 독일군 점령하에 놓인 알자스 마을에 침투, 독일군과의 힘겨운 전투를 시작하게 된다.

프랑스, 모로코, 알제리, 벨기에의 다국적 작품 〈영광의 날들〉은 약 2천만 달러 이상이 투자된, 실화를 바탕으로 만들어진 영화이다. 제작 과정에서부터 프랑

[그림 84] 영화 영광의 날들 한 장면

스 정부의 전폭적인 지원을 받았으며 논쟁의 불씨가 될 수 있었기에 지금까지 언급하기 꺼려했던 그 이야기를 스크린을 통해 풀어냈으며 제2차 세계대전을 배경으로 한 번도 본 적 없는 조국 프랑스를 독일 나치로부터 해방시키기 위해 참전한 토착민 병사들의 이야기이자 그들이 받는 인종 차별과 불평등을 역사 안에서 사실적으로 그려냈다. 격전지로 악명 높았던 노르망디와 얼어붙은 동부 전선 그리고 독일군 점령하에 있던 알자스 지방에 이르기까지 주인공 사이드와 그의 동료들은 그들 자신을 희생해가며 프랑스를 지켜내지만 결국 프랑스 국기를 꽂고 승리의 기념사진을 찍는 군인들은 모두 프랑스 출신 군인들이었다. 그 사진 속 작은 한 켠마저 밀려난 이들을 그린 〈영광의 날들〉은 이들을 위한 추모곡이자 변하지 않는 현실에 대해 힘있는 경고를 보내고 있다.

심화 탐구 주제

1. 전쟁을 주제로 한 영화를 통해서 인간의 공격적 본성을 이해하고, 그런 가운데서도 인간 상호간의 사랑과 인간미를 그려낸 구체적 사례를 제시해 보세요.

2. 전쟁에 동원되어 적과 싸우면서도 자신과 동료 간에 또는 조직 내의 구성원 사이에서 피어나는 우정이나 사랑의 마음을 보여주는 장면에 대해서 기억나는 대로 토의해 보세요.

3. 전쟁 중에도 평화스런 모습을 보여주는 장면은 어떤 것이 있는지 토의해 보세요.

있는 불순세력을 조종하여 사회·정치적 불안을 조성시키고, 한국군의 훈련과 전력증강을 방해하였다.

북한 전역은 1949년 초부터 전시체제에 들어가기 시작하였다. 북한은 병력보충을 위한 인적 자원을 확보하기 위해 각도에 민청훈련소를 설치하여 청장년을 훈련시키는 한편, 고급중학 이상의 모든 학교에 배속장교를 두어 학생들을 훈련시켰다. 한편, 북한 전역에 조국보위후원회를 조직하고, 17세부터 40세까지의 모든 남녀를 동원하여 강제로 군사훈련을 실시하였다. 북한군은 사단별 훈련을 완료한 다음, 1949년 2월 말에는 적진돌입 및 적 배후 침투를 위한 보전포합동훈련을 실시하였으며, 1950년에 접어들면서부터는 서울을 중심으로 하는 남한 전역의 지형을 연구, 이를 토대로 훈련을 계속하였다.

북한의 남침준비가 완료되자 소련 군사고문단은 1950년 6월 개전에 임박하여 북한에서 철수함으로써 남침기도를 은폐하였다. 결국 김일성의 무력통일 야욕은 다음과 같은 요인들에 의해 결행되었다고 할 수 있다. 즉 ① '조소군사비밀협정'(1949), ② 중공과의 상호방위조약 및 중국대륙의 공산화(1949), ③ 주한미군철수(1949), ④ 미국의 극동방어선에서 한국·타이완을 제외한다는 '애치슨' 성명(1950), ⑤ 무력침공에 대한 스탈린의 승인(1949) 등이 주요인이다.

북한군은 1950년 6월 25일 새벽 4시경 서해안의 옹진반도로부터 동해안에 이르는 38선 전역에 걸쳐 국군의 방어진지에 맹렬한 포화를 집중시키면서 기습공격을 개시하였다. 적의 YAK전투기는 서울 상공에 침입하여 김포비행장을 폭격하고, 시가에 기총소사를 하였다.

당시 국군은 노동절(5월 1일), 국회의원 선거(5월 30일), 북한의 평화공세 등 일련의 주요사태를 전후하여 오랫동안 비상근무를 계속하여 왔기 때문에 오히려 경계태세가 이완된 상태였다. 특히 북한의 평화공세에 대비하여 하달되었던 비상경계령이 6월 23일 24시를 기해 해제되어 병력의 1/3 이상이 외출 중인 상태에서 기습공격을 받았다.

북한군은 7개 보병사단, 1개 기갑사단, 수개의 특수 독립연대로 구성된 총병력 11만 1000명과 1,610문의 각종 포, 그리고 280여 대의 전차 및 자주포 등을 제일선에 동시에 투입하였다. 적 제1군단은 서울을 목표로 일제히 남진하였다. 북한군 제1군단 예하 제1·6사단은 제105전차여단의 제203전차연대와 제206기계화

연대의 지원하에 개성에서 서울로 공격하고, 주공부대인 북한군 제3·4사단과 제105전차여단은 각각 연천·철원 일대에서 의정부를 거쳐 서울로 공격해 왔다.

남한에 대한 북괴의 남침을 평화의 파괴·침략행위로 보고 미국 정부는 6월 25일 유엔 안전보장이사회의 즉시 소집을 요구하였다. 같은 날 오후 2시에 안전보장이사회는 미국이 제출한 결의안을 9:0, 기권 1(유고슬라비아), 결석 1(소련)로 채택하고, 평화의 파괴를 선언하고 적대행위의 중지와 북한군의 38선까지의 철수를 요구하였다. 동 결의안은 또한 모든 회원국이 동 결의안의 집행에 있어 유엔에 대하여 모든 원조를 제공하며, 북한집단에 원조를 하지 않도록 촉구하였다.

6월 27일의 안전보장이사회 회합에서 미국대표 W. R. 오스틴 대사는 6월 25일의 안전보장이사회 결의를 무시한 북한군의 계속적인 대한민국 침략은 '국제연합 자체에 대한 공격임'을 천명하고, 국제평화회복을 위하여 강력한 제재를 취하는 것이 안전보장이사회의 임무라고 선언, 안전보장이사회의 토의를 위하여 결의안을 제출하였다. 그는 같은 날 정오에 대통령 트루먼의 발표문을 낭독한 후 "결의안과 본인의 성명요지 및 대통령 트루먼이 취한 조치의 중점은 유엔의 목적과 원칙, 즉 평화를 지지하는 데 있다"고 밝혔다.

그 날 안전보장이사회는 찬성 7, 반대 1, 기권 2, 결석 1로 유엔 회원국들이 동 지역에서의 군사적 공격을 격퇴시키고 국제평화와 안전을 회복시키기 위하여 필요한 원조를 대한민국에 제공할 것을 권고하는 결의를 채택하였다. 6월 27일의 안전보장이사회 결의와 회원국이 제공하려는 원조형식에 관하여 보고해 줄 것을 요구한 6월 29일의 유엔 사무총장 서한에 대한 회원국들의 반응은 신속하였고, 압도적인 지지를 표시하였다. 각종 원조제공을 더욱 효과적으로 이용하며, 대한민국 방위작전을 통일화하기 위하여 안전보장이사회는 7월 7일에 7:0, 기권 3, 결석 1로써 군대와 기타 원조를 제공하는 국가들이 미국이 지휘하는 '통합사령부'에 집결할 것을 요구하는 결의를 채택하였다.

한편, 미국과 관계 회원국들은 즉각적으로 동 결의에 따랐으며, 맥아더 장군이 유엔군 총사령관으로 임명되었다. 미국을 비롯한 영국, 오스트레일리아, 뉴질랜드, 프랑스, 캐나다, 남아프리카공화국, 터키, 타이, 그리스, 네덜란드, 콜롬비아, 에티오피아, 필리핀, 벨기에, 룩셈부르크 등 16개국이 육·해·공군의 병력과 장비를 지원하였으며, 그 밖에 많은 나라들도 각종의 경제적·인도적 지원을 한국에 제공하였다.

그 후 같은 해 9월 15일의 인천상륙작전을 전환점으로 하여 전세를 반전시킨 유엔군은 패주하는 북한군을 추격, 10월에는 평양을 수복하고 압록강과 두만강까지 진격하였다. 그러나 중공군의 개입으로 12월에는 북한지역에서 철수하게 되었고, 38선이 돌파된 후인 1951년 1월 4일 대한민국 정부는 다시 서울을 철수하게 되어 전선은 현재의 휴전선 일대로 고착되었다.

1951년 2월 1일 유엔 총회는 중공을 침략자로 규탄하고 한반도에서의 중공군의 즉각적인 철수를 요구하는 결의를 채택하였다. 앞의 6월 25일의 결의와 6월 27일의 결의에 소련은 결석했으며, 공산측은 결석을 거부권의 행사라고 주장하여 앞의 결의는 무효라고 주장하였다. 그러나 유엔의 관행상 결석은 거부권행사로 볼 수 없기 때문에 그들의 주장은 받아들여지지 않았다.

한편 6 · 25전쟁 중 잊을 수 없는 부분이 인천상륙작전이다. 1950년 9월 15일 국제연합(UN)군이 맥아더의 지휘 아래 인천에 상륙하여 6 · 25전쟁의 전세를 뒤바꾼 군사작전이다. 6 · 25전쟁이 일어난 후 조선인민군은 남진을 계속하다 국제연합군의 참전으로 낙동강에서 교착상태를 맞게 되었다. 이에 국제연합군은 조선인민군의 허리를 절단하여 섬멸한다는 계획을 세워 첫 작전으로 인천상륙작전을 감행하게 되었다.

제1단계로 9월 15일 오전 6시 한 · 미 해병대는 월미도에 상륙하기 시작하여 작전개시 2시간 만에 점령을 끝냈다. 제2단계로 한국 해병 4개 대대, 미국 제7보병사단, 제1해병사단은 전격공격을 감행하여 인천을 점령하고 김포비행장과 수원을 확보함으로써 인천반도를 완전히 수중에 넣었다. 마지막 제3단계로 한국 해병 2개 대대, 미국 제1해병사단은 19일 한강을 건너 공격을 개시하고 20일 주력부대가 한강을 건너 26일 정오에는 중앙청에 한국 해병대가 태극기를 게양함으로써 작전을 끝냈다.

나. 영화 태극기 휘날리며

1950년, 두 형제 이야기 - "우린 반드시 살아서 돌아가야 해" 1950년... 전쟁조차 삼킬 수 없었던 두 형제 이야기이다. 1950년 6월.. 서울 종로거리에서 가족의 생계를 책임지기 위해 열심히 살아가는 '진태'(장동건)는 힘든 생활 속에도 약혼녀 '영신'(이은주)과의 결혼과, 세상에서 가장 소중하게 생각하는 동생 '진석'(원빈)의 대학진학을 위해 언제나 활기차고 밝은 생활을 해 나간다.

[그림 85] 영화 태극기 휘날리며

6월의 어느 날, 한반도에 전쟁이 일어났다는 호회가 배포되면서 평화롭기만 하던 서울은 순식간에 싸이렌 소리와 폭발음, 그리고 사람들의 비명 소리로 가득해진다. 이에, 남쪽으로 피난을 결정한 '진태'는 '영신'과 가족들을 데리고 수많은 피난행렬에 동참하지만, 피난 열차를 타기 위해 도착한 대구역사에서 거대한 운명의 소용돌이에 말려들고 만다. 만 18세로 징집 대상이었던 '진석'은 군인들에 의해 강제로 군용열차로 오르게 되고 '진석'을 되찾아오기 위해 열차에 뛰어오른 '진태' 또한 징집이 되어 군용열차에 몸을 싣게 된다.

평온한 일상에서 피 튀기는 전쟁터로 내 몰린 '진태'와 '진석'은 훈련받을 시간조차 없이 국군 최후의 보루인 낙동강 방어선으로 실전 투입이 되고 동생과 같은 소대에 배치된 '진태'는 동생의 징집해제를 위해 대대장을 만나게 된다. 대대장과의 면담을 통해 동생의 제대를 위해 자신이 해야 할 최선의 것이 무엇인지를 느끼게 된 '진태'는 그 무엇보다 동생의 생존을 위해 총을 들며 영웅이 되기를 자처하는데, '진태'의 혁혁한 전과로 낙동강 방어선을 지키는데 성공한 국군은 인천상륙작전이 성공했다는 소식을 듣고 드디어 북진을 시작한다.

애국 이념도 민주 사상도 없이 오직, 동생의 생존을 위한다는 이유 하나로 전쟁영웅이 되어가고 있는 '진태'와 전쟁을 통해 스스로 강해져야만 살아남을 수 있다는 것을 깨달은 '진석'은 수많은 전투에서 승리를 거두며 승승장구 평양으로 향하는데, 생각지도 못했던 운명의 덫이 그들 형제를 기다리고 있었다.

심화 탐구 주제

1. 전쟁을 주제로 한 영화를 통해서 인간의 공격적 본성을 이해하고, 그런 가운데서도 인간 상호간
   의 사랑과 인간미를 그려낸 구체적 사례를 제시해 보세요.

2. 전쟁에 동원되어 적과 싸우면서도 자신과 동료 간에 또는 조직 내의 구성원 사이에서 피어나는
   우정이나 사랑의 마음을 보여주는 장면에 대해서 기억나는 대로 토의해 보세요.

3. 전쟁 중에도 평화스런 모습을 보여주는 장면은 어떤 것이 있는지 토의해 보세요.

제9장 전쟁과 음악: 외국사례

1 머리말

19세기 초 나폴레옹 전쟁에서 전쟁기술과 음악은 함께 발달하였다. 이유는 군악대가 발전하였기 때문이다. 군악(Military Music)이라는 용어를 사용한 것은 16세기 프랑스에서부터 시작되었다. 이전의 군악은 선사시대부터 사냥터나 부족 간의 전투 시 주요한 사기진작의 수단이었으나 전쟁이 국가 간의 전투로 확대된 이후에는 웅장하고 화려한 의식에서 중요한 역할을 하였다. 16세기로 접어들면서 군악대로 인해 관악기의 대대적인 발전이 나타났으며 식전을 알리는 팡파르나 타악기의 연타 등의 연주법이 시도되고 사용되었다. 관악기의 독특한 음색과 큰 음향은 행진곡의 발전을 가져왔으며 행진곡은 군인의 훈련을 위해 체계적으로 사용될 수 있었다.

특히 진군을 묘사하기 위해 행진곡을 사용한 것이 큰 특징이며 이것이 오늘날 행진곡의 시초가 되었다. 행진곡은 단체나 집단의 행진을 돕기 위한 반주용 음악, 또는 그 전경을 묘사한 예술음악이다. 행진곡이 전쟁에 유용하게 적용된 이유는 음악은 조직성과 체계성을 가지고 있기 때문이다.

음악은 정서적인 행동을 반영하는 심미적인 예술형태이다. 노래가사와 멜로디가 결합되어진 음악은 문화적 가치와 개인적 가치를 함께 포함하는 정서적 의미를 담고 있다. '의미'를 전달하는 목적이 강한 음악은 감상자로 하여금 효율적인 방법으로 정서적 반응을 일으킬 수 있었기 때문에 전쟁에 있어 중요한 전략 소재로 사용될 수 있었다. 조직적이고 체계적인 움직임을 강조하는 전쟁에서 음악은 참여자인 군인과 시민에게 정신적 안정감을 주고 '전쟁참여' 라는 적극적인 행동 표출로 연결할 수 있는 전략적 도구가 된다.

세계 1·2차 대전에서 음악은 전쟁의 참가자와 피 참가자 모두에게 감정적 설득도구로 사용되어졌는데 애국적이고 사회적 사건의 노래들은 세계 1차 대전 이후 음악은 동유럽을 중심으로 하여 국민주의 형태의 음악으로 나타났다. 국민주의 음악에 대한 국민의 반응은 전쟁패배에 대하여 애국심을 고취시키고 국가에 대한 조국의 전통성을 고취시킬 수 있었다. 세계 1,2차 전쟁 중 애국심의 고양을 위해 작곡된 음악을 민족주의 음악이라고 한다. 민족주의 음악은 각 나라별로 다른 형태로 나타나지만 음악을 통해 추구하고자 하는 목적은 동일하였다.

이처럼 음악이 '전쟁참여'와 '전쟁승리'를 위해 발달될 수 있었던 이유는 과학적, 의도적, 합리적 도구로서 충분한 가치를 가지고 있기 때문이다.

전쟁의 원천적인 동기가 정치적 목적이라면 전쟁에서 음악은 정치적 목적인 승리를 가져다 줄 수 있는 중요한 수단이 되며 전쟁에 참여하는 대상자의 심리상태를 파악하고 관리할 수 있었다.

개인감정의 표출로서 발달되어진 음악이 전쟁과 관련된 음악으로 발달된 역사는 그렇게 길지가 않다. 음악사를 살펴보면 베에토벤의 전기, 후기 음악사를 중심으로 전쟁과 관련된 음악이 본격적으로 등장한다. 그 기준은 제1차 세계대전이다. 이 장은 동, 서 유럽과 한국의 전쟁과 음악을 중심으로 언급하고자 한다.

② 전쟁과 음악사회

전쟁을 소재로 하여 작곡된 음악은 순수음악이 아닌 기능음악으로 설명될 수 있다. 음악의 본질적인 아름다움을 표현하여 감동을 주는 순수음악의 형태로 설명되기보다, 음악을 통해 전쟁에서 강조하고자 하는 정신적, 사회적인 목적을 전달하는 기능으로 살펴볼 수 있다. 이것은 예술을 통해 사회적 결속과 합의, 집단의식을 강조하며, 사회적 성격을 지닌 정서를 생산하기 때문이다.[1]

'감정' 을 '행동'으로 전환시킬 수 있는 음악의 특징은 전쟁의 참여자인 군인과 국민에게 훌륭한 사회적, 심리적 환경을 제공하였는데 음악이 상황의 특수성과 개인의 개별성을 중시하며, 특히 비언어적으로 상황의 특수성을 개인의 감정에 직접적으로 관여할 수 있기 때문에 '민족성'과 '단결성'에 직접적으로 영향을 미친다. 이러한 현상을 구체적으로 설명하기 위해 프랑스 혁명 이후 나타난 나폴레옹의 군사적 낭만주의에 대해 살펴보고자 한다.

---

1) F. Graeme Chalmers, 양건열 편역, 『예술사회학의 이론과 전개』, 서울: 미진사, 1990, p. 30.

클라이제비츠는 자신의 저서 〈전쟁론〉을 통해 심리와 의지를 중요시 한 나폴레옹의 작전과 전술을 군사적 낭만주의로 설명하며 군사적 계몽주의가 보편성을 가정한 전쟁 방식을 논한 반면, 군사적 낭만주의는 시대의 특수성을 인정하고 '국민의 전쟁', 즉 민족주의를 특징으로 하는 시대가 왔음을 인식하는 계기가 된다고 설명한다.

이러한 군사적 낭만주의의 특징과 함께 낭만주의 음악은 민중들에 의해 널리 알려지게 되면서 이는 전쟁의 주요 참여자인 군인 및 지휘자들에게도 영향을 미치며, 전쟁과 관련한 표제음악은 전쟁의 참여자에게 민족심을 일깨우는 도구가 되었다.

나폴레옹 전시이후 19세기 발발한 제1차 세계대전은 세계를 큰 혼란의 세계로 접어들게 하였고 강대국과 약소국의 마찰은 상반된 음악양식을 나타낸다. 특히 아시아, 아프리카 대륙, 발칸 등의 약소국들은 낭만적인 국민음악이 민족투쟁의 민족음악으로 바뀌어 가며, 어려운 피지배국들에서 나타난 음악은 각국의 정서를 담은 음악으로 바뀌어 간다.

19 세기 말에 나타난 국민악파 음악은 각 나라나 민속 음악적 특징들이 음악의 표현에 나타나는 것이 특징이며 민속음악 중에서도 가장 핵심적인 것은 민요선율을 사용하는 것이다. 민요란 민중 속에 널리 불리어진 가요로서 민중의 생활감정을 소박하게 반영하고 국민성과 민족성을 표현하는 특징을 가지고 있다. 또한 민속 악기를 사용함으로써 음색을 통해 조국 음악의 전형적인 특징을 표현 하였다. 이러한 음악적 특징을 가지고 있는 국민악파는 19세기 말 전쟁 중에 크게 발달하였으며 독일이 주도하는 전통적인 음악 양식과는 다른 조국에 대한 강한 감정을 표현하는 음악 양식을 만들어 나갔는데, 이러한 민족주의 작곡가들을 국민 악파라 부른다. 그들은 자기 나라의 민족 선율이나 민속적인 춤의 리듬을 사용하여 자기 나라의 자연, 역사 또는 전설을 소재로 오페라나 교향시를 작곡했다. 국민악파의 대표적인 작곡가로는 보헤미아의 드 보르작과 스메타나, 러시아 5인조 발라키레프, 보로딘, 큐이, 무소르그스키와 림스키-코르사코프, 핀란드의 시벨리우스, 노르웨이의 그리그 등이 있다. 국민악파는 조국애를 중시하고, 국민의 애국심을 느끼게 한 음악은 전쟁에서 중요한 정신적 도구가 된다는 점을 나타낸다. 국민악파에 작곡되어진 음악들은 전쟁의 약소국인 동유럽 국가에게 독립에 대한 강한 의지를 심어주는 계기가 된다.

한편 20세기 현대 음악사에 있어서 사회주의 혁명을 완성시킨 러시아는 자본주의와 공산주의, 민주주의와 사회주의의 대립이 예술적 가치에서도 상반되게 나타난다. 순수한 음악형식을 추구함이 사회주의 이념을 통해 새로운 세계를 실현해보고자 했던 국가들에게는 인민의 현실과 삶의 국면들을 긍정적이고 사실적인 언어로 그리고자 했던 것이다.

이러한 사회주의 리얼리즘은 철학적으로는 마르크스의 유물론을 전제로하고, 정치적으로는 사회주의 볼세비키 혁명을 기반으로, 그리고 경제적으로는 공산주의의 경제 이념을 바탕으로 전개되었기 때문이다.[2]

전쟁에서 필요로 하는 여러 전략적 요소에서 군인과 시민의 정신력은 전투력 전체를 움직이고 지도하는 의지와 밀접하게 연결된다. 음악은 사람들에게 가장 가까이 있는 문화수단이며 사람들은 의식적이든 무의식적이든 음악 속에서 살고 있다. 시대를 찬양하고 시대의 가치를 칭송하기 위해 오페라가 만들어지고 오페라 공연이 만들어졌다. 전시에서 음악은 전쟁을 합리화하고 승리를 칭송하며 참전을 미화하는 등 영웅심을 부추겼으며 이러한 목적 하에 다양한 음악이 작곡되었지만 전쟁을 미화되는 결과를 가져오기도 했다.

3 전쟁을 표현한 음악작품

전쟁과 관련한 음악에서 민족주의 음악은 핵심적인 요소를 포함하고 있다. 민족적인 정신, 저항, 이데올로기, 민속성, 토속성을 모두 포함하고 있기 때문이다. 민족주의 음악이 본격적으로 등장한 시기는 제1차 세계대전 이후이다.

1차 대전 기간 동안 피압박 민족에서 특히 아시아와 아프리카 대륙, 그리고 발칸 등의 종속국들은 격렬한 저항을 하며 갈등을 겪으며 낭만주의 음악에서 민족음악으로의 변화를 겪는다.

전쟁과 관련한 민족주의 음악은 각 나라별 작곡가들에 의해 음악이 만들어 지며 국민에게 직접적인 영향력을 주었던 시기는 프랑스 혁명 후 나폴레옹 전쟁을 통해 본격적으로 등장하게 된다. 나폴레옹의 출현으로 성립된 유럽 모든 민족의

---

2) 김춘미, 『서양음악문화사 강의』, 서울: 도서출판 예종, 2005, pp. 286-287.

해방과 구 체계에 대한 반격이라 할 수 있는 빈 체제 하에서의 독립운동은 민족 스스로 자신들이 이러한 일들에 필요한 공통 기반이라는 사실을 자각시켰고, 민족의식을 창출해 낸 계기가 되었다.

국민주의는 피압박 민족으로서 겪어야 했던 고난의 발자취, 저항의 역사, 근대화의 속도, 문화의 축적 등을 지켜보았던 중앙 유럽의 영향을 받았다. 국민주의 음악의 본격적인 토대를 마련한 러시아의 19세기 국민주의 음악이 구체적으로 방향을 찾게 된 계기 역시 1812년 나폴레옹군의 모스크바 원정이었다.

전쟁을 소재로 한 음악들은 베에토벤을 중심으로 한 고전주의(1750-1820)와 쇼팽을 중심으로 한 낭만주의(1820-1900)에 많이 작곡 되었고 특히, 19세이 후반 러시아와 동유럽을 중심으로 활발하게 전개된 국민주의 음악은 민족개념을 기본 토대로 삼고 있으며 각 국의 민요 등을 활발하게 연구하는 계기가 마련되었으며 2차 세계 전쟁은 형식을 뛰어넘은 무조주의, 음열주의라는 새로운 음악양식을 등장시키는 계기가 되기도 했다.

전쟁을 소재로 한 오페라로서는 바로크음악의 대가 헨델의 〈울리어스 시저〉, 무소르그스키의 〈이고르 공〉 베르디의 〈오텔로〉와 〈아이다〉 생상스의 〈삼손과 델리라〉 등이 있으며 기악곡으로는 프로코피에프의 피아노 곡인 〈전쟁 소나타〉 3곡을 비롯하여 1941년 포로수용소에서 살게 되는 메시앙의 〈세상의 종말을 위한 4중주곡〉등이 있다. 제1차 세계대전 무렵엔 미래파시인 마리넷티와 음악가 롯소로가 소음음악으로서 꾸민 〈오아시스의 작은 전투〉를 발표하여 연주회장이 아수라장으로 바뀐 일이 있는데 이것은 총소리가 시끄럽게 들릴 뿐 아름다운 소리로 들리지 않았기 때문이다. 현대는 총소리를 음악으로 표현한 것은 매우 독창적인 창작으로 설명될 수 있었으나 제1차 세계대전 당시는 매우 혼란스러운 것으로 받아들여졌다.

작곡가 별로 전쟁과 관련된 음악과 곡의 특징을 분석해 보면 다음과 같다.

가. 하이든

1) 인물사

[그림 86] 하이든

하이든(Franz Joseph Haydn, 1732-1809)은 18세기 후반 비엔나 고전파를 대표하는 오스트리아의 작곡가이다. 그는 '교향곡의 아버지'로 불리며 100곡 이상의 교향곡, 70곡에 가까운 현악 4중주 등으로 고전파 기악곡의 형식을 만들었다. 특히 제1악장에서 소나타 형식을 완성한 사람으로도 유명하며 만년에는 미사곡과 〈천지창조〉(1798), 〈사계〉(1801)

등 오라토리오 풍의 교회음악의 명작을 남겼다.

2) 전쟁관련 악곡

① 전쟁미사

전쟁미사가 쓰여 질 무렵 오스트리아는 나폴레옹과의 전쟁 중 이었고 니콜라우스 에스테르하지 2세의 요청으로 작곡된 곡이다.

[그림 87] 전쟁미사 악보

〈전쟁미사〉가 작곡된 1796년에는, 당시 오스트리아 령(領)이었던 북이탈리아 각지에 대한 나폴레옹군의 격렬한 침략이 전개되고 있었으며 오스트리아 작곡가 하이든이 프랑스의 위협에 대한 분노의 표현이라고 볼 수 있다.

특히, 〈아뉴스 데이〉의 부분에서 독주 팀파니가 쓰여지고, 전쟁의 공포와 평화에의 강한 가사로 표현하고 있다.

[그림 88] 아뉴스데이 악보

② 넬슨미사

1798년 8월 1일, 나일강 어귀의 아브킬 만에서는 영국 해군의 넬슨 제독이 자국의 함대를 지휘하여 나폴레옹의 프랑스 함대를 괴멸시키고 있었던 시기에 작곡되었다.

[그림 89] 넬슨 미사 악보

나. 베에토벤

1) 인물사

[그림 90] 베토벤

베에토벤(Ludwig van Beethoven, 1770~1827)은 독일의 본에서 태어났으며, 할아버지 루트비히와 아버지 요한도 음악가이다. 베에토벤의 음악이 동 시대 음악가보다 더 특별히 평가받는 이유는 그의 작품에는 그 이전 음악에 대한 평가와 실험과 진화가 뚜렷이 나타나기 때문이다. 또한 음악의 청중이 귀속이 아닌 혁명을 통해 사회의 중심세력이 된 시민들을 위해 더 큰 규모로 연주하며 악단의 규모가 더 크고 웅장해졌다.

형식미를 강조하는 고전주의 음악에서 베에토벤은 '주관적' 특징을 강조함으로써 낭만주의로 가는 음악세계를 열어주었다는 점도 훌륭히 평가받고 있다.

2) 전쟁관련 악곡

① 교향곡 제 3번 〈영웅〉

프랑스 혁명의 혼란으로부터 프랑스를 일으켜 세운 나폴레옹의 공화적이고 민주적인 정신에 강하게 이끌려 작곡하게 된 교향곡이다.

[그림 91] 영웅 악보

② 웰링턴의 승리〈전쟁교향곡〉 –전사참고

1813년 12월 8일, 빈 대학 강당에서 전쟁 때문에 부상당한 병사들을 위한 자선 연주회로 만들어진 곡이다.

[그림 92] 전쟁교향곡 악보

중단되지 않고 계속 연주되는 이 작품은 타악기와 관악기에 의해 곡이 진행될 만큼 악기의 독특한 음색에 의해 전쟁의 분위기를 묘사하고 있다.

③ 피아노 협주곡 〈황제〉

1809년 오스트리아 외상 슈타디온의 주장에 의해 국민군이 결성되고 나폴레옹 군대와 대결하게 되는데, 전쟁 중이었던 상황에 맞추어 군대행진곡과 같은 특징을 나타내고 있으며 장중함과 위풍스러움이 강조되고 있다.

[그림 93] 피아노 협주곡 황제 악보

다. 쇼팽

1) 인물사

[그림 94] 쇼팽

쇼팽(Fryderyk Chopin, 1810-1849)은 폴란드 바르샤바에서 태어났다. 그의 아버지는 바르샤바 육군학교에서 프랑스어를 가르치던 프랑스인 니콜라스 쇼팽이고, 어머니는 폴란드의 명문귀족 출신인 유스티나 크지노프스카로서, 다문화적인 영향을 받은 쇼팽은 그의 음악세계에도 많은 영향을 주었다. 대표적인 사건으로 1830년 11월 쇼팽은 프랑스와 이탈리아를 여행 중이었는데, 이 때 그의 조국인 폴란드가 러시아에게 혁명이 진압되었다는 소식을 듣고 작곡한 곡이 〈혁명 에튀드(작품 10의 12)〉로 불리는 작품이다.

2) 전쟁관련 악곡

① 연습곡 제12번 〈혁명〉

쇼팽이 1831년 고국인 폴란드를 떠나 파리로 향하던 도중, 슈투트가르트에서 러시아군이 바르샤바에 침입했다는 소식을 듣고 슬퍼하며 분개한 나머지 작곡한 곡이라고 전해지고 있다.

[그림 95] 연습곡 제12번 혁명 악보

② 폴로네즈 제 3번 〈군대〉

전쟁 중 약소국인 자신의 조국인 폴란드의 위대함을 표현한 곡으로 알려져 있다. 전쟁에 참여하는 군인과 지휘관에게 쇼팽의 〈군대행진곡〉은 전쟁에 참여하는 군인과 지휘관에게 자신감과 승리의 확신을 부여할 수 있었을 것이다.

[그림 96] 폴로네즈 군대 악보

주제가 아주 호탕하고 용맹스러운 군대적 성격을 드러내며, 그 리듬형이 거의 일관되게 등장하기 때문에 〈군대〉라는 제목이 붙었다.

곡의 성격 때문에 전체적으로 엄격한 템포로 연주되며 쇼팽이 쓴 가장 화려하고 빛나는 폴로네즈 이다.

③ 폴로네즈 제 6번 〈영웅〉

쇼팽의 폴로네즈는 두 가지로 나누어 설명하고 있는데 하나는 강하고 남성다운 리듬을 지닌 것, 다른 하나는 러시아 제국의 지배에 있던 폴란드를 그린, 우울에 가득 찬 것으로 나누어지는데 〈영웅〉은 전자를 대표하는 특징을 나타내고 있다.

[그림 97] 폴로네즈 영웅 악보

라. 프로코피에프

1) 인물사

소련의 작곡가. 러시아혁명을 계기로 1918년 미국에 망명, 오페라 《3개의 오렌지에의 사랑》 등을 발표한 후 유럽으로 건너가 《피아노협주곡 제3번》 등 많은 곡을 작곡하였다. 소련의 여러 차례에 걸친 귀국 종용으로 조국으로 돌아가 발레 《로미오와 줄리엣》, 《알렉산드르 넵스키》, 《교향곡 제5번》 등을 완성하였다.

[그림 98] 프로코피에프

2) 전쟁관련 악곡

① 전쟁과 평화

전쟁과 역사의 장대한 파노라마를 배경으로 역사에서의 러시아민족의 위대함을 강조하고 있다.

[그림 99] 전쟁과 평화 악보

② 오리토리오 〈평화의 수호〉

곡의 중심 사상은 '평화를 위한 투쟁'으로, 소년들의 생활과 평화의 비둘기 형상이 결합되어, 핵무기 금지에 관해 전 세계에 호소한 1950년 '스톡홀름 어필' 정신의 예술적 승화라고 할 수 있다.

[그림 100] 평화의 수호 악보

마. 쇤베르크

1) 인물사

[그림 101] 쇤베르크

쇤베르크는 1874년 빈에서 태어났으며, 그의 부모는 현재 체코슬로바키아의 영토로 되어있는 브라티슬라바에서 오스트리아 제국의 수도로 옮겨온 유대인이다. 12음 기법의 창안으로 20세기 음악에 가장 큰 영향을 끼쳤다 또한 베르크, 베베른 등 많은 뛰어난 제자를 육성, 그들과 더불어 제2차 빈악파로 불리기도 한다.

그가 만든 12음 기법은 조성조직(調性組織)을 대신하는 이론으로서 《피아노를 위한 모음곡》(작품 25, 21)등에서 이룩되었다. 비난의 대상이었던 그는 점차 인정받게 되어 25년에는 베를린의 예술아카데미의 교수로 초청되어 이듬해 베를린으로 이사하였다.

그러나 나치스의 대두와 더불어 유대인이었던 그는 33년 미국으로 망명하였고, 그 후로는 미국에 영주하였다. 그는 만년에도 많은 작품을 남겼으며, 히틀러에 대한 분노를 곁들인 《나폴레옹에로의 오드》(작품 41, 42)와 유대인 대량학살을 소재로 한 《바르샤바의 생존자》(작품 46, 47) 등은 특히 유명하다.

2) 전쟁관련 악곡

① 바르샤바 싸움의 생존자

이 곡은 독일 나치즘의 군대가 기승을 부리던 제2차 세계대전 때 폴란드 바르샤바의 유태인 수용소에서 나치군이 이들을 모두 학살한 사건을 다루고 있으며 구사일생으로 살아남은 한사람의 증언에 의해 작곡이 이루어 졌으며, 쉰베르크[3]가 직접 가사를 작곡하여 〈바르샤바 생존자〉란 표제를 붙여 작곡했다.

[그림 102] 바르샤바 싸움의 생존자 악보

바르샤바의 하수도로 도망쳐 살아남은 한 사람의 회상풍으로 이야기는 시작된다. 유대인들은 독일군 상사의 명령으로 정렬한다. 아무 것도 모르고 모인 그들은 독일 병사에게 맞아 쓰러진다. 이렇게 해서도 살아남은 유대인은 가스실로 보내지는데, 그 행진 도중에 모든 사람이 이구동성으로 성가〈이스라엘이여 들으라〉를 노래하기 시작하는 것이다.

② 무반주 혼성합창을 위한 〈지상의 평화〉

영원한 신앙과 함께 평화로운 나라를 세운다는 가사를 중심으로 한다.

[그림 103] 지상의 평화 악보

전체적으로 대위법을 사용하며 처음부터 조용히 노래되는 동기가 전체의 중심이 된다. 음형은 리듬을 바꾸지 않고 여러 가지로 변형되면서 곡이 진행된다. 신앙의 힘을 노래하는 희망에 찬 노래를 시작으로 새로운 동기가 중심이 되는데 평화로운 나라의 건설을 노래하며 끝난다.

---

3) 쉔베르크(Arnold Schoenberg: 1874-1951): 오스트리아 빈의 유태인 가문에서 태어났다. 서양전통의 조성을 탈피한 음악을 개척하여(1910년대의 무조음악, 1920년대 이후 12음 기법) 20세기 음악의 발달에 결정적 기여를 하였다. 1933년 나치의 유태인 핍박을 피해 파리를 거쳐 미국으로 망명하였다. 그는 음악에서 개성의 강한 표현을 통해 인간성을 드러내려 하였고, 기존의 협화음의 경계를 넘으려고 했으나(불협화음의 해방), 주제 사용이나 형식 구성에서는 여전히 전통적인 요소를 추구하였다.

바. 차이코프스키

1) 인물사

〈1812년 서곡〉은 러시아와 나폴레옹의 시절 프랑스 군대와의 전쟁을 그린 곡으로 1812년에 그 사건이 일어났다 해서 붙인 곡이다.

[그림 104] 차이코프스키

〈1812년 서곡〉(원래 표제는 〈축제 서곡 1812년〉 내림 마 장조, Op. 49; 러시아 원어로는 축제서곡 : y в е р т ю р а 1812 г о д а)은 표트르 일리치 차이코프스키가 작곡한 관현악 서곡이다. 그는 이 곡을 나폴레옹의 러시아 공략 실패와 퇴각 및 나폴레옹 군대의 궤멸 (이 일은 1812년 일어난 사건으로서 나폴레옹 전쟁의 중요한 전환점이 되었다.)을 기념하여 작곡하였다. 작품 내 일련의 대포 발사 시퀀스가 유명한데, 야외에서나 혹은 야외 축제에서 공연할 때는, 진짜 대포를 발사하기도 한다. 실내에서 이 작품이 연주될 때는, 때때로 컴퓨터가 생성한 대포 소리를 사용하기도 하며 큰 배럴 드럼을 사용하기도 한다. 이 작품은 악보 상에서 총기 혹은 대포를 사용한 열 개 남짓한 작품들 중의 하나이며, 카리용을 요하는 몇 안 되는 작품들 중 하나이기도 하다.

2) 전쟁관련 악곡

[그림 105] 1812 서곡 악보

사. 스메타나

1) 인물사

체코의 국민오페라는 체코의 민요를 바탕으로 작곡해야 한다는 기존의 틀로부터 벗어나 직접 민요를 사용하지 않고도 민족적 색채를 내는 데 성공했으며 교향시[4] 〈나의 조국〉에서는 체코의 전통적인 음악성을 기조로 하는 독자적 어법을 확립하였으며, 1866년 오페라 〈팔려간 신부〉에서 전쟁 중의 보헤미아 농촌의 힘겨운 삶을 표현하여 체코국민의 민족심을 일깨웠다.

스메타나는 체코의 국민음악의 시조로서 국가음악발전에 지대한 공헌을 하였다.

[그림 106] 스메타나

2) 전쟁관련 악곡

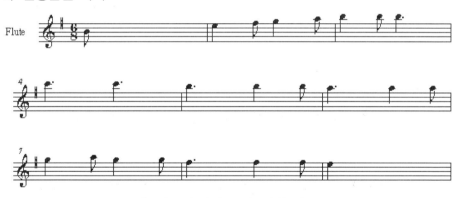

[그림 107] 나의조국 〈몰다우〉 악보

---

4) 이 작품은 전형적인 표제음악이기 때문에 작곡자가 표현하고자 했던 내용과 관련지어 감상해야 한다. 몰다우는 체코의 남쪽 고원에서 북쪽으로 흐르는 강으로 프라하를 지나 엘베 강과 합쳐져 독일로 흘러 간다. 이 가락은 체코의 민요를 주제로 한 것이다. 이 강의 발원지로부터 성 요한의 오르막과 보헤미아의 옛 궁성을 거쳐 시인의 시야를 벗어나기까지 강을 따라 내려가면서 몰다우 강의 흐름을 섬세하고 아름답게 묘사하고 있다.

아. 시벨리우스

1) 인물사

[그림 108] 시벨리우스

19세기 말과 20세기 초에 걸친 핀란드의 대표적인 작곡가로서 핀란드가 러시아 제국의 지배하에 있던 1899년 핀란드 인들은 출판의 자유가 위기에 놓여 있다고 생각하여 자유를 보장하라는 거국적인 행사의 음악을 맡았는데 이 음악이 〈핀란디아〉이며, 핀란디아의 주제선율은 핀란드 국민의 정서를 대변하는 애국적인 선율로서 알려져 있다.

시벨리우스가 조국의 혼을 담아 낸 조국찬가이다. 1984년 당시 핀란디아는 러시아의 속국이었다. 시벨리우스는 러시아의 압박 속에서 오래 참고 견디어 온 국민들에게 핀란드 민족의 멜로디와 리듬을 사용하여 나라를 사랑하는 애국심을 고취시켰다. 민요를 사용하지는 않았지만 핀란드의 특색을 강하게 나타낸 작품이다.

2) 전쟁관련 악곡

[그림 109] 핀란디아 악보

자. 야나체크(Leos Janacek, 1854. 7. 3 ~ 1928. 8. 12)

1) 인물사

체코스로바키아의 체히와 슬로벤스크 사이의 모라비아지방에서 태어난 체코의 대표적인 작곡가로서 동양풍의 민족음악을 소재로 한 독특한 음악을 작곡하였으며, 독특한 선율법과 5음계가 강한 경향을 발견할 수 있다.

[그림 110] 야나체크

2) 전쟁관련 음악

〈죽은 자의 집으로부터〉는 시베리아 수용소 장면을 나열하면서 다큐멘터리 방식으로 진행된다.

차. 치머만(Bernd-Alois Zimmermann, 1918.3.20~1970.8.10)

1) 인물사

독일 쾰른 근교 브리스하임 출생으로 독일 현대음악의 발전에 많은 공헌을 하였다. 1939년부터 쾰른 고등음악학교에서 야르나하에게 작곡을 배우고 다시 다름슈타트에서 W.프르트너와 레보비츠에게 작곡과 음악이론을 사사하였다. 그 뒤 쾰른대학 음악학연구소의 강사로 있으면서 작곡에 전념, 52년 잘츠부르크에서 개최된 국제현대음악협회 주최의 음악제에서 초기의 작품 바이올린협주곡이 연주되어 갈채를 받고, 같은 해에 개최된 도나우에싱겐 현대음악제에서도 오보에협주곡이 연주되어 이름을 알렸다.

[그림 111] 치머만

주요작품에는 4곡의 교향곡을 비롯하여 합창과 관현악을 위한 작품 《우행(愚行)의 칭찬》, 피아노를 위한 《콘피그라터온》, 2대의 피아노와 관현악을 위한

《디알로그》 외에 현악4중주곡 · 바이올린소나타 · 첼로협주곡 등이 있다. 특히 오페라 〈군인들〉을 통해 인간에 대한 물리적 · 정신적 · 심리적 폭력을 적나라하게 고발하는 통체극을 탄생시켰다. 〈군인들〉은 4막으로 구성된 오페라로서 20세기의 '고전적' 양식을 따르고 있으며, 12음 기법에 기초하여 구성되고 있다. 12음 기법은 계급 · 상황 · 인물들이 결합되어 만들어내는 구성형태는 사건의 진행 속으로 강하게 집중하도록 한다.

2) 전쟁관련 악곡

[그림 112] 군인들 악보

카. 현대대중음악

Imagine there's no heaven, It's easy if you try.
No hell below us, Above us only sky.
Imagine all the people living for today...
Imagine there's no countries, It isn't hard to do.
Nothing to kill or die for, no religion too.

Imagine all the people living life in peace...
Imagine no possesions, I wonder if you can.
No need for greed or hunger. A brotherhood of man.
imagine all the people sharing all the world...
You may say I'm a dreamer, but I'm not the only one.
I hope some day you'll join us, and the world will live as one.

천국이 없다고 상상해보세요. 당신이 마음만 먹으면 쉬운 일이예요.
지하에 지옥이 있지도 않고 하늘은 오직 하늘일 뿐이라고
모든 사람이 현재를 위해 산다고 상상해 보세요.....
나라가 없다고 상상해 보세요. 그리 어려운 일은 아니예요.
누구도 죽일 필요가 없고 조국을 위해 죽을 필요도 없고
종교도 없다고 말이죠.
모든 사람이 평화롭게 살수 있다고 상상해보세요.
소유 재산이 없다고 상상해 보세요. 당신이 그럴 수 있을까 모르겠네요.
욕심을 내거나 굶주릴 필요가 없죠. 형제애만 있을 뿐이죠.
모든 사람이 함께 세상을 산다고 상상해보세요.
당신은 내가 몽상가라고 말할 지 몰라요.
하지만 나 혼자 그런 생각을 하는 게 아닌걸요.
언젠가 당신이 우리 생각에 동참하길 바래요.
그리고 세상은 하나가 되는 거예요.

― 비틀즈 'Imagine' 가사

이 노래는 비틀즈의 대표적인 팝송으로 평화를 노래하고 있다. 전쟁을 소재로 한 음악은 클래식 음악뿐만 아니라 20세기 대중음악에도 영향을 끼쳤고 국민들에게 많은 정서적 감회를 가져오게 한다.

영국의 대중음악의 대표적인 비틀즈의 멤버 중 폴 메카트니는 1971년〈아일랜드 인에게 아일랜드를 돌려 주라(Give Ireland Back to the Irish)〉를 발표했으나 BBC 방송국에서 방송을 금지되었다. 그 이유는 직접적인 가사는 1972년 영국 정부군이 민간인을 상대로 발포한 사건을 배경으로 창작된 곡이었기 때문이다.

클래식 음악과 달리 대중음악은 가사중심의 음악이다. 클래식음악은 감정에 대해 모호성을 띄고 있는 음악이라면, 대중음악은 직접적인 제시를 한다.

20세기의 대중음악의 특징은 한국의 음악사에도 두드러지게 반영된다. 한국의 1950년은 한국전쟁이 발발한 시기로서, 한국대중음악에 전쟁테마를 수용하게 한다.[5] 특히 한국대중음악의 대표적 장르인 트로트는 전쟁의 고통을 표현하는 양식을 창조한다.

④ 전쟁과 악기

전쟁음악의 분위기를 가장 많이 접할 수 있는 행진곡(marching band)의 특징을 살펴보면 군악대는 관악기와 타악기를 중심으로 구성된다.

행진곡의 명칭이 처음 도입된 것은 20세기 이후의 일이지만, 그 기원은 그리스, 로마시대는 물론 고대국가에서도 행진곡을 특징을 포함한 음악이 나타났다. 10세기부터 13세기에 이르기까지 행진음악은 독일과 이태리를 중심으로 발전하였는데, 영국에서는 14세기에 행진음악이 발전하였고, 15세기에는 트럼펫을 추가시키고, 큰북이나 백파이프 같은 독특한 민족 악기도 채택되었다. 전쟁의 분위기와 엄숙함을 사실적으로 표현할 수 있는 악기가 금관악기와 타악기는 클래식, 제사음악(종교의식)에도 필수적으로 구성된다.

---

5) 이동순, "1950년대 한국대중음악사의 형성과 전쟁 테마의 수용: 대구 오리엔트레코드사 제작 음악반을 중심으로", 『민족문화논총』, 2007.

1) 금관악기

　금관악기는 놋쇠(brass)나 다른 금속으로 만들며, 대표적인 금관악기인 trumpet, Horn은 고대부터 사용되어졌다. 음향이 다른 악기에 비해 크며, 웅장한 음색이 특징인 이 악기들은 신호, 종교의식, 군대 행사 등에 필수적으로 연주되었다. 금관악기는 오케스트라에서 타악기를 제외하고는 가장 큰 dynamic range를 갖고 있으며 organ의 pp(매우 여리게)에서부터 파괴적인 ff(매우 세게)까지 다양한 음의 강세를 가지고 있다.

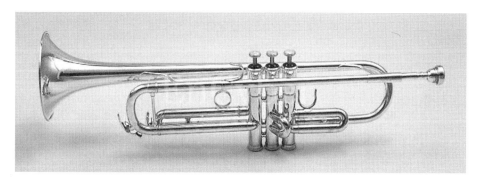

[그림 113] 트럼펫

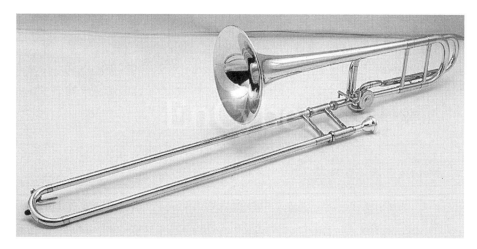

[그림 114] 트럼본

2) 타악기

행진곡의 분위기를 이끌며 빠져서는 안 되는 필수적인 악기가 타악기이다. Marching Band에서는 전통적으로 강박에 타악기를 연주하며, 특별한 구절에서의 리듬 동기는 가장 중요한 성격을 나타낸다.

타악기 사용의 전형적인 방법들을 살펴보면 다음과 같다.

① 불확정적 음정으로 지속적인 리듬을 유지·확립시킨다.
② 선율적 아이디어와 음형의 윤곽을 표현한다.
③ 다른 section과 분리 또는 결합하여 혼합된 음색을 만들며, 리듬의 활력을 증가시킨다.
④ 색채적 리듬의 효과로 주체선율의 아이디어에 지속성과 흥미를 더한다.
⑤ 독립적인 리듬의 section으로 연주된다.
⑥ 순간적으로 짧은 부분에 색채를 더한다.
⑦ 클라이막스의 정점을 형성한다.
⑧ 짧은 순간에 많은 소리를 연주한다.

5 맺음말

19세기에 나타난 국민주의 음악은 세계시민을 위한 음악이라고 풀이 될 수 있으며 19세기에 나타난 국민악파는 서 유럽 중심의 음악세계가 아닌 세계 여러 민족음악이 나타날 수 있는 배경을 마련하였다.

혼란스러운 전쟁에서 음악이 더욱 발전하며 사람들이 음악을 더욱 선호하는 이유를 살펴보면 다음과 같다.

19세기에 나타난 세계대전에서 국민악파의 음악은 '애국심'과 '조국애'라는 정치적 목적을 달성하게 해 주었으며 이는 전쟁에서 중요한 사회적 심리적 도구가 된다.

음악이 전쟁과 밀접한 연관성을 나타내는 이유는 음악은 사회구성원을 결속시키며 영속시켜주는 필수적인 문화의 요소로서 문화적 가치와 기질을 반영하기 때문이다. 문화는 음악적 행동에 영향을 미치며 이는 인간행동을 반영하기 때문이다. 이는 국민악파 음악이 민속음악을 소재로 하여 전쟁 중에 꽃을 피울 수 있었던 이유가 된다. 불안을 가져오며 생명을 위협하는 전쟁에서 시민의 생각을 통일시키고, 비언어적이지만 민족적 감정을 직접적이고 우회적으로 표현할 수 있는 가장 적절한 도구가 음악이기 때문이다.

[그림 115] 타악기 – 드럼류

전쟁 자체는 가혹하고 비극적인 현실을 표현하고 있지만 음악은 이러한 소재를 아름다운 예술로 승화시키고 있다. 비극적인 사실을 아름답게 표현하는 점을 우려하는 목소리도 있지만 전쟁의 참혹함을 직접적이고 간접적으로 표현함으로써 듣는 이로 하여금 인류애를 표현하려는 하나의 예술적인 시도로 생각된다.

전쟁에 참여하는 구성원에게 음악이란 집단의 유대관계를 고양하고 강화하기 위해 동작을 일치시키는 일종의 신호로써 음악의 리듬을 이용하고 있다. 또한 음악의 멜로디와 선율은 비언어적인 의사소통체계를 구성한다. 비언어적 의사소통체계는 의식적으로 조작이 가능한 표면적인 형태의 의사소통체계와는 달리 인격 및 사회 그 자체와 연결되어 있으며, 비언어적 체계는 민족성과 밀접하게 결부되어 있다.

전쟁에 관여하는 모든 구성원들에게 음악은 사회현상을 표현하고, 다른 사람들과 커뮤니케이션으로서의 중요한 도구가 된다.

심화 탐구 주제

1. 서양음악사에서 19세기 후반에 나타난 국민음악은 특별한 의미를 가지고 있다. 18세기의 고전 음악과 19세기 국민음악을 비교해보자

2. 군악대에는 현악기와 건반악기보다 타악기와 관악기 중심으로 편성된다. 그 이유를 악기의 특성을 통해 생각해보자.

3. 19세기 독일의 유태인 작곡가 쉔베르크는 독특한 음악의 특징을 가지고 있다. 쉰 베르크의 음악적 특징과 그의 작품을 5가지 이상 열거해 보자.

더 읽을 만한 자료

김문자 지음, 『(들으며 배우는) 서양음악사』, 심설당, 1994.
김춘미 지음, 『서양음악문화사 강의』, 예종, 2005.
김혜정 지음, 『서양음악개요』, 도솔, 1997.
조선우, 김은영, 『내가 사랑한 음악이야기』, 민속원, 2006.
차문호 지음, 『간추린 서양 음악사』, 경남대학교 출판부, 2005.

제10장 전쟁과 한국의 음악

조선 말, 민영환은 1896년 4월 러시아 리콜라이II세의 대관식에 특명 전권공사로 참석하였다. 그해 10월 조선에 돌아온 민영환은 서양식 군악대 설치의 필요성을 역설하였고, 1900년 12월에 서양식 군악대가 최초로 창설 되었다. 처음 도입된 서양식 군악대는 독일인 엑케르트(Eckert)의 지도로 발전되었으나 1915년 12월12일에 일본의 방해로 해산되었다. 일본이 군악대의 창설에 민감했던 이유는 군악대의 발전은 국력의 발전을 의미하기 때문이다. 또한 군악대는 군대를 강화할 수 있는 수단이 되고, 군대의 강화는 국력을 강화 하는 필수 조건이다. 전쟁에 가장 중요한 부분을 차지하는 군대의 강화는 조선을 피지배국으로 만들고자 했던 일본의 계획에 큰 방해물이었기 때문이다.

1 전쟁과 음악의 변화

전쟁을 소재로 하는 음악은 전쟁의 승리를 기원하기 위해 만들어 진다. 이를 위해 전쟁에 가담한 군인들을 격려하고 위로하며, 시민의 적극적인 참여를 독려하기 위해 악곡을 구성한다. 서양음악은 작곡자를 중심으로 한 전문적인 음악인을 중심으로 창작되어졌다면, 우리나라 전쟁음악은 서민의 정서를 담은 작가미상의 노래가 상대적으로 많이 창작되어졌다. 특히 일본에 의한 식민지제도에서의 피지배국 경험은 음악소재와 선율의 특징이 우울하고 화려하지 않은 단조로운 음악형식을 사용함으로써 시대의 분위기를 반영하고 있는 특징을 가지고 있다. 악곡의 소재 역시 조국의 독립과 희망, 전쟁 참여의 격려, 고향에 대한 그리움, 군인의 희생정신을 표현하는 노래가 창작됨으로써 시대적 특징을 반영하고 있다.

또한 식민지 체제에 의한 시기가 얼마 지나지도 않아 6·25전쟁의 경험은 음악의 성격에 또 다른 변화를 가져왔다. 6·25전쟁의 종식은 미군의 파병에 의해 종식되어졌는데 이러한 사회적 분위기는 음악적 특징에도 영향을 주었다. 예를 들면 노래의 형식은 화려함을 강조하고 가수의 꾸밈음과 기교를 중시하는 패턴으로 점점변화 되었다. 미국의 컨트리 음악, 재즈풍의 음악이 한국의 대중가요에도 자리잡아가고 있는 과도기로 해석할 수 있다. 1950년대 미국 대중음악의 영향은 크게 두 가지로 나누어지는데, 하나는 5음계가 주도하던 경향에서 서양 근대음악 7음계로의 본격적인 변화가 드러나는 것이며, 다른 하나는 서양 근대음악의 일반적 특성과는 구분되는 미국을 중심으로 유행하는 서양의 대중음악의 특성이나 서양의 분위기를 의도적으로 강조하는 노래들이 나타났다.[1] 마지막으로 베트남전쟁이 발발한 1960년대는 미국의 음악적 특징이 한국대중가요와 밀접하게 결합한 시기로 해석할 수 있다. 또한 1960년대에는 미 8군 무대 출신으로 대표되는 새로운 창작자와 가수들이 대거 진출하면서[2] 미국 음악문화의 흡수가 가속화 된 시기이다.

그러나 한 가지 변하지 않는 사실은 노래가사의 내용이다. 노래 가사의 내용은 전쟁참여를 독려하기 위한 목적이 분명하게 자리 잡고 있었다. 이러한 특징을 포함한 음악은 한민족의 공동체를 구성하게 하였고 전쟁의 어려움 속에서도 민족적 뿌리를 흔들리지 않도록 잡아주는 거대한 버팀목이 되었다고 할 수 있다.

우리나라는 몇 번의 전쟁을 경험한 나라로서 21세기인 지금도 전쟁에서 자유롭지 못한 국가이다. 1910년 일본에 의한 한일합방, 1950년 6 · 25전쟁, 1964년 베트남전쟁 참여 등 20세기 동안 큰 전쟁을 3번이나 겪은 나라이다. 전쟁의 경험은 사회와 정치뿐만 아니라 음악예술의 성격과 특징을 변하게 함으로서, 기존 전통음악의 성향과 흐름을 바꾸는 결과를 가져왔다.

본 장에서는 식민지 시기와 6 · 25전쟁, 그리고 베트남 파병을 중심으로 나타난 음악과 특징들을 설명해 보고자 한다. 또한 한국의 전통 군악대인 대취타를 중심으로 악곡의 특징과 악곡에 포함된 악기를 중심으로 한국 전통국악대의 중요성도 살펴보고자 한다.

---

1) 이영미, 『한국대중가요사』, 서울: 민속원, 2006, p. 142.
2) 위의 책, p. 170.

② 전쟁과 한국가요

새야 새야

민요(중모리)

黃	汰〰	黃	黃^		一△	黃	無〰	仲	仲^		一△
새	야	새	야			파	랑	새	야		
無	仲〰	黃	無〰		一△	黃	無〰	仲	仲^		一△
녹	두	밭	에			앉	지	마	라		
黃	汰〰	黃	黃^		一△	黃	無〰	仲	仲^		一△
녹	두	꽃	이			떨	어	지	면		
無	仲〰	黃	無〰		一△	黃	無〰	仲	仲^		一△
청	포	장	수			울	고	간	다		

[그림 116] 새야 새야 정간보

이 노래는 우리나라의 대표적인 구전민요이다. 또한 동시에 조선 대중가요의 초석이 되는 노래로서, 1894년 최제우에 의해 일어난 동학을 배경으로 하며 동학 농민군에 대한 진혼곡으로 해석되고 있다.

동학을 이끈 전봉준은 어렸을 때부터 키가 작아서 '녹두'라는 별명이 있었는데, 동학 농민군의 지도자가 되자 '녹두장군'이라는 애칭으로 불리게 되었다고 한다. 일반적으로 노래에 나오는 녹두밭은 전봉준이 이끄는 농민군을 가리키며, 파랑새 는 농민들을 탄압하는 외국군, 청포 장수는 조선의 민중을 가리킨다고 한다.[3]

---

3) 박찬호, 『한국가요사 1』, 서울: 미지북스, 2009. p. 14.

[그림 117] 전봉준 그림

이 노래는 전봉준을 주축으로 농민군에 대한 민중의 열의가 담겨있지만, 패주한 농민군의 미망인들이 전사한 남편의 영혼을 진혼하기 위한 만가이다. 현재 이 노래는 호남지방의 자장가로 전해지고 있다.

가. 피지배국의 국민의 노래

1910년 일본에 의한 한일합방은 한국 전통음악의 상징인 조선조 장악원과 함께 대한제국기에 왕권강화를 위해 창설한 군악대 직제를 축소·폐지하고 일본음악의 특징을 결합함으로써 국가주의·민족주의 성향으로 변질되도록 하였다.

일제치하의 조선의 식민지 시국에서 대중음악을 이해하기 위해 일본제국주의의 식민지지배 담론을 이해할 필요가 있다. 식민지 담론은 인종적·문화적·역사적 차이들을 인정하면서 부정하게 하는 하나의 장치로서 식민자와 피 식민자의 지식을 생산하게 한다. 식민지 담론의 목적은, 정복을 정당화하고 관리와 훈육의 체계를 확립하기 위해, 피식민자를 근본적 기원의 기준에서 퇴보한 유형의 민중으로 해석하는 것이다.

1910년 한일합방 이후 조선통치의 방향을 '동화정치' 체제를 구축한 일본은 1920년대 이후 식민정치 체제를 문화정책으로 바꾸었다. 1937년 중일전쟁 이후 동화전쟁을 다시강화 되었으며, 이시기 이후 조선의 자국민의 식민현실의 수용과 지식인의 타협이라는 상황도 가져왔는데, 일제강점기 음악인들 또한 일제에 타협하는 모습을 보였다.

식민지 구축과 지배체제를 강화하기 위해 일본은 일본화로 변질된 서양음악을 주입하고, 한국전통문화는 약화시키는 작업을 한다.

전자는 음악교육을 통해 이루어 나가며, 후자는 한국 전통음악의 상징인 조선소장악원과 대한 제국기에 왕권강화를 위해 창설한 군악대의 직제를 축소·폐지하는 정책을 펴 나갔다. 조선소장악원은 1887년 대한제국을 선포할 때 교방사로 개칭되면서 772명의 악공과 악생을 교방사에 둔 사실과 정부가 왕실 군악대를 창설하여 프란츠 에케르트를 초빙하여 군악대를 발전시킨 것은 왕권을 강화하고 자주독립국가의 면모를 선양하기 위한 것이었다.[4] 하지만 1910년 한일합방은 이왕직 아악대와 이왕직 양악대로 관제를 개편하여 축소시켰고, 1915년에는 양악대는 해체되고 아악대는 축소되어 해체되었다.

즉 왕권강화로 시작된 군악대의 해체는 왕실강화의 약화와 함께, 전통음악의 축소를 가져왔으며, 국가의 권위가 무너지는 결과를 가져왔다.

일본에 의한 강제적인 한일합방 이후 가장 발전한 음악장르는 가요이다. 대중적으로 불리어 지고 있는 가요는 남녀노소 누구나 따라 부를 수 있으며, 가사의 내용을 쉽게 이해할 수 있다는 장점이다. 이것은 국민의 정서를 움직이고 의식을 선향 하는데 아주 실용적으로 접근되어 질 수 있다. 한국의 대중가요는 부르주아를 풍미하는 것으로 활용되었던 것이 아니라 삶의 염원과 희망을 노래한 것으로 시작한다.

1) 희망가

현실에 대한 암울함과 미래에 대한 희망을 표현한 〈희망가〉는 19세기에 미국인 제러마이어 잉갈스가 작곡한 찬송가 〈우리가 집에 돌아왔을 때(when we arrive at Home)〉의 멜로디를 사용해 경쾌한 템포로 불렀다.

그 후 1920년대에는 발간된 『오동나무 창가집』에는 〈희망가〉 가사가 〈탕자경계가〉라는 제목으로 실려 있다.[5]

---

4) 노동은, 1995. p. 279.

[그림 118] 희망가 악보

출처: http://music.culturecontent.com

2) 봉숭아와 고향의 봄

그림 119 홍난파

1920년 홍난파가 작곡한 〈봉숭아〉와 〈고향의 봄〉은 3 · 1 운동 실패 후의 민족 분위기를 반영한 노래로서 우리 국민의 모습을 그리고 있음을 알 수 있다.

〈봉숭아〉는 국민의 대표적인 서정적 가곡으로 불리어 지고 있지만 그 출발점은 대중가요의 한 분야로서 기록되어지기도 한다.

---

5) 박찬호, 『한국가요사 1』, 서울: 미지북스, 2009. p. 57.

[그림 120] 봉숭아 악보

[그림 121] 고향의 봄 악보

출처: http://blog.naver.com/ejrfp1234/140056332552

3) 전진가

1920년대 김광현이 작곡한 곡으로 독립군의 활동을 격려하는 곡으로 해석할 수 있다. 이곡은 4/4 박자의 정형화된 리듬의 구조를 반복적으로 사용하지만 안정적인 음악형식을 통해 행진곡을 연상시키는 곡이다.

[그림 122] 전진가 악보

출처: http://music.culturecontent.com

4) 황성옛터

1932 작곡된 이 가요는 이곡의 작곡가이자 바이올린 주자인 전수린이 고향인 개성에서 일제의 침략으로 인해 폐허가 된 왕성의 옛터에 올라 나라 잃은 심정을 표현한 노래이다. 이 노래는 1932년 빅타레코드 4월 신보에서 〈황성(荒城)의 적(跡)〉이라는 제목에 이애리수의 노래로 발매되어 순식간에 5만 장이 판매되었다고 한다. 그러나 조선총독부는 민중에게 조선 민족이라는 정체성을 자각시킬 우려가 있다고 하여 발매를 금지시켰다고 한다.[6]

---

6) 박찬호, 『한국가요사 1』, 서울: 미지북스, 2009. p. 212.

[그림 123] 황성 옛터 악보

출처: http://music.culturecontent.com

5) 압록강 행진곡

1940년대 광복군의 대표적인 노래로서, 조국을 잃고 도탄에 빠진 동포를 구하기 위해 투사들의 결의를 다짐하는 노래이다. 독립군가 중에서 작자가 판명된 곡으로, 작곡자인 한유한은 9세 때 아버지 한흥교와 함께 중국 베이징으로 갔으며, 거기서 대학을 졸업한 뒤 1931년 만주사변 후 청년학도군에 참가한 경력이 있다. 그는 산둥에서 활약했으며, 1941년에는 아리랑악단을 조직하여 광복군의 사기를 높였다고 한다.[7]

[그림 124] 압록강 행진곡 악보

출처: http://music.culturecontent.com

---

7) 박찬호, 『한국가요사 1』, 서울: 미지북스, 2009. p. 76.

6) 거국가

이 노래는 독립운동가이자 교육자인 도산 안창호 선생의 시에, 이상준이 작곡한 곡으로, 〈한반도 석별가〉로도 알려져 있다. 한국독립운동에 관한 내용을 담고 있는 노래로서, 3·1 운동 직후까지 널리 애창되었으나, 당시 감시체제하에 있었던 시대적 상황에 따라 조선총독부에 의해 금지된 곡이다.

간다간다 나는간다 너를두고 나는간다 잠시뜻을 얻엇노라 가물대난 이시
간다간다 나는간다 너를두고 나는간다 저시운을 대적타가 열혈들운 뿌리

운이 나의등불 내밀어서 너를떠나 가게하니 일노물이   너를보지
고서 내몸속에 누어자는 네형태를 다깨어서 한면께끗 해모와스변 속이시원

못할지나 그동안에 나는오직 너를위해 일하리니 나간다고 슬퍼마라 나의사랑 한반도야
하겟다만 래종일을 생각하야 휜쥬먹을 들고간나 내가가면 영갈소냐 나의사랑 한반도야

[그림 125] 거국가 악보

[그림 126] 거국가 원본

안창호가 1910년 조국을 떠난 후 [매일신보](1910.5.12)에 '신도'라는 필명으로 발표한 것으로 [거국행] [한반도 작별가] [간다 간다 나는간다]라는 제목으로도 불렸다.

나. 6·25전쟁에 대한 노래

1) 전우여 잘 자라

이 노래는 전쟁터에서 숨진 전우의 시체를 뒤로하고 북진하는 전사들을 배경으로 한 노래로서 전쟁의 참여를 독려한 진중가요이다. 당시 이 노래는 군인들의 행진과 학생들의 조회시간에도 불리어 졌다고 전해진다.

[그림 127] 전우야 잘자라 원본 악보

2) 승리의 노래

6·25전쟁에서 서울이 북한군에게 점령되자 UN군이 한국에 파병됨으로서 전쟁의 상황은 역전되었다. 9월 15일 UN군이 인천 상륙 작전에 성공함으로써 역전되었고, 28일에는 서울을 되찾았다. 이 때 신문 지면에 8월에 공보처에서 전정한 〈승리의 노래〉 노랫말이 실렸다고 한다.[8]

이 노래의 긍정적인 반응으로 〈승리의 용사〉가 후속곡으로 나타났는데, 노래의 가사는 전쟁의 참여를 독려하고 있는데 가사의 내용은 다음과 같다.

승리의 노래

[그림 128] 승리의 노래 악보

---

8) 박찬호, 『한국가요사 2』,서울: 미지북스, 2009, pp. 148-149.

3) 승리의 용사

승리의 용사

나병기 작사
박시춘 작곡

우 리 우 리용사 승리의 용사
우 리 우 리용사 승리의 용사
우 리 우 리용사 승리의 용사

피 로 물 든 ― 산 과 들 무 덤 을 넘 어   영 광 의 ―
무 쇠 장 막 ― 지 옥 문 쳐 ― 부 수 고   원 한 의 ―
인 류 의 적 ― 무 찌 른 정 의 의 사 도   꽃 다 운 ―

[그림 129] 승리의 용사 악보

4) 중공격멸의 노래

1950년 10월 초순 국군과 유엔군이 38선을 돌파하였고 1951년 1월 4일 남하한 중공군이 서울을 점령하자 국군과 유엔군은 다시 남으로 철수한 1·4후퇴를 맞이하였다. 1·4후퇴 뒤인 1951년 2월 8일자 신문에는 공보처 주관으로 〈중공격멸의 노래〉를 발표하였다.[9]

통일독립 되려는 우리 민국에
침략자 중공 오랑케 떼가
징 치고 피리 불며 밀려 내려왔네
아 대한의 아들딸들아 일어나거라
조국의 한 치 땅도 더러운 발 아래 짓밟힐까 보냐
무찌르자 쳐부수자 중공 오랑캐

---

9) 박찬호, 「한국가요사 2」, 서울: 미지북스, 2009, p. 153.

자유평화 지켜온 금수강산에
소련 앞잡이 오랑케 떼가
굶주린 늑대처럼 몰려 내려왔네
아 대한의 아들딸들아 일어나거라
동포의 한 사람도 포악한 창 끝에 희생될까 보냐
무찌르자 쳐부수자 소련 앞잡이

5) 굳세어라 금순아

또한 1·4후퇴 때 피난 시절을 겪어야 했던 실향민의 고충을 노래한 곡도 발표되었는데 대표적인 노래로 〈굳세어라 금순아〉를 예로 들 수 있다. 강사랑 작사, 박시춘 작곡, 현인 노래이다.

[그림 130] 굳세어라 금순아 악보

6) 6 · 25전쟁의 노래

 1951년 3월 14일에 서울을 재탈환하였고, 그 해 6월 24일, 전쟁발발 1주년에 육군 정훈감실이 선정한 〈6 · 25의 노래〉를 발표하였다. 박두진 작사, 김동진 작곡이다.

[그림 131] 6 · 25 노래 악보

7) 인천상륙의 노래

[그림 132] 인천상륙의 노래 악보

    1950년 6월 25일 발발한 전쟁은 유엔군의 인천상륙작전으로 남한의 승리를 가져왔고, 유엔군은 9월 28일 서울을 점령한다. 이에 이승만 대통령은 10월 1일 대한민국 국군의 38선을 넘어 북진하라는 명령을 내림으로써 북한영토로 진격하였다. 이 노래는 바로 이시기 국군의 북진을 반영한 노래이다.

다. 베트남전쟁과 관련한 노래

[그림 133] 님은 먼곳에 영화 포스터

    영화포스터의 배경이 되는 베트남전쟁은 1960년대 미국과 구 소련의 이념체제로 인한 전쟁으로 남한역시 미국의 요구에 의해 참전한 전쟁이다.

    수많은 군인을 베트남전쟁에 파병하면서 그들을 위로하기 위해 베트남 위문공연도 정부의 주도에 따라 적극적으로 나타났다.

    이 시기에 작곡된 가요들은 꾸밈음과 가수들의 기교를 중시한다. 그러나 음악의 형식의 화려함에 비해 가사의 내용은 전쟁의 참여를 독려하고 있다.

1) 월남에서 돌아온 김상사

이 노래는 1960년대의 베트남전쟁 참전 용사들을 격려하기 위한 위문공연으로 애창된 곡이다.

[그림 134] 월남에서 돌아온 김상사 악보

2) 백마는 간다

1. 아느냐 그 이름 무적의 사나이
   그 이름도 찬란한 백마고지 용사들
   자유의 십자군 깃발을 높이 들고
   백마가 가는 곳에 자유가 있다
   (후렴) 달려간다 백마는 월남 땅으로
   이기고 돌아오라 대한의 용사들

2. 아느냐 그 이름 상승의 사나이
   그 이름도 찬란한 백마고지 용사들
   평화의 십자군 깃발을 높이 들고
   백마가 가는 곳에 평화가 있다.

3. 아느냐 그 이름 역전의 사나이
   그 이름도 찬란한 백마고지 용사들
   정의의 십자군 깃발을 높이 들고
   백마가 가는 곳에 정의가 있다.

3) 출전 용사를 보내는 노래

1. 불타는 조국애로 일어선 용사
   장하다 그대들의 나가는 곳
   그 누가 앞을 막아 겨누어보랴.
   씩씩한 그 용사의 가슴에 뛰네.

2. 겨레를 위하여 목숨을 걸고
   산과 들을 박차고 달려나가는
   전우와 이대잇는 대한의 국군
   빛나리라 자긍자족 승리의 국군

   (후렴)정의의 깃발은 물결을 친다.
   아—아 우리용사들 앞으로 간다.

4) 월남 파병의 노래

[그림 135] 월남파병의 노래 악보

라. 전쟁 중에 나타난 동요와 가곡

1) 통일행진곡

이 노래를 만든 목적은 전시동요이다. 동요에도 전시 분위기가 반영되어 보급함으로써 전시상황을 캠페인화 하려는 시도로 해석할 수 있다.

[그림 136] 통일 행진곡 악보

2) 보리밭

　1951년 피난지 부산에서 윤용하의 가곡 〈보리밭〉이 창작되었다. 윤용하의 작곡에 박화목의 시가 어우러진 〈보리밭〉은 피난시절의 민족적인 애수를 담고 있는 불후의 가곡으로 불리고 있다.

[그림 137] 보리밭 악보

마. 한국의 전통 군악대 - 대취타

　대취타는 다른 말로 무령지곡(武寧之曲)이라고도 하며, 취타(吹打)와 세악(細樂)을 대규모로 갖춘 우리나라의 대표적인 군악이다. 임금의 행차와 군대의 행진 및 진문의 열고 닫음, 또는 통신사의 행렬 때 취타대들이 연주하였으며,[10] 1971년 6월 10일 중요무형문화재 제46호로 지정되었다.

　대취타에 포함되는 악기로서 징ㆍ용고ㆍ용고(龍鼓)ㆍ나각ㆍ나발ㆍ태평소(太平簫, 胡笛:속칭 날라리)로 편성되어 있으며, 편성악기 중 태평소를 제외한 모든 악기가 선율이 없는 타ㆍ취악기에 속한다. 악기 연주자들 외에 이 음악의 시작과 끝을 지시하는 집사가 있는데, 이 사람이 대취타를 시작하기 전에 지휘봉에 해당하는 등채를 두 손에 받쳐 들고 있다가 머리 위로 높이 쳐들면서 '명금이하 대취타'라고 명하면, 대취타 연주가 시작된다. 타악기와 관악기들의 힘찬 연주와

---

10) 이성천 외, 『알기쉬운 국악개론』, 서울: 도서출판 풍남, p. 123.

태평소의 강렬한 음색이 힘차고 늠름한 분위기를 느끼게 한다. 한 장단이 12/4박자 20장단이고, 7장으로 구분되며 반복형식을 취한다.

[그림 138] 대취타 연주

여기서는 한국전통 군악대라고 할 수 있는 대취타에 포함되는 악기를 중심으로 한국전통국악대의 특징을 살펴 볼 것이다.

1) 징

일명 금(金)이라고도 하며, 일정한 음정이 없는 무율타악기이다. 징은 채 끝에 헝겊을 많이 감아서 치기 때문에, 웅장하고 부드러운 음색을 내며, 대취타·무악·농악 등에서 매 장단의 첫박에 많이 사용된다.

출처: http://www.kmusic.org

[그림 139] 징

[그림 140] 징 연주

2) 용고

용고(龍鼓)는 일정한 음정이 없고 가죽으로 된 무율타악기로서, 북통 옆면에 용이 그려져 있어 용고라고 한다. 연주 방법은 북 가죽이 상하로 되게 허리 높이에 매어 달고 양손에 북채를 쥐고 친다. 사용된 시기는 확실치 않으나 용고는 태평소, 나발, 징, 자바라, 나각 등과 함께 대취타(大吹打)에 쓰인다.

출처: http://www.kmusic.org

[그림 141] 용고   [그림 142] 용고 연주

3) 자바라

놋쇠를 펴서 만들었으며, 자바라는 바라, 또는 발, 제금이라고도 한다. 서양악기 중 심벌즈와 비슷하며, 대취타·굿음악 등에 사용한다. 악사가 집박악기(執拍樂器), 악공(樂工)등을 인도할 때 사용하며, 절에서 승려가 무구(舞具)로 사용하기도 한다. 고려도경(高麗圖經) 권 18에 나오는 요발에 관한 기록을 보면 자바라는 고려 이전부터 사용되었음을 알 수 있다.

출처: http://www.kmusic.org

[그림 143] 자바라   [그림 144] 자바라 연주

4) 나발

나발은 국악기 중에서 금속으로 만든 유일한 관악기로서, 나각처럼 한가지 음만을 길게 불어 낼 뿐이고, 선율은 없다. 사용하지 않을 때에는 세 토막으로 구분된 관을 밀어 넣어 짧게 간수할 수 있도록 되어 있다.

『악학궤범』에 정대업 정재의 의장에 쓰이는 종류의 악기는 대각이라 하여 끝이 원통 모양이고, 현재 쓰는 나발은 태평소의 동팔랑과 같이 끝이 넓게 퍼져 있는 모양이다. 나발은 대취타, 호남농악, 그리고 신호용 음악 등에서 사용된다.[11]

출처: http://www.kmusic.org

[그림 145] 나발

[그림 146] 나발 연주

---

11) 이성천 외, 『알기쉬운 국악개론』, 서울: 도서출판 풍남, p. 222.

5) 나각

토부에 속하며 악기의 생김새로 인해 소라, 고동이라고도 한다. 악기의 연주방법은 자연생 소라의 뾰족한 끝에 구멍을 뚫고, 취구를 만들어 끼운 다음 김을 불어 넣어 소리낸다. 나각의 음정은 소라 껍질의 크기에 따라 다르다. 고려 때부터 사용된 이 악기는 군례(軍禮), 종묘제례악에 사용하였고 현재는 대취타에 쓰이고 있다.

출처: http://www.kmusic.org

[그림 147] 나각

[그림 148] 나각 연주

6) 태평소

태평소(太平簫)는 목부(木部)에 속하는 관악기로서 쇄납, 호적(胡笛), 날라리라고도 한다. 태평소는 회족(回族)이 쓰던 악기로 고려 말에 서방에서 들어왔다. 음이 강하고 높아서 군중(軍中)에서 쓰였으며, 지금은 대취타, 정대업, 시나위, 농악 등에 사용된다.

출처: http://www.kmusic.org

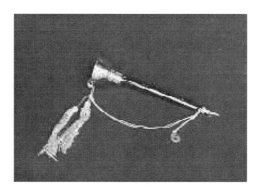

[그림 149] 태평소

[그림 150] 태평소 연주

7) 대취타의 의미

우리나라에서 취타가 연주되기 시작한 시기는 정확히 알 수 없지만 375년에 만들어진 고구려의 안악(安岳) 제3호분에 고취 연주 그림이 있는 것으로 보아 그 이전부터 쓰였을 것으로 추정한다.[12] 또한 취타의 주요악기인 태평소를 비롯한 여러 악기가 중앙 아시아로부터 전래되었고, 취타의 발생지 역시 중앙아시아로 보고 있다.

취타는 자바라·용고 등의 타악기와, 위엄 있는 한 음만 크게 소리 내는 나발·나각이 어울려 규칙적이면서도 호령하는 분위기를 가져오는 장쾌한 행진음악이다. 원래군악이었던 취타는 조선 말 구식 군대가 없어짐에 따라 무대 음악이 되었으나 우리나라의 전통적인 군악대이자 위엄있는 행진곡이라고 할 수 있다.

심화 탐구 주제

1. 전통국악인 대취타를 국가안보에 주는 시사점을 생각해보고, 대취타에 포함된 악기의 의미를 찾아보자.

2. 우리나라 초기에 나타나는 대중가요는 시대에 따라 다른 특징이 나타난다. 우리나라에 발발한 전쟁에 따라 달라진 음악의 특징을 생각해보자.

3. 일제시기에 많은 가요도 작곡되어졌지만, 아동을 대상으로 하는 가곡과 동요도 많이 창작되어졌다. 이 시기의 대표적인 작곡가 홍난파 선생이 작곡한 다른 곡을 찾아보고 불러보자.

더 읽을 만한 자료

김정일, 『음악예술론』, 평양: 조선로동당 출판사, 1992.

막스 베버, 이건용 역, 『음악사회학』, 민음사, 1993

바실 콜, 박균열 역, 『음악윤리학』, 철학과 현실사, 2008.

박균열, 『국가 윤리 교육론』, 철학과 현실사, 2005.

엄진숙, 『전쟁과 음악』, 예성출판사, 2009.

이우용, 『우리 대중음악 읽기』, 창공사, 1996.

정제윤, "군대 예술의 발전방안: 육군 군악대를 중심으로", 경희대학교 석사학위논문, 2005.

최유준, 『예술음악과 대중음악, 그 허구적 이분법을 넘어서』, 책세상, 2004.

김점도 편, 『한국군가전집』, 후반기출판사, 1985.

Thodor W. Adorno, 권혁면 역, 『음악사회학』, 문학과 비평사, 1989.

제11장 전쟁과 미술

전쟁과 관련된 미술은 주로 전쟁에 필요한 인원을 동원하거나 장비 물자 등을 확보하기 위해 사용하는 예술활동으로서, 여기에는 사람들의 눈에 잘 띄는 곳에 붙이는 종이 형식의 전단이나 포스터 등이 있다.[1]

1 전단

전단이란 선전·광고 등을 위하여 사람들에게 돌리거나 눈에 잘 띄는 곳에 붙이는 종이를 말한다. 흔히 '삐라'라고도 하는데 이는 영어의 bill을 일본식 발음표기로 나타낸 것으로 잘못된 표현이다. 영어의 bill은 라틴어의 bulla(공문서에 찍혀 있는 印章)에서 유래했는데 1470년 무렵부터 광고를 뜻하게 되었다고 한다.

손으로 쓴 세계 최초의 전단은 로마시대 책방 앞에 붙였던 것이고, 최초의 인쇄전단은 영국의 W. 캑스턴이 찍은 《백일홍 파이(1477)》라는 종교서적의 광고라고 전해진다. 현재 전단은 광고주가 지역광고의 한 수단으로 이용하는데 주로 신문에 끼워 넣는 방법이 성행하고 있다. 또한 정치·노동운동이나 특히 전쟁 등의 심리전에서도 대중선전효과를 거두기 위한 방편으로 많이 이용된다.

---

1) 이 장은 전쟁 중 전단이 어떻게 사용되었는지를 잘 나타내주는데 다음의 자료를 토대로 보완한 것임: http://blog.naver.com/bhkim101/71187224 (검색: 2009. 8. 13)

[그림 151] 해방 직후의 전단

가. 해방 직후 사용된 전단

우리나라의 경우 전단이 전쟁에 활용된 사례를 살펴보면 다음과 같다. 먼저 전쟁에 활용된 것은 아니지만 1945년 해방 직후에 나온 독립행진곡을 들 수 있다. 이 독립행진곡은 해방 직후에 나온 애국가요로서 현재 불리는 애국가보다 먼저 불리어졌다. 가사는 아래와 같다.

1) 어둡고 괴로워라 밤이 길더니/삼천리 이강산에 먼동이 텄다/동무야 자리차고 일어나거라/산넘어 바다건너 태평양 넘어/아 자유의 자유의 종이 울린다.

2) 한숨아 너 가거라 현해탄 건너/설움아 눈물아 너와도 함께/앞으로 발맞추어 함께 나가자/아득한 시베리아 넓은 벌판에/아 희망의 희망의 깃발 날린다.

앞의 전단의 내용은 1945년 해방 기념으로 나온 엽서의 뒷면에 기록되어 있다. 여기에는 독립행진곡 가사가 1절부터 3절까지 소개되어 있다.

[그림 152] 반란제군에 고함 원본

이 전단은 1948년 10월, 여순반란사건 당시 지리산 일대에서 항쟁하고 있는 '반란군'을 회유하기 위해 사용된 것이다. 식별하기 어려운 부분도 있지만 원문을 옮겨보면 다음과 같다.

"반란제군에 고함 제군은 다 같은 백의민족이다. 혈통이 같고 풍속이 같고 언어가 같은 단군성조의 자손이 아니냐? 일시적 그릇된 모략과 선동에 유인되어 자신을 희생하고 부모와 처자를 잃으며 선영을 욕되게 할 이유가 무엇인가? 살인, 방화, 약탈, 강간 등 어느 사회에서나 용서할 수 없는 죄악인 것이다. 인간은 한때의 허물이 있다 할지라도 고치면 착한 사람이 되는 것이다. 제군이 어떠한 죄들을 지었다 할지라도 하루빨리 이를 뉘우치고 자수해 돌아오면 제군의 신명을 안보할 수(편히 지킬 수) 있고 부모와 처자로 더불어 평화스러운 가정을 회복할 수 있도록 좌의 방침으로써 제군의 장래를 보장할 터이니 이 기회를 잃지 말고 속히 돌아와 대한민국의 참다운 국민이되라. 만약 차시에 귀순 안한 자는 철처히 전멸당할 것이다. 그대들의 부모와 처자는 눈물로써 그대들의 귀순을 기다리고 있다. 깊이 반성하라. 1월 말일까지 무기휴대 귀순자는 죄상여하를 불문하고 석방함. 무기 지참치 안한 자도 선처한다. 기타 좌익 단체에 가입한 자도 자수한 자도 이와 같이 선처함"

4282년 1월 15일

전투사령관 제5구경찰서장

구례군수 대한청년단장

국민회 구례지부 구례군시국대책위원회

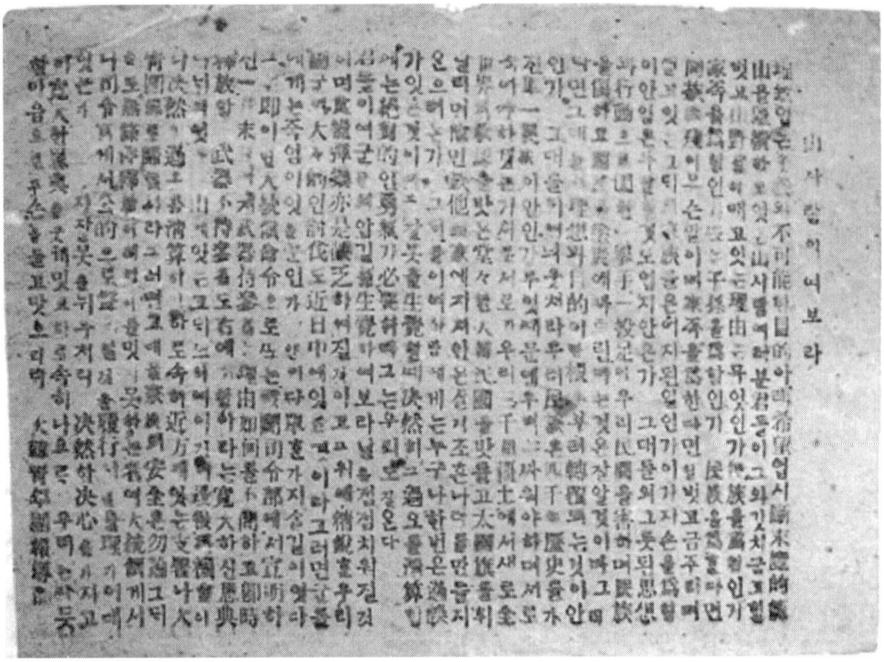

[그림 153] 산사람이여 보라 원본

이 전단은 여순반란사건 당시 지리산의 빨치산에게 뿌린 것이다. 주요 내용을 살펴보면 다음과 같다.

"山사람이여 보라. 이치 없는 주장과 불가능한 목적아래 희망 없이 단말마적인 농산(籠山)을 계속하고 있는 산 사람 여러분! 군들이 그와 같이 굶고 헐벗고 산야를 헤매고 있는 이유는 무엇인가? 민족을 위함인가? 가족을 위함인가? 또는 자손을 위함인가? 민족을 위한다면 동족 상잔이 무슨 말이며, 가족을 위한다면 헐벗고 굶주리며 살고 있는 그대의 가족들은 어찌 된 일인가? 이가 자손을 위함이 아님은 두말할 것도 없지 않은가 그대들의 그릇된 사상과 행동으로 인한 일거수 일투족이 우리 민국을 해하며 민족을 상하 그러타면 그대들의 사상과 목적이란 근본부터 전복되는 것이 아닌가. 그대들이여 뉘우쳐라. 우리 민족은 4천년 역사를 가진 단일민족이 아닌. 무엇 때문에 우리는 싸워야 하며 서로 죽여야 하겠는가 서로 서로가 우리 3천리 강토에서 새로 전 세계의 승인을 받은 당당한 대한민국을 받들고 태극기를 휘날리며 타민족 타국가에 지지 않는 살기 좋은 나라를 만들지 않으려는가? 그대들이여 사람에게는 누구나 한번은 과오가 있는 것이고, 잘못을 생각할 때 결연히 그 과오를 청산함에는 절대적인 용기가 필요하며 그는 우리도 잘 안다. 군들이여 군들의 앞길을 생각하여 보라. 날은 점점 추워질 것이며 식량, 탄약 역시 결핍하여 질 것이고 그 위에 정예한 우리 국군의 대대적인 토벌도 근일 중에 있을 것이라. 그러면 군들에게는 죽음이 있을 뿐인가? 아니다. 단 한 가지 살길이 있다. 그것은 즉 이번 대통령명령으로 또는 전투사령부에서 선명하신 1월 말일까지 무기 지참자는 이유 불문하고 즉시 석방함. 무기불지참자도 우(오른쪽)에 OO하라는 관대하신 은전OOO. 산에 있는 그대들이여. 이것이 OOOO이니 돌연 과오를 청산하고 하루 속히 근방에 있는 지서나 대한청년단으로 귀순하라. 그러면 그대들의 가족의 안전은 물론 그대들도 무조건 석방할 것이다. 이를 믿지 못하는 자여. 대통령께서나 사령관께서 공적으로 천명한 것을 이행하지 않을 이유가 어데 있는가? 잘못을 뉘우쳐라. 결연한 결심을 가지고 이 관대한 은전을 굳게 믿고 하루 속히 나오라. 우리는 따뜻한 마음으로 두 손 들고 맞으리라."

대한청년단보도부

나. 6 · 25전쟁 시 사용되었던 전단

한편 6 · 25전쟁 중에 사용되었던 전단지에는 다음과 같은 것들이 있다.[2] 먼저 일본에 주둔해있던 미군이 한국전쟁에 참전한다는 내용의 전단으로써, 이것은 6 · 25전쟁 발발 후 첫 번째로 뿌려진 전단이며, 왼쪽 전단의 내용이 그것이다. 이것은 1950년 6월 29일 맥아더 장군이 북한군의 불법 남침 소식을 듣고, 일본 동경의 맥아더 사령부에서 군전용기로 급히 달려와서 영등포 전선을 시찰한 직후인 6월 30일에 후퇴하는 국군과 피난민들에게 뿌린 전단으로써 일본주둔 미군이 참전한다는 내용이다. 주일 미군은 1950년 7월 1일 한국전에 참전한 것이다. 전단의 앞면에는 유엔 마크 아래 국한문 혼용으로 참전내용을 작성하고, 뒷면에는 영문으로 인쇄되어 있다. 그리고 이 전단의 크기는 10*16cm 이며, 전단의 내용을 살펴보면 다음과 같다.

"국제연합회는 일본에 주둔하는 미군에게 평화를 사랑하는 대한민국 국민이 북한의 무법한 침략에 대하여 반항하는 귀국을 원조하라고 요청하였음으로 우리는 적극적으로 원조하겠습니다. 견고, 침착, 대담하며 맹렬히 적을 대항하십시오. 우리는 한국과 힘을 합하여 침략자를 귀국으로부터 격퇴하겠습니다."

---

2) 출처: http://blog.naver.com/bhkim101/71187224 (검색: 2009. 8. 13)

[그림 154] 미군의 참전을 알리는 전단

[그림 155] 국군의 승리를 알리는 전단

　다음은 지방행정 구역 중의 하나인 경상북도의 도청 공보과에서 도민들에게 전쟁의 진행상황을 알려주기 위한 전단으로 사용된 사례가 있다. 왼쪽의 전단이 그 대표적인 사례이다. 이것은 6 · 25 전쟁 당시 우리나라가 수도 서울을 사흘 만에 함락당하고 한강 이남에서 후퇴를 거듭하는 상황이었지만, 정부는 계속 국민들에게 승리의 소식을 전함으로써 동요를 막고자 사용했던 전단이다. 그 내용은 다음과 같다.

　"도민 여러분 북한 괴뢰군은 불법하게도 남침을 감행하여 왔습니다. 그러나 우리 용감한 군경은 그들을 맹렬히 반격하고 있는 중입니다. 뿐만 아니라 아 공군은 28일 밤에는 평양을 비롯한 이북 5대도시를 맹폭하고 30일 아침에는 재차 평양, 함흥, 원산, 평강 비행장을 폭격해서 그들의 비행기 60대 이상을 폭파하고 기지를 사용 불능케까지 하였습니다. 남침해 있는 괴뢰군은 그 후퇴로까지 완전히 단절당하여 독안의 쥐가 되고 그 완전잔멸은 시간문제입니다. 해안 역시 우리 해공군이 철통같이 수비하여 괴뢰군이 1인도 상륙할 여지없게 되어 있습니다. 도민 여러분은 군경작전에 절대 신뢰하시고 유언, 억측 등에 동요되지 말고 각자 생업에 충실하여 주시기 바랍니다."

단기 4283년 6월 30일

경상북도 공보과 발표

이러한 내용의 전단은 장기간의 피난살이에서 전쟁의 공포에 시달리고 있는 국민들에게 심리적으로 큰 위로가 되고 안정을 제공해주기도 한다. 그러나 이 모든 내용이 국민들에게 거짓으로 판명되고 나면 그 다음부터는 전단에 대한 신뢰성이 떨어져서 이런 종류의 전단은 아무런 효력을 지닐 수 없게 된다. 왜냐하면 한번 속은 국민들은 그 이후 무슨 말을 해도 믿으려 하지 않기 때문이다. 진실이 아닌 거짓의 한계가 바로 여기에 있다.

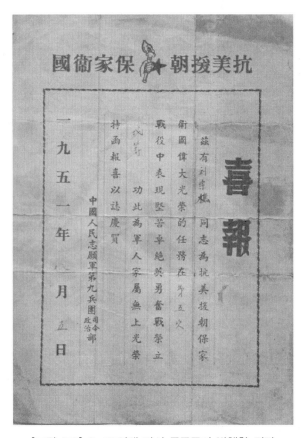

[그림 156] 6 · 25전쟁 당시 중국군이 발행한 전단

　다음은 6 · 25전쟁 당시 중국군이 북한군을 지원하기 위해 제작한 전단을 소개
하기로 한다. 이 전단은 6 · 25전쟁 당시 중국 인민지원군 제9병단정치사령부가
발행한 징집 통지서이다. 중국은 6 · 25전쟁 당시의 한국전쟁 개입을 항미원조전
쟁 즉 미제국주의에 대항하고 조선을 돕는 전쟁이라고 불렀다. 이 전단의 제목에
해당하는 '희보'(喜報 : 기쁜 소식)와 '항미원조 보가위국' (미제에 대항하고 조선
을 도움으로써　국가를 보위하자)이라는 문구가 매우 인상적이다.

　여기서 잠시 6 · 25전쟁의 개황을 살펴보면 다음과 같다. 전쟁이 발발한지 3일
만에 서울이 함락되었고, 유엔군이 참전했음에도 불구하고 불과 한 달 만에 우리
군은 낙동강 전선까지 밀려가는 위기를 맞이했다. 그야말로 누란의 위기였다. 그
러다가 인천상륙작전의 성공을 계기로 유엔군과 국군은 순식간에 전세를 만회하
여, 1950년 9월 28일에 드디어　서울을 수복하게 되었고, 그 후 불과 3일 만에
우리는 다시 38선을 뚫고 북진하는 쾌거를 이루게 되었다. 그리하여 평양을 거쳐
압록강까지 진격하게 되었고, 이제 북진통일이 눈앞에 다가온 상황이었으나, 10
월 25일에 중공군이 개입함으로써 유엔군과 국군은 운산에서 최초로 중공군과
교전하게 되고 전쟁은 다시 1.4후퇴로 이어지는 상황을 겪게 되었다. 그 와중에
나온 전단이 바로 이것이다.

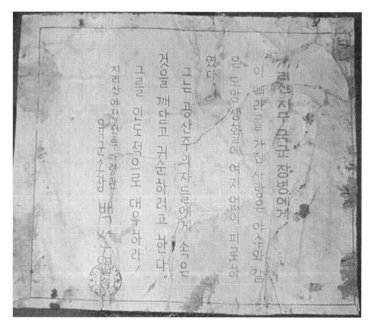

[그림 157] 백선엽 장군 명의로 발행된 귀순증명서

이 전단은 백선엽 장군의 이름으로 발행된 귀순증명서이다. 지리산 지구 빨치산 토벌 작전 당시의 귀순증이다. 백선엽 장군은 북한의 남포직할시 강서(江西) 출생으로, 1941년 만주군관학교를 졸업하고, 1949년에 5사단장, 1952년에 2군단장을 거쳐 육군참모총장 겸 계엄사령관이 되었다. 6·25전쟁 당시 치열했던 상황을 인터뷰한 내용을 살펴보면 다음과 같다. 전쟁 때 겪은 가장 치열했던 전투는 어디였느냐는 기자의 질문에 백선엽 장군은 다음과 같이 대답했다.

"1950년 여름, 1사단장으로 낙동강 전선을 사수한 다부동 전투라고 할 수 있다. 북한 인민군이 2만여 명을 다부동 일대에 투입해 대구 점령을 노렸는데 아군 병력은 8천여 명에 불과했다. 두 달 가까이 부하 장병들과 죽기를 각오하고 싸웠다. 그야말로 생지옥이었다. 그때 막지 못했다면 한반도가 적화 통일 될 수도 있는 위기였다."

이 위기를 극복하고 인천상륙작전의 성공과 함께 북진에 북진을 거듭하다가 드디어 평양을 입성한 그 때의 상황을 들어보면 다음과 같다. "내 생애 최고의 날이었다. 평생 잊을 수 없다. 1사단장으로 한미 장병 1만5천여 명을 지휘하며 고향(평남 강서)을 탈환한 것이다."

그 후 장군은 1954년에 1군사령관, 1957년에 다시 육군참모총장이 되었다. 1960년 대장으로 예편하여 주중대사(駐中大使)를 시작으로, 이후 프랑스·네덜란드·벨기에·룩셈부르크·에스파냐·가봉·세네갈·토고·모리타니·캐나다 등의 대사를 거쳐 1969~1971년 교통부장관을 지냈다. 훈장으로는 태극무공훈장, 미국은성무공훈장 등을 받았다.

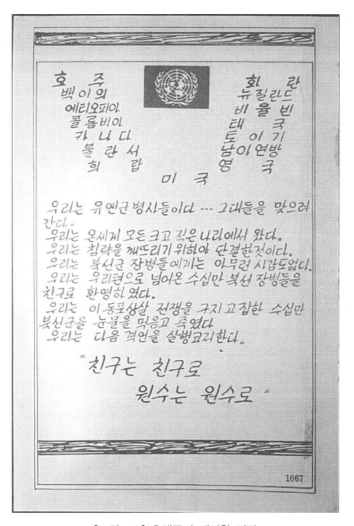

[그림 158] 유엔군이 제작한 전단

　　다음은 유엔측에서 뿌린 전단의 내용이다. 6 · 25전쟁에 UN군의 이름으로 참전한 나라는 모두 16개국이며, 구체적인 나라 이름은 다음과 같다. 1.미국, 2.영국, 3.오스트레일리아, 4.뉴질랜드, 5.룩셈부르크, 6.터기 7.남아공, 8.타일랜드, 9.필리핀, 10.콜롬비아, 11.캐나다, 12.에디오피아, 13.프랑스, 14.그리스, 15.네덜란드, 16.벨기에. 이에 국방부에서는 인터넷 홈페이지(www.mnd.go.kr)에 '6 · 25전쟁과 유엔 참전국'란을 개설하였다.3) 국방부는 24일, 제62회 '국제연합

---

3) 개설일 : 2007. 10. 24일

창설일(UN Day)'에 즈음해 6 · 25전쟁 당시 유엔 참전국이 우리나라를 위해 보여준 희생과 공헌을 되새기기 위해 이 같은 난을 개설했다고 밝혔다. 이번에 개설된 콘텐츠는 6 · 25전쟁(해방과 분단 · 북한의 남침준비 · 남침에서 휴전까지), 유엔군 참전 개황(참전배경 · 참전규모 · 인명손실 현황), 참전국 소개(21개 참전국별 국가 개황 · 참전 주요 역할 · 주요전투 · 주요기념사업), 관련소식 & 한 마디 등 4개의 메뉴로 구성돼 있다. 특히 6 · 25전쟁과 유엔참전국들에 대해 사진과 함께 내용들이 일목요연하게 정리돼 있어 이곳을 찾는 사람이면 누구나 쉽게 이해할 수 있다.

이와 관련하여 국방부에서는 "6 · 25전쟁 당시 우리의 자유와 평화를 위해 싸웠던 유엔 참전국에 대한 국민과 장병들의 관심을 새롭게 하면서 감사의 뜻으로 추진되었다"고 밝혔다. 국방부는 이번 콘텐츠가 장병들은 물론 일반 국민들이 6 · 25전쟁 당시 유엔 참전국의 도움과 희생에 대한 관심과 이해를 새롭게 하고 과거 도움을 받던 국가에서 이제 경제규모 세계 10위권의 국가로서 도움 주는 국가로 발돋움한 데 따라 세계평화 기여 등 국제사회에 대한 책임있는 활동과 기여를 할 수 있어야 한다는 점도 염두에 두었다고 밝혔다.

[그림 159] 중공군의 흉계를 폭로하는 전단

이 전단은 우리 측에서 뿌린 것이다. 주요 내용은 다음과 같다.

"중공군은 좋은 무기는 자기네가 차지하고 못쓸 무기만 북한군에 넘겨주고 있다. 왜? 북한이 약해져서 집어 먹기 쉬우니까.. 북한주민들이여! 이젠 여러분이 중공군이 왜 북한군에 쏘지 못할 무기만 넘겨주는지 알았을 것이다. 중공군은 여러분의 적이다!!"

여기서 잠시 중공군의 한국전 개입에 대한 내용을 살펴보면 다음과 같다. 1950년 6월, 전쟁의 초기에는 북한군의 압도적인 무기와 병력의 우세로 우리 국군이 후퇴할 수밖에 없었으나, 유엔군의 참전으로 점차 전세를 회복하기 시작했다. 그후 같은 해 9월 15일의 인천상륙작전을 전환점으로 하여 전세를 반전시킨 유엔군은 패주하는 북한군을 추격하여, 10월에는 드디어 평양을 수복하고 압록강과 두만강까지 진격하였다. 그러나 중공군의 개입으로 12월에는 국군과 유엔군이 북한지역에서 철수하게 되었고, 38선이 돌파된 후인 1951년 1월 4일 대한민국 정부는 다시 서울을 철수하게 되어 전선은 현재의 휴전선 일대로 고착되었다. 이에 1951년 2월 1일 유엔 총회는 중공을 침략자로 규탄하고 한반도에서의 중공군의 즉각적인 철수를 요구하는 결의를 채택하였다. 앞의 6월 25일의 결의와 6월 27일의 결의에 소련은 결석했으며, 공산측은 결석을 거부권의 행사라고 주장하여 앞의 결의는 무효라고 주장하였다. 그러나 유엔의 관행상 결석은 거부권행사로 볼 수 없기 때문에 그들의 주장은 받아들여지지 않았다.

유엔군의 북진에 맞서 1950년 11월 중공군의 개입이 시작되었다. 이에 유엔 총회는 전투의 확대를 방지하기 위해 12월 14일 '정전 3인단(Three-man Group on Cease-Fire)'을 설치할 것을 결의하였으며, 캐나다의 L.페르슨, 이란의 N.엔테잠, 인도의 B.라우가 임원으로 선출되었다. 동 3인단의 임무는 한국에서 만족할 만한 정전의 기초를 결정하고 이를 총회에 권고하는 것이었다. 그러나 동 3인단은 중공대표와의 회담·교섭에 완전히 실패했으며, 이어 1951년 1월 1일에 중공과 북한은 대규모공세를 시작하였다. 이로써 총회의 정전요구에 응하지 않겠다는 중공의 의사가 명백해졌다.

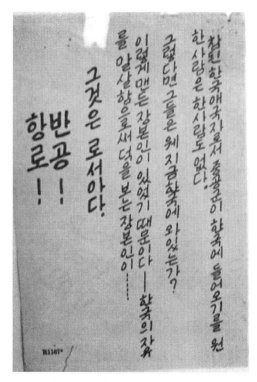

[그림 160] 6 · 25전쟁 당시 우리 측의 전단

이 전단은 우리 측이 뿌린 것이다. 그 내용은 다음과 같다.

"참된 애국자로서 중공군이 한국에 들어오기를 원한 사람은 한 사람도 없다. 그렇다면 그들은 왜 한국에 와 있는가? 이렇게 만든 장본인이 있게 때문이다. 한국의 자유를 말살함으로써 덕을 보는 장본인이……그것은 로서아다. 반공! 항로!"

한편 6 · 25전쟁 당시 러시아의 입장과 위상을 살펴보면 다음과 같다. 남한에 대한 북한군의 남침을 평화의 파괴 · 침략행위로 보고 미국 정부는 6월 25일 유엔 안전보장이사회의 즉시 소집을 요구하였다. 같은 날 오후 2시에 안전보장이사회는 미국이 제출한 결의안을 9:0, 기권 1(유고슬라비아), 결석 1(소련)로 채택하고, 평화의 파괴를 선언하고 적대행위의 중지와 북한군의 38선까지의 철수를 요구하였다. 동 결의안은 또한 모든 회원국이 동 결의안의 집행에 있어 유엔에 대하여 모든 원조를 제공하며, 북한집단에 원조를 하지 않도록 촉구하였던 것이다. 여기서 소련의 결석은 안전보장이사회의 결의를 매우 순탄하게 한 결정적 계기가 되었고 한국의 입장에서는 매우 다행한 일이었다.

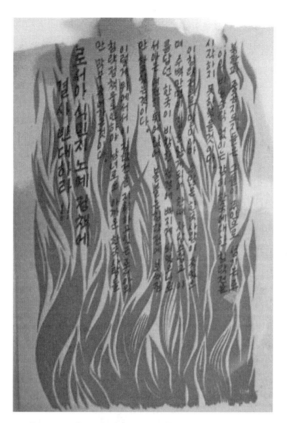

[그림 161] 러시아의 전쟁 흉계를 폭로한 전단

6월 27일의 안전보장이사회 회합에서 미국대표 W.R.오스틴 대사는 6월 25일의 안전보장이사회 결의를 무시한 북한군의 계속적인 대한민국 침략은 '국제연합 자체에 대한 공격임'을 천명하고, 국제평화회복을 위하여 강력한 제재를 취하는 것이 안전보장이사회의 임무라고 선언, 안전보장이사회의 토의를 위하여 결의안을 제출하였다. 그는 같은 날 정오에 대통령 트루먼의 발표문을 낭독한 후 "결의안과 본인의 성명요지 및 대통령 트루먼이 취한 조치의 중점은 유엔의 목적과 원칙, 즉 평화를 지지하는 데 있다"고 밝혔다.

이 전단은 우리 측이 뿌린 것이다. 그 내용은 다음과 같다.

"북한과 중공지도자들은 그들이 주인으로 섬기고 있는 로서아의 비밀 승락 없이는 감히 한국에 대한 침략전을 시작하지 못하였을 것이다. 이 침략전으로 말미암아 수많은 한국사람이 죽었으며, 수백만명이 집을 잃게되어 한때 자랑스럽고 아름답던 한국이 비참한 지경에 빠지게 되었으나 로서아는 여전히 뒤에 앉아 불붙은 침략전에 부채질을 하고 있는 것이다.

이렇게 뒤에 서서 이 침략전을 지휘하고 있는 로서아의 침략정책으로 인하여 남녀노소 아까운 한국사람들만 마구 죽어가고 있는 것이다. 로서아 식민지 노예 정책에 결사 반대하라!!"

② 포스터

　　포스터(poster)는 벽이나 수직면에 부착하기 위해 도안된 종이 출력물을 말한다. 일반적으로 포스터는 문자적 요소와 그래픽적인 요소를 모두 포함하지만, 순수하게 문자나 그래픽으로만 구성할 수도 있다. 포스터의 도안은 관심 유발과 정보 전달의 측면을 모두 고려해야 한다. 포스터는 여러 용도로 쓰이는데, 광고(특히 행사, 음악회, 영화), 선전, 항의 활동 등 홍보의 수단으로서 흔히 사용된다. 그 밖에 포스터는 예술품의 복제나, 특정 주제에 대한 교육 목적으로도 쓰인다.

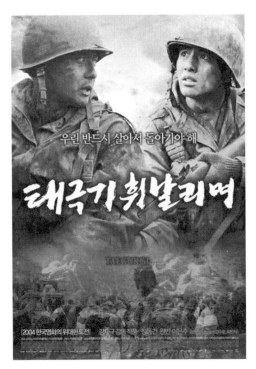

[그림 162] 포스터 태극기 휘날리며

　　이 포스터는 6·25전쟁을 배경으로 한 영화 "태극기 휘날리며"라는 작품의 포스터이다. 그 내용은 다음과 같다. "서울 종로거리에서 가족의 생계를 책임지며 열심히 살아가는 '진태'(장동건 분)는, 힘든 생활 중에도 약혼녀 '영신'(이은주 분)과의 결혼을 앞두고, 세상에서 가장 소중하게 생각하는 동생 '진석'(원빈 분)의 대학진학을 위해 최선을 다하여 살아가고 있다. 그는 하루하루가 행복하기만 하다. 그러던 중 6월의 어느 날, 한반도에 전쟁이 일어났다는 호외가 배포되면서 평화롭기만 하던 서울은 순식간에 싸이렌 소리와 폭발음, 비명 소리로 가득 찬다. 이에, 남쪽으로 피난을 결정한 '진태'는 '영신'과 가족들을 데리고 수많은 피난행렬에 동참하지만, 피난열차를 타기 위해 도착한 대구역사에서 거대한 운명의 소용돌이에 말려들고 만다.

만 18세로 징집 대상이었던 '진석'은 군인들에 의해 강제로 군용열차에 오르게 되고 '진석'을 되찾기 위해 열차에 뛰어오른 '진태' 또한 징집이 되어 군용열차에 몸을 싣게 된다. 평온한 일상에서 치열한 전쟁터로 내 몰린 '진태'와 '진석'은 훈련받을 시간조차 없이 국군 최후의 보루인 낙동강 방어선으로 실전 투입이 되고 동생과 같은 소대에 배치된 '진태'는 동생의 징집해제를 위해 대대장을 만난다. 대대장과의 면담 후 동생의 제대를 위해 자신이 해야 할 최선의 것이 무엇인지를 느끼게 된 '진태'는 그 무엇보다 동생의 생존을 위해 총을 들며 영웅이 되기를 자처한다. '진태'의 혁혁한 전과로 낙동강 방어선을 지키는데 성공한 국군은 인천상륙작전이 성공했다는 소식을 듣고 드디어 북진을 시작한다. 애국 이념도 민주 사상도 없이 오직, 동생의 생존을 위한다는 이유 하나로 전쟁영웅이 되어가고 있는 '진태'와 전쟁을 통해 스스로 강해져야만 살아남을 수 있다는 것을 깨달은 '진석'은 수많은 전투에서 승리를 거두며 승승장구 평양으로 향하는데, 그러면서도 그들의 뜻대로 되지 않는 것이 또한 운명이기도 하다.

[그림 163] 헌혈 권장 포스터

이것은 6·25전쟁 당시 전선으로 보낼 혈액을 공급하기 위하여 미국 정부에서 제작한 헌혈 권장 포스터로, 1950년에 제작된 것이다. 6·25전쟁과 관련하여 미국의 역할은 결정적이었다. 물론 유엔군의 이름으로 북한군과 싸웠지만 사실상 미군이 전폭적으로 지원한 것이라 할 수 있다. 특히 6·25전쟁의 전세를 역전시킨 것은 인천상륙작전으로써, 그 개략적인 내용을 살펴보면 다음과 같다. 작전의 제1단계는 월미도의 점령으로 시작되었다. 새벽 5시 시작된 공격준비사격에 이어 미 제5해병연대의 3대대가 전차전면에 상륙하였다. 월미도는 2시간 9

대를 앞세우고 월미도 만에 완전히 미군에 의해 장악되었다. 미군은 부상 7명의 경미한 피해를 입었으며, 인민군은 108명이 전사하고 106명이 포로로 잡혔다.

　제2단계는 국군 제17연대, 미군 제7사단, 미국 1 해병사단의 주도로 인천반도 공격으로 이어졌다. 인민군 제18사단과 인천의 경비병력의 틈새를 비집고 들어간 미군 제1해병사단과 국군 해병 제1연대는 성공적으로 인민군의 주력이 규합할 시간적 여유를 빼앗아버리며 인천 장악에 성공하였다. 그 후 서울을 빼앗긴 지 3개월 만인 9월 28일에 서울을 되찾았다. 이어 달아나는 인민군을 뒤쫓아 38선을 돌파하여 10월에는 평양을 거쳐 압록강에 이르렀고, 11월에는 두만강 일대까지 진격하였다.

[그림 164] 미션 오버 코리아 포스터

　이 포스터는 6·25전쟁을 다룬 미국 영화 미션 오버 코리아라는 제목의 영화 포스터로써, 1953년에 제작된 것이다. 이제 6·25전쟁의 휴전과 관련하여 구체적 내용을 살펴보면 다음과 같다. 1951년 6월 30일 리지웨이 장군은 라디오 방송을 통하여 원산항에 있는 네덜란드 병원선에서의 회담을 제안하였다. 중공군도 1·2차 춘계공세를 통하여 한반도에서 무력으로 유엔군을 격파할 수 없다는 사실을 인식하고 회담개최 의사를 밝혔다. 1951년 7월 8일 개성에서 휴전회담을 위한 쌍방의 연락장교회담이 개최되어, 쌍방의 정부대표 명단이 교환되고, 본회담 개최 장소를 개성으로 결정하였다. 1951년 7월 개성에서 본회담을 시작하였고, 10월에 회담장소를 판문점으로 옮겼다. 회담은 장기화하였고 파란곡절을 겪었다. 여러 문제에 있어, 특히 전쟁포로의 자유의사에 의한 송환원칙에 대하여 성실하게 교섭하지 않으려는 공산측의 비타협적 태도 때문에 유엔군 사령부는 2회에 걸쳐 총 9개월간이나 회담을 중지하였다.

1952년 10월의 휴전회담 중지에 이어서 유엔 총회는 1952년 12월 3일의 결의로써 자유의사에 의한 송환원칙을 재확인하고 전쟁포로문제 해결을 위한 총괄적 계획을 제안하였으나 공산측은 이를 거부하였다. 공산측이 광범위한 지연책을 쓰고 나서 1953년 7월 13일과 14일에 전란 중 최대의 공세를 취했으나 실패하였다. 그리고 1953년 7월 27일에 비로소 판문점에서 유엔군 사령관과 공산군(북한군과 중공군) 사령관 간에 휴전이 조인되었다.

심화 탐구 주제

1. 전단과 포스터 외에도 전쟁에 사용되는 미술품에는 어떤 것이 있는지 살펴보고 이들의 예술성에 대해서도 개인의 의견을 개진해 보세요.

2. 미술의 실용성과 예술성의 차이점을 살펴보고, 일상생활에서의 미술과 전쟁 상황에서의 미술과의 차이점에 대해서도 자신의 의견을 개진해 보세요.

3. 미술의 일반적인 특성은 인간의 심성을 부드럽고 풍요롭게 하는 것인데, 전쟁에 미술이 동원되면 적개심이나 폭력성을 부추기는 것은 아닌지 토의해 보세요.

제12장 전쟁과 건축 · 기념물

1 전쟁관련 건축[1]

가. 마지노 선 (프랑스 장벽) [Maginot Line]

[그림 165] 프랑스의 방어 장벽 마지노선 입구

마지노선은 1930년대에 프랑스가 북동쪽 국경선에 건설한 정교한 방어용 장벽이다. 이 방책(防柵)의 주요창안자이며 1929~31년에 프랑스 육군장관을 지낸 앙드레 마지노의 이름을 따서 마지노선이라고 불렀다. 제1차 세계대전 때 독일군 포병대의 공격을 막아낼 수 있었던 것은 근대적인 요새 덕분이며, 또한 방벽을 쌓음으로써 병력을 절약할 수 있으리라는 사실에 착안한 프랑스는 독일의 공격에 대비한 항구적인 방어수단으로써 유명한 마지노선을 구축하기로 결정했다.

이 초근대적인 방어시설은 구식인 원형 요새의 흔적을 보이지만, 대부분은 선으로 길게 이어져 있었다. 마지노선은 군사적 관점에서 볼 때 이전의 요새보다 매우 발전한 방어선이었다. 콘크리트 벽은 그때까지 알려진 어떤 성벽보다 두꺼웠고, 여기에 설치된 대포는 훨씬 더 중장형이었다. 게다가 냉난방시설이 된 장소까지 있었기 때문에 마지노선은 흔히 근대도시보다 더 쾌적하다는 말을 들었

---

[1] 방어수단, 예컨대 남한산성, 초지진 등의 유적·유물에 해당되는 건축물을 말함.

다. 이곳에는 오락시설, 주거지역, 보급품 창고, 방어선의 여러 구역을 연결하는 지하철도로망 등이 갖추어져 있었다. 땅속 깊은 곳에는 거점이 건설되어 지하철을 타고 이동하는 군대가 보급을 받을 수 있도록 되어 있었다.

불행히도 이 방어선은 프랑스와 독일의 국경에만 건설되고 프랑스와 벨기에의 국경에는 건설되지 않았다. 그래서 1940년 5월 독일군은 이 방어선을 우회해 5월 10일에 벨기에를 침공하고, 벨기에를 가로질러 행군을 계속했다. 그들은 솜강을 건너 5월 12일 마지노선의 북쪽 끝에 있는 스당을 공격했다. 독일군은 전차와 비행기로 마지노 선 뒤쪽으로 우회해 돌파작전을 감행함으로써 마지노선을 쓸모없게 만들었다.

나. 남한산성

[그림 166] 남한산성

남한산성은 경기도 광주시(廣州市) 중부면(中部面) 남한산에 있는 산성이다. 신라 문무왕 때 쌓은 주장성(晝長城)의 옛터에 1595년(선조 28) 축조하기 시작하여 1624년(인조 2) 완성한 뒤 여러 차례에 걸쳐 중·수축(重修築)하였다. 《남한지(南漢志)》에 의하면 심기원(沈器遠)이 축성을 맡았으나 그의 부친상으로 인하여, 이서(李曙)가 총융사(摠戎使)가 되어 공사를 시작해서 1626년(인조 4) 7월에 끝마친 것으로 되어 있다. 병자호란(丙子胡亂)이 일어나 싸워 보지도 못하고 45일 만에 굴욕적인 항복을 한 곳으로 유명하다. 1636년 12월 청군·몽골군·한군(漢軍) 도합 12만의 대군을 심양에 모은 청태종은 스스로 조선침입에 나섰다. 마부태의 부대는 곧바로 서울로 진격하였는데 의주부윤 임경업(林慶業)이 백마산성(白馬山城)을 굳게 수비함을 알고 이를 피하여 밤낮을 달려 10여 일 만에 서울에 육박하였다. 청군이 압록강을 건너 조선에 침입한 것을 안 조선조정은 계속 도착하는 보고에 형세가 급박함을 알고 급히 관제를 전시체제로 전환하여 도성을 수비하게 하였다. 종묘사직의 신주와 왕손들을 강화도로 피난시킨 후 인조도 강화도로 향했으나 마부태의 부대에 의해 강화도로 가는 길이 끊기자 최명

[그림 167] 남한산성 성벽 1

길(崔鳴吉)이 청군에게 술과 고기를 먹이며 시간을 지연시키는 사이에 남한산성(南漢山城)으로 들어갔다. 이때 성 안에 있던 군사는 1만 3000이었는데 이들에게 성첩(城堞)을 지키게 하는 한편 명나라에 원군을 청하였다. 당시 성안의 양곡은 겨우 50여 일을 견딜 수 있는 양에 불과하였다. 청군의 선봉부대는 심양을 출발한 지 보름 만에 이미 남한산성에 이르고 청태종은 다음해 1월 1일 20만의 군사로 성을 포위하였다. 포위된 성안의 조선군은 성을 빠져나가 적을 죽여 사기를 올리기도 하고, 각도의 관찰사와 병사들이 관군을 이끌고 올라오기도 했으나 목적지에 이르기도 전에 청군의 역습으로 패배하여 중도에서 좌절되자 남한산성은 절망적 상태가 되었다. 명나라에 구원을 요청하였으나, 명나라는 나라 안의 유적(流賊) 때문에 원병을 보낼 처지가 아니었다. 이때 경기·호남·경상도 등지에서 의병이 일어났으나 큰 전과는 거두지 못하였다. 남한산성으로 오는 군사가 붕괴되고 성과 외부와의 연락이 끊기자 강화론이 일어났다. 주화파(主和派)와 주전파(主戰派)는 논쟁을 거듭하였으나 주전파 역시 난국을 타개할 방도가 있던 것이 아니어서 대세는 강화론으로 기울었다. 인조는 청군진영에 화호(和好)를 청하는 국서를 보냈으나 청태종은 국왕이 직접 성에서 나와 청의 군문(軍門)에 항복하고 척화주모자를 결박지어 보내라고 하였다. 조선은 이에 응하지 않았으나 이때 강화도가 함락되었다는 보고가 들어왔다. 강화수비를 맡은 김경징(金慶徵)은 청군이 강화도에는 침입하지 못할 것이라고 생각하고 있다가 기습을 받자 그제서

야 화약과 총탄을 나누어 주었다. 청의 대군이 들어오자 김경징과 수비를 맡은 관료들이 도망하고 남은 사람들은 빈궁과 왕자, 싸움에 익숙하지 못한 대신들이 었다. 청군은 성으로 들어와 대군과 대군부인 등을 잡고 약탈을 자행하였다. 강화도 함락이 확인되자 인조는 출성을 결정하지 않을 수 없었다. 홍서봉(洪瑞鳳) · 최명길 · 김신국(金藎國) 등이 적진을 오가며 항복조건을 제시하고, 청군 진영에서도 용골대 · 마부태 등의 사신이 성안에 들어와 조건을 제시한 끝에 강화협약이 이루어졌다. 협약내용은 조선은 청에 대하여 신(臣)의 예를 행할 것, 명과의 교호(交好)를 끊을 것, 조선왕의 장자와 차자 그리고 대신의 아들을 볼모로 청에 보낼 것, 청이 명을 정벌할 때 조선은 원군을 보낼 것, 사신의 파견은 명과의 구례(舊例)대로 할 것 등의 11개 조문이었는데 조선으로서는 힘겨운 부담이었다. 그러나 1663년 1월 30일 인조는 삼전도(三田渡)에서 청태종에게 성하(城下)의 맹(盟)의 예를 행하고 한강을 건너 서울로 돌아왔다. 청은 볼모들을 데리고 군사를 거두어 심양으로 돌아갔다. 청군은 철수하는 도중에 동강진(東江鎭)을 공격하였는데 항복조건에 따라 조선은 유림(柳琳) · 임경업을 보내 청군을 도와 싸우게 하였다. 이로써 동강진은 17년 만에 붕괴되고 조선은 명과의 관계를 완전히 끊고 청나라에 복속하게 되는데, 이와 같은 관계는 1895년 청 · 일전쟁에서 청나라가 일본에게 패전할 때까지 계속되었다. 병자호란은 비록 한 달 남짓한 짧은 전쟁이었으나, 그 피해는 상당하였다.

[그림 168] 남한산성 성벽 2

병자호란 후에 숙종(肅宗) · 영조(英祖) · 정조(正祖)의 3대에 걸쳐 봉암외성(峰岩外城) · 한봉외성(漢峰外城) · 신남성(新南城) · 포루(砲壘) · 돈대(墩臺) · 옹성(甕城) · 암문(暗門) 등을 증축하였고 동 · 서 · 남의 3문에 문루(門樓), 4방에 장대(將臺)를 축조하였다. 당시에 성군(聖軍)으로서의 불도(佛徒)의 힘은 막강하여 이 산성의 축성에도 승려 각성(覺性)이 도총섭(都摠攝)이 되어 팔도에 있는 승군(僧軍)을 모아서 현존하는 장경사(長慶寺)를 비롯하여 개원(開元)·한흥(漢興)·국청(國淸)·천주(天柱)·동림(東林)·남단(南壇)의 7사(寺)를 창건하였다. 성벽 주위는 약 8km이고, 성내에는 숭렬전(崇烈殿)·연무관(演武館)·침과정(枕戈亭)이 있으며 백제의 토기·와편(瓦片) 등이 발견되었다. 현재의 성벽은 1621년(광해군 13)부터 1626년(인조 4) 사이에 여러 차례 중·수축된 것이다. 사적 제57호로 등록되어있다.

다. 초지진

[그림 169] 강화도에 있는 초지진

초지진은 강화도(江華島) 방어를 위해 인천광역시 강화군 길상면(吉祥面) 초지리(草芝里)에 설치한 진이다. 《여지도서(輿地圖書)》 《강화부지(江華府志)》 등에, 1716년(숙종 42) 설치된 것으로 전한다. 1726년(영조 2)에 진장(鎭將)으로 종4품 무관 병마만호(兵馬萬戶)를 배치하였다.

1763년(영조 39)에는 종3품 첨사를 두고 군관 11명, 사병 98명, 돈군 18명, 목자 210명, 진선(鎭船) 3척, 포대 9문 등을 배치하였다. 또한 초지돈·장자평돈·섬암돈이 이에 소속되어 있었다. 이 진은 미국과 일본이 침략하였을 때 이들과 맞서 싸운 전적지로, 1871년(고종 8) 미국해병 450명이 이곳에 상륙하였을 때 필사의 격전을 벌였으나 화력의 열세로 패배, 미군에 점령당하였고 1875년(고종 12)에는 일본군함 운요호[雲揚號(운양호)]와 교전이 벌어져 일본 함포공격으로 파괴되었다.

지금은 모두 허물어지고 돈의 터와 성의 기초만 남아 있다가 1973년 초지돈만 복원되었는데, 이 돈은 높이 4m, 장축 약 100m의 타원형으로 3개의 포좌(砲座)와 100여 개의 총좌(銃座)가 있고 포각(砲閣) 안에 대포 1문을 전시하였다. 사적 제225호로 등록되어 있다.

[그림 170] 운요호 이미지

이 초지진은 운요호 사건으로 유명하다. 1875년(고종 12) 9월, 일본군함 운요호[雲揚號(운양호)]의 강화해협(江華海峽) 불법침입으로 일어난 한국·일본간의 포격사건이 바로 운요호 사건으로써, 강화도사건(江華島事件)이라고도 한다. 메이지유신[明治維新(명치유신)]을 일으켜 근대통일국가를 이룬 일본은 대륙침략을 위한 첫 조처로 정한론(征韓論)을 내걸고 한반도 침략의 기회를 노리고 있었다. 한편, 조선정부는 정치적 변화가 일어나 쇄국양이정책(鎖國攘夷政策)을 고수하던 흥선대원군(興宣大院君)이 물러나고 명성황후의 민씨(閔氏) 일파가 정권을 장악, 일본과의 수호관계가 순조로워졌다. 일본은 또다시 흥선대원군이 득세할 경우 쇄국정책이 강화될 것을 염려하여, 세력을 회복하기전에 무력을 사용하여 조선을 강제로 개항시키려고 군함 2척을 한국 연해에 파견, 무력시위를 벌였다. 남해안과 동해안을 탐측한 운요호는 1875년 9월 20일 강화도 남동쪽 난지도(蘭芝島) 부근에 정박하고 담수(淡水)를 구한다는 이유로 수십 명이 보트에서 내려 연안을 탐측하면서 초지진(草芝鎭) 포대로 침입하였다. 이에 따라 조선 수비병은 일본의 보트에 포격을 가하였고, 일본은 즉시 초지진에 보복적인 포격을 강행하여 큰 손해를 입혔다. 후퇴하던 일본군은 제물포 대안의 영종진(永宗7

鎭)에 포격을 가했으며 육전대(陸戰隊)까지 상륙시켜 살인·방화·약탈을 자행하였다. 이 전투에서 조선군은 전사자 36명, 포로 16명, 조선 대포 36문, 화승총 130여 자루를 빼앗긴 반면, 일본군은 경상자 2명뿐이었다. 그러나 일본은 포격전의 책임을 조선에 전가하고 전권대사를 파견, 개항을 요구하였다. 이로 인해 조선·일본 양국간에 강화도 조약이 체결되었고, 근대 자본주의국가에 대한 문호개방이 이루어지게 되었다.

라. 진주성

[그림 171] 진주성 촉석루

경상남도 진주시(晉州市) 남성동(南城洞)에 있는 성으로써, 촉석성(矗石城)이라고도 한다. 성의 둘레는 약 4000m이다. 원래 백제의 거열성지(居列城址)였다고 전한다. 고려 공민왕 때 7차의 중수를 거쳐 현재의 형태를 갖추게 되었으며, 주된 역할은 왜구를 막는 데에 있었다. 임진왜란 때에는 김시민(金時敏)이 이끄는 조선군이 왜군을 대파했던 곳으로, 임진왜란 3대첩의 하나로 손꼽힌다.

[그림 172] 진주성 서장대

1605년(선조 38)에 병사(兵使) 이수일(李守一)이 진(鎭)을 성내로 옮기고 내성을 구축한 뒤 병사 김태허(金太虛)가 1607년 포루(砲樓) 12개를 증축하였고, 1618년(광해군 10) 병사 남이흥(南以興)이 성 수축에 많은 노력을 기울였다. 현존하는 진주성은 대략 이때에 완성된 것으로 추정된다. 현재 남아 있는 유적으로는 북장대(北將臺)・서장대(西將臺)・논개사당(論介祠堂)・영남포정사(嶺南布政司) 진주성비석군(晉州城碑石群) 등이 있다. 사적 제118호로 등록되어 있다.

마. 동래성

[그림 173] 동래성

동래성 전투는 1592년 음력 4월 15일 부산진 전투에 이어 일어난 임진왜란 두 번째 전투로 동래 부사 송상현이 2시간을 버티며 왜군을 끝까지 막아냈으나 결국 전사하고 동래성은 함락되었다. 1592년 음력 4월 15일 일본군은 부산 동래성 앞으로 몰려들었다. 경상좌병사 이각과 경상좌수사 박홍이 지원을 왔으나 왜군의 수를 보고 전투를 치르기도 전에 도망쳐 버렸다. 양산군수 조영규 역시 성 남쪽 4km까지 진출했으나 결국 후퇴했다. 이에 송상현 홀로 울산군수 이언성 등과 함께 전투를 치뤘다. 일본의 고니시 유키나가는 새벽에 부산진성을 출발하여 오전 10시 동래성에 도착해 부대를 3개로 나누어 일대(一隊)는 황령산 기슭에, 다른 일대는 동래성 서편의 대로에, 마지막 일대는 취병장으로부터 남문을 향하도록 하여 성을 포위하였다. 그리고 무리한 전투를 피하기 위해 조선군과 협상을 위해 싸우려면 싸우고, 싸우지 않으려면 길을 빌려달라(戰則戰矣 不戰則假道)라는 패목을 세우게 했고, 송상현은 곧 거기에 싸우다 죽는 것은 쉽지만, 길을 빌려 주기는 어렵다(戰死易 假道難)라고 회답하였다.

[그림 174] 동래부순절도

결국 전투가 시작되어 송상현은 부산진 전투 상황을 보고 받았는지 두꺼운 통나무로 방어책을 만들었으나, 방패가 얇아 조총을 막아주지 못하였다. 조선군이 통나무를 이용한 방어물을 준비했듯이 일본군 역시 성의 공략을 위해 허수아비를 장수처럼 변장시켜 장대 끝에 꽂아 수비군을 유인하였다. 이것은 조선군의 주무기인 활 공격을 유도하기 위해서였다. 동래성 안에서는 백성들까지 수비에 가담하여 저항하여 한동안은 일본군의 공격을 막아내는 듯 하였으나, 일본군은 성곽이 낮고 수비가 허술한 동문의 인생문(人生門)을 집중공격함으로써 방어선을 뚫는데 성공하였다. 성이 뚫리고 동래성이 함락될 위기에 처하자 송상현은 조복으로 갈아입고 고향의 부모에게 보내는 시 한 수를 쓴 뒤 일본군의 칼에 맞아 전사했다. 송상현의 부하 조방장 홍윤관과 김희수, 대송백도 전사하고 그리고 왜군을 보고 도망갔던 양산군수 조영규와 울산군수 이언성이 응원차에 달려와 싸웠으나 조영규는 전사하고 이언성은 포로가 되어 훗날 이덕형의 도움으로 석방되었다.

바. 행주산성

[그림 175] 행주산성

행주산성은 해발 124.8m의 덕양산 능선을 따라 축조되어 있는 테뫼식 산성이다. 성벽은 해발 70~100m의 능선을 따라 부분적인 토축을 했는데, 그 길이는 약 1km에 이른다. 성의 남쪽은 한강이 인접해 있고, 동남쪽으로는 창릉천이 산성을 돌아 한강으로 유입되고 있어 자연적인 해자가 조성되어 있다. 산성의 동남쪽과 남쪽 일대는 급경사로 요새로서의 지형 조건을 갖추고 있으며, 산성의 정상에서는 북쪽으로 올라가는 길목을 한눈에 볼 수 있다.

1990년 12월 서울대학교 박물관에서 조사한 결과에 의하면, 생토암반을 정리하여 성 내부 쪽에 2단의 석렬(石列)을 쌓고 성 바깥쪽에는 기둥을 세워 그 사이에 5~10m 두께의 점토와 산흙을 겹겹이 다져 쌓는 판축법(版築法)에 의하여 성이 축조되었다.

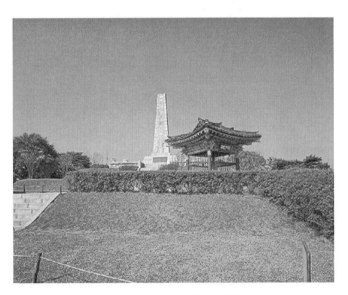

[그림 176] 행주대첩 기념비

시굴·조사의 대상인 대첩비휴게소에서 충장사(忠.莊祠)에 이르는 구간의 밑바닥 부분의 너비는 6.26m, 높이 2.8m, 성벽 정상부의 너비는 2.3m가량 된다. 건물지의 존재를 시사하는 초석과 문터도 확인되었다. 그리고 성벽 판축토 안에서는 통일신라시대의 토기편과 기와편들이 많이 출토되었다. 이러한 유물을 통하여 볼 때 성곽의 축조시기는 7~8세기경으로 추정된다. 임진왜란 때 권율이 일본군을 크게 격파한 행주대첩이 이곳에서 이루어졌다. 사적 제56호로 등록되어 있다.

② 전쟁기념물[2]

가. 미국 워싱턴DC 한국전 기념공원(Korean War Veterans Memorial)

[그림 177] 美 워싱턴DC 한국전 기념공원

전쟁관련 기념물 중 대표적인 것이 美 워싱톤DC 한국전 기념공원(Korean War Veterans Memorial)이다. 몰의 정방형 수로(Reflecting Pool)를 가운데 두고 월남전 메모리얼과 마주한 곳에 한국전 메모리얼이 있다. 이것을 보면 미국인들의 애국심은 대단하다. 조국을 위해 전쟁에 나가거나 전사하는 것에 대해 미국인들은 매우 강한 자부심을 느끼는 것을 엿볼 수 있다. 어느 나라든 자기조국에 대한 애국심이야 다 있겠지만 국가차원에서 이런 애국심을 국민들에게 고양시키

---

2) 전쟁 종결이후 이를 기념하기 위한 구조물, 예컨대 전쟁기념관, 충혼탑, 국립묘지, 영천호국묘지, 적군묘지 등의 내용을 말함.

려고 노력하는 나라는 그리 많지 않은 것 같다. 한국전쟁 메모리얼에는 6·25전쟁에 참전한 다국적군의 모습을 하나하나 그린 듯한 판초우의를 입은 다소 피곤에 지친 군인들 동상이 대열을 이루며 어디론가 들판을 가로질러 가고 있다. 그들을 따라 같이 걸어가며 용감한 우리 편이라는 생각에 잠길 때 그들 앞에는 성조기가 펄럭이는 광경을 목격하게 된다.

"Freedom is not Free" 벽면에 세겨진 이 선언적 문구는 '자유는 그냥 주어지는 것이 아니다'라는 이면에 너희가 지금 누리는 자유는 우리가 희생된 결과이다'라는 우회적 표현이 아닌지 생각하게 만든다. 수많은 관광객이 집중되는 상징적 공간에 의미 깊은 메시지가 담겨져 있다.

[그림 178] 한국전 기념 공원

우리의 미합중국은 조국의 부름을 받고 생면부지의 나라, 일면식도 없는 그들의 자유를 지켜주기 위하여 분연히 나섰던 자랑스러운 우리의 아들 딸들에게 깊은 경의를 표합니다.

미국은 한국전쟁 초기부터 끝날 때까지 한국전쟁에 참전 했으며, 54,246명이 젊은 목숨을 바쳤고 103,284명이 부상을 입었으며, 아직도 8,176명의 실종자를 남기고 있다. 6·25 한국전쟁으로 인한 대한민국의 손실은 전사자 415,004명을 포함하여 총 1,312,836 명의 희생자를 냈으며, 당시 대한민국이 입은 경제적 손실은 가히 계수로 판단하기 어려운 상태인 세계 최빈국으로 전락하고 말았다. 오늘날 우리가 누리는 자유는 그냥 주어진 것이 아니고 이렇게 수많은 희생이 있었기에 가능했다. 한국전쟁을 마감한 지 반세기가 지났다. 궁핍했던 우리네 살림살이는 이제 가정마다 자가용 한 대 정도는 두고 사는 정도로 여유로워졌다. 세계 11위의 경제규모에 1인당 국민소득 1만달러가 넘었다. 대한민국의 이름 아래 누리는 이 안락한 삶은, 멀리는 반만년 동안 크고작은 전쟁에서 나라를 지켜낸 참전 용사들에게, 가까이는 한국전쟁의 참화에서 자유민주주의를 지켜낸 유엔연합국 전몰장병들에게 빚을 진 것이다. 한국전쟁후 반세기가 지났어도 한반도는 총성만 멈춘 준 전시 상태로 남겨져있다. 그 반세기동안 남북한은 각각 서로 다른 사회체제가 진행되었고, 남북의 이념적 간극은 벌어질대로 벌어져서 고착화 되었다. 현재 북한은 반미와 남조선해방이라는 이데올로기로 대한민국을 위협하고 있고, 전세계의 이목은 유일무이한 독재공산체제 김정일을 압박하고 있는 불안한 정세 속의 한반도에 닿아 있다. 남의 집 불구경하듯이 방심을 하고 있을 상황이 아니다. 대한민국 국민인 우리는 과연 얼마나 한국전쟁을 이해하고 이의 재발을 방지하기 위하여 어떤 노력하고 있는지 되돌아 보아야 한다. 작금의 평택사태를 보노라면 붉은 세력들이 반미를 부르짖고 있고, 대한민국의 법과 정치환경은 붉은 무리들의 활동을 공개적으로 할 수 있게 만들었고, 경험부족의 정치가들은 북한의 계략에 놀아나고 있다고 보여진다. 한미동맹이 절실한 현실에 반미를 부르짖으며 국제사회의 고립을 자초 하고 있으니, 제2의 6·25전쟁 전초전 같은 불안감이 생긴다. 과거의 아픈 역사를 잊으면 그 민족은 멸망하게 된다는 말이 있다. 자유는 그냥 주어지는 것이 아니다. (Freedom is not free.)

나. 호주의 ANZAC 전쟁기념관

전쟁관련 기념물로 유명한 것 중 대표적인 것이 호주의 ANZAC 전쟁기념관이다. 전쟁기념관의 이름인 ANZAC 은 "Australian and New Zealand Army Corps"의 약자로 제1차 세계대전에 참여한 오스트레일리아·뉴질랜드 연합군을 의미한다. ANZAC 전쟁기념관(ANZAC War Memorial)은 오스트레일리아 뉴사우스웨일스 주 시드니 하이드 파크에 위치한 군사 기념관으로 1934년 11월 24일 완공되었다. 이 기념관은 Charles Bruce Dellit 에 의해 디자인 되었고, 건물 외부 장식은 Rayner Hoff 가 맡았다. 이 건물은 오스트레일리아 내에서 매우 잘 만들어진 아르데코 양식의 건물이다.

[그림 179] 호주의 ANZAC 전쟁기념관

[그림 180] ANZAC 전쟁기념관 내부

　이 기념관은 시드니 중심 업무 지구의 동쪽 끝의 하이드 파크 남단에 위치하고 있으며, ANZAC 데이와 제1차 세계대전 휴전 기념일에 주요 행사가 벌어지는 곳이다. 이 건물은 콘크리트 구조로 지어졌으며, 붉은색의 화강암을 사용하여 건물의 외부를 덮었고, 아르데코 양식의 외벽과 계단식 상부 구조로 지어졌다. 건물의 4면에는 거대한 아치(arch) 모양의 노란색 스테인드 글라스 장식이 되어있으며, 꼭대기에는 지구라트 양식의 계단형 피라미드 형상을 지닌 지붕을 가지고 있다. 건물의 최상층에는 십자 형태의 주춧돌이 관리 사무실과 소규모의 박물관과 함께 위치하고 있다.

건물의 내부는 흰색의 대리석으로 장식되어 있으며 돔 형식의 천장에는 12만 개의 금으로 만들어진 별들이 장식되어 있다. 각각의 별들은 제1차 세계대전에 참전한 뉴사우스웨일스 주의 지원병들을 의미한다. 건물의 남쪽과 북쪽을 따라 위치한 넓은 계단을 통해 메인 홀로 들어갈 수 있으며, 1층의 동쪽과 서쪽의 문은 지하 전시실로 연결되어 있다.

다. 한국의 전쟁기념관 [戰爭記念館]

[그림 181] 용산 전쟁기념관

한국의 전쟁기념관은 서울특별시 용산구 용산동 1가 8번지 옛 육군본부 자리에 건립된 종합적인 전쟁자료 전시관이다. 이 전쟁기념관은 1990년에 착공하여 1993년에 완공되었으며, 기념관 내부에는 호국관을 비롯하여 역사관, 6·25전쟁관, 월남파병관, 국군발전관 등 5개의 기념관과 7개의 전시실이 있다. 베르사이유 궁전을 본뜬 지하 2층, 지상 4층의 전시관 앞에는 2000평의 인공호수와 시민자유광장이 조성되었으며 5개의 기념관 가운데 호국관에는 일반적인 전쟁관련 자료, 역사관에는 시대별 병기류·의류·군사관련 유품 등을 전시하고 있다. 6·25전쟁관에는 전쟁 발발 당시 시간별 전황, 탱크·야포·항공기·총기류 등과 남북한 군사작전일지, 피난민 및 전사장병들의 유품 등을 진열하여 전후 세대들이 전쟁의 참상을 직접 느낄 수 있도록 하였다. 이 밖에 광장 양측 회랑에 전사장병의 명비(銘碑)를 세웠으며 영상실에는 전투장면을 담은 필름을 비치해 전쟁 당시의 전투진행 상황을 볼 수 있도록 하고 있다.

전쟁기념관은 옥내전시와 옥외전시로 구분되어 있으며 전시자료는 총 9,000여 점에 이른다. 1만 9백여 평의 옥내전시실은 호국추모실, 전쟁역사실, 6·25전쟁실, 해외파병실, 국군발전실, 대형장비실 등 6개 전시실로 구성되어 있다. 여기서는 삼국시대로부터 현대까지의 각종 호국전쟁 자료와 위국 헌신한 분들의 공훈 등이 실물, 디오라마, 복제품, 기록화, 영상 등의 다양한 전시기법에 따라 역동적이고 입체적으로 전시되어 있다. 특히 6·25전쟁실은 6·25전쟁 발발의 원인과 전쟁 경과 및 휴전에 이르기까지의 전 과정을 사실적, 역사적으로 재조명하여 6·25전쟁을 올바르게 인식할 수 있도록 구성되어 있다. 옥외전시장에는 6·25전쟁 당시의 장비를 비롯, 세계 각국의 대형무기와 6·25전쟁 상징 조형물, 광개토대왕릉비, 형제의 상, 평화의 시계탑 등이 전시되어 있으며 기념관 양측 회랑에는 6·25전쟁과 월남전 등에서 전사한 장병과 경찰의 명비와 6·25전쟁 참전 UN군 전사자 명비가 있다.

1) 옥외전시장

[그림 182] 옥외전시장

옥외 전시장에는 제2차 세계대전 및 6·25전쟁 그리고 베트남전쟁 등에서 피·아 간에 운용하였던 차량, 전차, 야포, 항공기, 장갑차, 함포, 잠수함, 레이더 등을 전시하고 있으며, 관람객들이 직접 장비의 내부(內部)에 들어가 살펴볼 수 있도록 하였다. 전시내용 중 T-34전차는 6·25전쟁 당시 북한군(北韓軍)이 기습남침에 사용하였던 전차로서 전쟁발발시 242대를 보유하고 있었다. 전차(戰車)를 한 대도 보유하지 못했던 국군(國軍)은 이 전차의 공격으로 전쟁 초기에 많은 피해를 입었다. 길이 6.1m, 폭 3m, 무게 32,000kg이며 최대속도(最大速度)는 시속(時速) 56km이다. 85mm포를 장착하고 있으며 4-5명의 승무원이 탑승한다.

또한 수륙양용장갑차는 병력 수송용 장갑차로 경량화를 위해 차체를 특수 알루미늄으로 제작하였다. 육·해상 제자리에서 360도 회전이 가능하다. 한국 해병대는 1974년에 도입하여 상륙작전용으로 운용하였다. 그리고 나이키 지대지 미사일은 지상표적을 강타할 수 있는 지대지(地對地) 장거리유도탄으로서 한국(韓國)에서 자체개발 생산한 것이다. 한국군은 1980년부터 이 유도탄을 배치하여 운용하였다. 길이 11.89m, 직경 0.8m, 무게 5,542kg이며 최대속도(最大速度)는 마하(Mach) 4.2, 사거리는 180km이다.

2) 6 · 25기념탑

[그림 183] 6 · 25기념탑

6 · 25전쟁 휴전 50주년을 맞이하여 "6 · 25전쟁 50주년 기념사업단"에서 기획 설치한 조형물이다. 이 조형물은 유구한 역사와 민족의 번성을 상징하는 "청동검과 생명수 나무", 국군, 참전외국군, 국민방위군, 유격대, 학도병, 피난민 등을 묘사한 "원호형 조각군상: 6 · 25전쟁의 전황과 고난을 조각", 화강석 바닥의 균열을 통해 휴전선을 묘사한 "접시형 기단부 및 반지하마당", 개별 국가 상징을 담은 참전 21개국 기념조형물 등으로 구성되어 있다. 이를 통해서 6 · 25전쟁의 역사를 재조명하여 전쟁의 아픔과 슬픔을 회상하며, 참전 용사를 추모 선양하고, 현재 국난 극복 의지 및 역량을 결집하고 6 · 25전쟁 전후세대에게 안보의식을 고취시켜 전쟁 재발 방지를 다짐하며 미래 평화통일 기반을 조성하고 세계속에 한국의 신인도를 제고시켜 세계로의 도전과 미래창조에 기여하고자 하였다.

3) 형제의 탑

[그림 184] 형제의 탑

6 · 25전쟁 당시 국군장교인 형과 북한군 병사인 아우가 전쟁터에서 극적으로 만난 실화를 소재로 남북의 분단과 대립을 화합과 통일로 승화시키려는 민족의 의지를 표현한 조형물이다. 건축가 최영집(崔英集), 조각가 윤성진(尹晟鎭), 화가 장혜용(張惠容)이 2년여에 걸쳐 공동 작업한 직경 18m, 높이 11m규모의 조형물이다. 화강석 조각으로 쌓아 올린 돔(dome)의 내부에 비잔틴글라스 모자이크를 사용하여 민 · 관 · 군이 일치단결하여 국난을 극복한 상황을 비롯해서 민족의 얼과 기개를 표현한 벽화가 있고, 돔 위에는 부릅뜬 눈으로 총부리를 겨누고 있어야 할 국군장교와 인민군 병사가 서

로 포옹하는 모습의 군인 조각상이 세워져 있어 관람객들에게 6·25전쟁의 의미를 되새겨 보게 한다.

심화 탐구 주제

1. 시대적 흐름에 따른 전쟁기념 관련 건축의 양식이나 변화 발전의 모습에 대해서 개인의 의견을 개진해 보세요.

2. 전쟁의 경험에 대한 국가적 기억을 건축 예술의 그릇에 담아서 표현하는 과정에서 그 나라 국민의 정서가 어떤 형식으로 반영되는 지 자신의 의견을 개진해 보세요.

3. 건축의 일반적인 양식과 전쟁을 기념하기 위한 건축 양식과의 공통점과 차이점을 토의해 보세요.

제13_장 전쟁과 여성

오늘날에 이르기까지 전쟁은 계속 이어지고 있다. 전쟁 역사의 특징을 살펴보면 남성을 중심으로 발생되고 전쟁의 영웅들 역시 대부분 남성이 차지하고 있다. 이 가운데 여성은 전쟁의 조연으로 인식될 수 있으며 전쟁으로 인해 피해자의 입장으로 인식 되었다. 전쟁과 관련되어 여자가 등장하는 경우는 기록자들의 선별기준에 따라서 다르지만, 일시적으로 등장하고 특정한 과정이나 인물과 연관되어서 등장하는 경우가 많다.

그러나 전쟁은 여성에게 많은 피해를 주었던 것은 부인할 수 없는 사실이지만, 전쟁으로 인해 여성의 사회적 지위가 높아진 점도 부인할 수 없다. 그 이유와 사례에 관해 본 장에서는 역사적 사실에 근거한 1. 여성의 전쟁참여, 2. 전쟁과 모성 이데올로기, 3. 전쟁기의 여성평화운동, 4. 한국전쟁과 여성의 주제에 따라 설명하려고 한다.

이 장에서는 전쟁으로 인해 여성에게 가져온 변화를 역사적 관점을 중심으로 여성과 전쟁에 관한 시각을 여성주의와 평화주의를 관련으로 살펴볼 것이다.

1 여성의 전쟁참여

전쟁과 관련되어 여자가 등장하는 경우는 기록자들의 선별기준에 따라 차이가 나지만 일반적으로, 대체로 집단으로 등장하고 일시적인 등장에 그치며 특정한 과정이나 인물과 연계되어 등장한다. 또한 전쟁의 최대 피해 집단, 심신이 연약한 존재, 남장 여전사로서 무훈을 세우지만 사회질서 문란의 혐의를 쓰고 사회의 심판을 받기도 한다.

전쟁과 여성의 관점은 이미 고대 시대부터 특정한 이미지를 관철시켰다. 그것은 대부분 부정적인 이미지였으며 여성의 전쟁 참여가 문명사회의 질서에 어긋난다는 논리의 결과물 이었다. 아테네 폴리스에서 여자에게 주어진 중요한 사회적 역할은 미래의 전사를 출산하고 양육하는 의무라는 페리클래스의 연설로서 확인할 수 있다.[1]

그러나 아마존 여성의 전쟁참여는 기존의 이미지를 바꾸는 역할에 기여한다. 아마존(amazon)이라는 명칭은 '유방이 없는'이란 뜻의 그리스어 'a mazos'에서 유래했는데, 그것은 오른쪽 유방을 제거함으로써 거침없이 활을 다루기 위한 조치였다고 한다. 아마존의 여자들은 여성성을 포기하면서 사회적 성 역할의 구도를 변화시켰다고 볼 수 있다. 또한 일부 여성에게만 출산을 허용하는 대신 가사와 육아는 남성이 담당했다.[2] 이것은 전쟁에 대한 여성의 적극적이고 능동적인 이미지를 가지게 한다. 이러한 사례는 우리나라에서도 찾을 수 있다. 빨치산 전투에서 여성들은 유격대활동을 하였는데 기존의 소극적이고 피해자의 입장에서 적극적이고 전투적인 여성으로 변화되는 모습을 보여주었다.

전쟁은 국가정치에 여성의 참여를 확대시켜 주는 계기가 되었다. 여성들은 전쟁에 나가는 남편을 대신하여 사회활동을 통해 임금노동을 창출하였고, 자국의 전쟁을 지원하는 노동력으로 기여하면서 사회적 역할에 대한 새로운 인식을 얻었다. 전쟁 기간 동안 여성들이 경험한 가장 큰 삶의 변화는 다양한 직종으로의 진출이 가능했기 때문이다. 영국에서는 전쟁 첫 해에만, 임금노동에 종사하는 여성의 수가 4십만 명 증가하였다.[3] 또한 NAWSA의 의장이었던 안나 하워드 쇼(Anna Howard Shaw)는 전쟁이 끝나자 전쟁이 미국 여성들의 지위에 미친 영향을 다음과 같이 언급하였다.

"여성들은 이제 막을 내린 전쟁 기간 동안 이전에 미처 가져보지 못한, 세계사에 뛰어들 기회를 얻었다. 전쟁 초기에는 여성들에게 거의 관심이 미치지 못했다. 그러나 남성들이 전선으로 떠나고, 군수품과 다른 전쟁 필요 장비들에 대한 요구가 커지면서, 정부에 봉사할 더 많은 인력이 요구되었고, 그러한 요구는 점차 여성들의 책임으로 놓여지게 되었다. 전쟁에 나섰던 모든 국가에서 여성의 노력이 없다면 전쟁에서 절대로 승리할 수 없음이 드러났다."[4]

---

1) B. Crim, "Silent Partners", p. 20.

2) 안상준, "중세 유럽사회에서 여성의 전쟁참여 -여성의 십자군원정을 중심으로", 서양 중세사연구학회, 2006, p. 38.

3) Susan, R. Grayzel, *Women and the First World War*, London: Pearson Education, 2002.

4) Laga, Van Beck, *The formative years of the women's peace movement in the United States 1900-1920*, Dissertation: Thesis(Ph. D), Brigham Young University, 1999.

전쟁은 여성들의 사회활동 참여를 향상시키고 전쟁의 승리에 많은 기여를 하였으나, 여성 전시노동의 의미는 국내 물자의 생산과 가정의 보호를 위한 한시적인 여성노동력의 동원 이었다.

2 전쟁과 모성 이데올로기

모성 이데올로기는 여성의 재생산, 어머니 역할이 그들의 남성과 성적으로 구분할 뿐만 아니라 기질적으로, 심리적·지적인 차이를 만든다고 가정한다. 전쟁 이전의 모성 이데올로기는 여성 역할의 확장을 반대하는 사람들의 주장에도 사용되었으며, 반 참정권주의자들은 여성의 육체적·기질적 특성 때문에 여성이 공적 영역의 활동에 적합하지 않다고 주장했다.

올리브 쉬레이너(Olive Schreiner)는 모성주의적 관점으로 여성들의 전쟁 반대를 주장한 대표적인 참정권주의자였다. 그는 어머니로서 여성은 인간 생명에 가장 중요한 주도권을 가지고 있으며 본성적으로 전쟁에 반대한다고 주장했다.

"아이를 낳았건 아니건, 살인으로 뒤덮인 전쟁터에 냉담하다면 아마도 여성이 아니다. 무수한 어머니의 아들들... 그 안에서 뼈와 근육이 만들어질 때 어머니들이 겪는 피로와 고통... 우리는 울부짖는다."

쉬레이너는 여성이 도덕적으로 우월하다고 주장하지는 않았지만 성차를 강조하면서 모성주의를 평등권 주장과 강력하게 연관시키며, '여성들이 남성들과 정부에서 나란히 앉을 때, 전쟁의 종식이 선포될 것'이라는 그의 주장은 전쟁기에 조직적인 여성평화운동에 중요한 논리가 되었다.

그러나 유럽의 구호활동은 많은 여성들을 전시대비운동으로 이끌었으며, 미국 여성들은 다양한 구호계획을 마련했다. 이러한 움직임 중 국가방위여성단체, 여성해군연맹(Women's Section of the Navy League: WSNL)은 모성 이데올로기를 조직의 근본이념으로 삼았던 주요한 조직으로 발전했다.

이 WSNL의 중요한 근거는 '외적에게 침범당할 가능성에 대해' 국가를 방위하는 것이었으며, 미국여성들 사이에 애국주의를 심어주었고, 여성평화운동가들에 의해 만들어진 여성의 반군사주의 이미지와 평화주의에 대한 대중적 지지를 몰아내는 것을 중요한 활동 목표로 한다. 또한 그들은 여성평화주의의 핵심적 요소였던 모성적 자질과 그 책임에 대한 믿음을 공유했으며, 전쟁을 '피할 수 없는' 것으로 받아들였고, 보호하는 자로서의 여성 역할이 강력한 군사적 방어를 요구할 의무를 갖게 한다고 주장했다.

어머니들은 모성보호를 요청할 뿐만 아니라 아이들을 위해 더 안전하고 더 강한 국가를 요청하여야 하며, 그것은 나라를 위해 싸우는 훌륭한 군인과 이들을 열렬히 지원하는 어머니를 의미하였다.

이렇듯 모성은 평화운동과 군사력 증강 운동에서 여성 지지자들의 상반된 주장을 가능하게 하였고, 여성들 모두 공적 영역에서 단호한 활동 의지를 보여주었다. 모성 이데올로기에 기반한 여성들의 평화 주장은 앞서 살펴본 것처럼, 공적 영역의 실체로서 '국가' 단위의 '여성화'를 주장하는 것이었고, 전쟁을 지지하는 여성들의 활동은 젠더 특성을 국가적 차원으로 융합시키는 '사적영역(가정)의 국가화', '여성의 국민화' 과정으로 나타났다.

여성들의 모성과 도덕성 우월성의 주장은 건전하고 발전적인 국가의 구성과 지속에 부합되는 가정 내 여성의 역할이라는 전제에서 출발하였다. 모성에 기반한 평화와 전쟁 논의는 모성이 여성과 공적 영역을 매개하는 중요한 정치적 담론 공간임을 보여준다.

3 전쟁기의 여성평화운동

WPP의 정강

우리 조직의 목적은 국가들이 인간 삶의 불가침성을 존중하고 전쟁을 없애도록 환기하는 데 모든 미국 여성들이 참여하도록 하는 것이다.

1) 빠른 평화정착을 위해 중립국들의 즉각적인 회담 촉구
2) 무기의 제한과 무기제조업의 국유화
3) 자국내 군사주의에 대한 조직적 반대
4) 어린 세대를 위한 평화이념의 교육
5) 외교정책의 민주적 조성

6) 여성참정권에 의한 정부의 인본주의적 성격 강화

7) '힘의 균형'을 대체하는 '국가간의 조화'

8) 전쟁을 법으로 대체하는 세계 조직 추구를 위한 활동

9) 경쟁적인 군대를 국제 경찰로 대체

10) 전쟁의 경제적 요인 제거

11) 국제적 평화를 추진하기 위해 정부가 적절한 비율의 남성과 여성으로 위원회를 구성할 것.

모성 이데올로기에 기반한 여성들의 평화 주장은 앞서 살펴본 것처럼, 공적 영역의 실체로서 '국가'단위의 여성화를 주장하는 것이었고, 전쟁을 지지하는 여성들의 활동은 젠더 특성을 국가적 차원으로 융합시키는 '사적영역(가정)의 국가화', '여성의 국민화' 과정으로 나타났다. 이처럼 모성에 기반한 평화와 전쟁 논의는 모성이 여성과 공적 영역을 매개하는 중요한 정치적 담론 공간임을 보여준다.

1915년 미국에서는 헤이그 대회 직전 유럽 전쟁에 대한 미국 여성들의 대응으로서 여성평화당(Women's Peace Party: WPP)이 결성되었다. WPP 여성들은 어머니이자 돌보는 역할을 맡아온 여성이 전쟁에 반대할 수 밖에 없음을 공식적으로 발표하고, 여성의 전쟁 반대 목소리에 정치적 힘을 실어줄 참정권을 요구했다.

여성들은 평화를 위한 국제연대로서 1915년 헤이그 국제여성대회를 통해, 세계의 여성들이 할 수 있고 해야 하는 일을 토론하기 위해 개최하였다.

"우리는 이 20세기 문명 속에서 정부가 국제분쟁의 유일한 해결책으로서 이 야만적인 무력을 용인한다는 것을 더 이상 견딜 수 없다… 이 회의에 모인 사람들은 이 대회를 평화대회라 부르지 않고 전쟁에 반대하는, 그리고 미래의 전쟁을 방지할 방법에 대해 논의하는 국제여성대회로 부른다… 우리는 모든 국가에서 여성참정권이 미래의 전쟁을 방지하는 가장 강력한 수단의 하나라고 생각한다. 그러나 이를 얻기 위해 우리는 힘이 필요하다… 인류의 반, 남성에 기반한 각국의 정부는 국제분쟁을 해결하는 올바른 해결책을 찾는데 실패했다. 오로지 여성들이 모든 국가의 의회에 설 때, 여성들이 정치적 목소리와 투표권을 가질 때, 여성은 국제분쟁이 여성들이 원하는, 중재와 조정을 통해 해결되어야 한다고 요구할 수 있는 힘을 갖게 될 것이다."[5]

---

5) Degen, Marie Louise, *The History of the Women's Peace Party*, Baltimore: John Hopkins Press, 1939.

위의 연설문을 토대로 헤이그 여성대회의 결의안을 다음과 같이 7개의 주제로 정리할 수 있다.6)

1) 전쟁과 여성
- 무모한 인류의 희생을 수반하는 전쟁 및 인류가 수세기 동안 얻고자 노력해온 것에 대한 파괴행위의 비정상성과 공포에 반대하는 저항
- 전쟁기간 동안 여성을 피해자로 전락시키는 이 증오할 만한 잘못에 대한 저항, 그리고 현대 전쟁의 조건하에서 이것들을 피할 수 있다고 보는 가정에 대한 반대

2) 평화를 위한 행동
- 중립국 회담에 의한 계속적인 중재 요구
- 국가의 정복권 불인정
- 평화협상에 동등한 수의 여성참여 요구

3) 영구적인 평화에 대한 원칙
- 국가와 독립정부의 권리에 대한 존중
- 미래 국제 분쟁에서 중재와 조정의 사용
- 국가 간 갈등에 있어 중재와 조정 대신 무력을 이용하는 국가에 대한 저항과 압력 촉구
- 남녀 동수의 대표를 통한 외교 정책의 민주적 통제
- 여성의 동등한 정치적 권리와 참정권

4) 국제적 협력
- 전쟁 이후 헤이그 국제회의의 재소집과 여성이 포함된 정기적 회의로서 영구적인 평화회의 요청
- 세계의 무장해제, 무기의 국제교역 통제, 무기 생산자에게 생기는 사적 이윤을 제거하는 정부의 활동
- 정부의 공식적 보호 없는 개인들의 국제적 투자 보장
- 국가 간의 비밀협약 거부

5) 아이들에 대한 교육
- 아이들의 생각과 욕구를 건설적인 평화의 이상을 향해 발전시킬 교육적 방향의 필요성

---

6) Costin, Lela B, "Feminism, Pacifism, International and the 1915 International Congress of Women", *Women's Studies International Forum 5*, No. 3-4, 1982, pp. 311-312.

6) 여성과 평화정착 컨퍼런스
  - 여성을 포함한 대표자들이 평화정착에 참여하여야 한다.
7) 취할 행동
  - 이 회의의 실천적인 결의안들을 제시하기 위하여 종전 후 평화정착을 논의하는 국제회담과 같은 시간, 장소에서 국제여성대회를 다시 열 것.
  - 이 여성대회의 논의 이후 정부에 여성 사절단 파견

여성들은 회의를 통해 영구적 평화를 위한 국제여성대회(International Committee of Women for Permanent Peace: ICWPP)를 결성하고 즉각적인 중립국 중재회담, 완전한 무장해제, 국제법정, 여성참정권, 전후평화협정에서의 여성참여 등을 요구하는 계기를 마련했다. 특히 회의를 통해 가장 중요하게 제시된 분쟁 해결 방법은 '중립국 중재' 안으로서, 여성들의 만장일치로 결의되었다. WPP를 통해 이루어진 여성들의 평화 연대는 여성들에게 공적 영역에 진출할 권리를 인식시키고 다른 여성들과 연대하여 그런 일들을 수행할 수 있는 환경을 제공하였다. WPP의 '정강'은 여성 참정권에 대한 조항을 제외하면, 당시 다른 평화 조직들이 평화적 국제질서 구축을 위해 제시했던 개선책들과 일치하는 것이었다.

하지만 20세기 초, 여성평화이데올로기의 성장은 국가의 튼튼한 기초를 마련하기 위해 모성과 여성의 역할을 강조했던 국가의 이해와 결합되어 있었고, 이를 기반으로 한 여성들의 평화운동 역시 일국 내 정치학에서 주변화된 존재로서 정치적 권리를 얻기 위해 국가와 협상하고자 하는 여성들의 이해와 연관되어 있었다. 1차 대전 기 여성평화운동의 성장과 갈등·정책적 실패는 일국적 맥락에 기반한 여성들의 평화 정치학이 갖는 국제적 맥락에서의 한계와 유동적 위치를 나타낸다.

그러나 헤이그 회의에서 결의된 중재안은 공식적인 중재 세력이 아니었으며, 국가 지도자가 '정의'를 수행하도록 설득해야 하는 한계적인 입장에 의해 실질적인 효과는 거두지 못했다.

미국 여성들의 평화주의가 종교운동과 사회개혁운동·참정권 운동을 통해 큰 갈등 없이 성장해온 것과 달리 영국의 참정권 운동은 종교계가 주축이 된 평화운동과는 상대적으로 독립적인 입장을 가지고 있었다.

독립전쟁·노예폐지운동·남북전쟁을 통해 폭력과 차별의 문제를 인식해 온 미국 여성들은 신교도 윤리에 기반한 도덕개혁 흐름에 동참하면서 사회개혁과 평화 등을 여성의 문제로 받아들였으나, 영국의 여성들은 법적 개혁을 통한 여성의 평등권 쟁취에 열중하였다.

19세기 영국에서 처음으로 여성의 권리를 주장했던 모임은 1850-60년대에 주로 활동했던 랑엄 플레이스 모임(the Langham Place Circle)이었다. 이 모임은 주로 기혼 여성의 지위에 영향을 미치는 재산권에 관련된 법의 개정과 여성의 고등교육 및 직업진출을 위한 운동을 했으며, 보통선거권을 주장하면서도 여성참정권을 인정하지 않으려 하는 남성들의 모순을 비난하며 남성 시민들과 동등한 정치적·법적·사회적 권리를 요구했다. 이러한 과정을 통한 여성 참정권의 신장은 프러시아의 체계적 군사화와 1866년부터 잇따른 유럽 대륙의 전쟁을 통해 영국의 참정권주의자들도 군사주의의 문제를 좀 더 비판적으로 인식하기 시작했다. 1871년 참정권 운동 저널 〈Englishwoman's Review〉는 '여성과 전쟁'이라는 기고문에서 전쟁이 여성의 종속을 가중시킨다고 주장하였다.[7] 또한 1872년 미국의 줄리아 와드 휴는 영국을 방문하여 전쟁의 재앙이 여성에게 미치는 해악과 국가의 상비군이 야기하는 비도덕적 사회문제를 강력하게 비판하고 국제적 무력분쟁을 중재하기 위한 법정을 수립하는 데 여성들이 참여하여야 한다고 주장했다.

이에 대한 응답으로 〈Englishwoman's Review〉는 '참정권의 거부'로 인한 정치적 권력으로부터의 여성 배제가 영국에서 소수에 불과한 평화공동체를 더욱 약화시키고 있다는 응답으로 휴의 주장에 힘을 실어 주었다. 계속되는 유럽의 전쟁은 여성과 폭력·여성과 평화의 문제를 영국 참정권 문제의식에 포함시키기 시작하며 여성평화운동의 기반을 제공하였다.

미국과 영국을 중심으로 하는 여성평화운동은 1888년 다른 유럽 국가들의 여성이 참여하는 참정권 여성들의 국제연대, 국제여성위원회(International Council of Women: ICW)가 결성되었다. ICW는 근본적으로 국제적 참정권 조직이었지만, 아동복지를 포함한 모든 여성 집단을 포괄하면서 광범한 여성들의 지지를 얻고자 하였다. 이에 대해 휴는 창립 모임에서 ICW가 평화 입장을 채택할 것을 요구했고, 스탠튼 역시 여성의 정치적 평등과 함께 정부와 법원에 여성들의 보다 인도적인

---

7) Jill, Liddington(1989). *The road to Greenham Common: feminism and anti-militarism in Britain since 1820*, N.Y.: Syracuse University Press.

(humance)요소가 더해져야 한다고 주장했다.

1899년 런던에서는 국제여성위원회(International Council of Women: ICW)의 첫 번째 모임이 개최되었고, 이 모임에서 ICW는 '각 국가에서 국제적 평화중재를 위한 운동을 펼칠 것'을 결의했고, 평화와 국제 중재를 위한 ICW 상임위원회를 결성하였다. "여성은 전쟁과 군사주의라는 야만적이고 비기독교적인 근원을 뿌리 뽑는 데 진정한 남성의 동반자가 되었다"고 선언한 ICW는 평등권보다 가정과 평화라는 여성의 의무에 더 영향을 받았고 투표권보다 평화를 중심으로 활동하는 조직이 되었다.

하지만 ICW의 활동에 대해 각국의 적극적인 참정권주의 여성들이 ICW의 소극성을 비판하고 1902년 새로운 국제조직, 국제여성참정권연맹(International Women's Suffrage Alliance: IWSA)을 결성하였다. 이 조직은 단일 이슈 참정권을 추구한다는 취지에서 출발하였으나 국제적 맥락의 운동을 추진했기 때문에 평화 문제가 다시 부각되었다.

"전쟁을 일으킬지, 평화를 유지할지 결정할 목소리가 없는 세계의 모든 여성은 전쟁이 일어나면 가장 고통 받는 사람들임에 틀림이 없다. 전쟁이 국민에게 가져오는 고통과 상처는 필연적으로 이 나라 국민의 어머니들에게 가해질 것이다... 유럽의 정치가들이 진정으로 평화를 바란다면, 국민의 삶을 보호해 온 사람들에게 참정권을 주어야 한다... 여성의 자유는 미래 평화의 강력한 소망과 함께한다."[8]

1914년 IWSA의 저널은 세계 평화를 '여성의 꿈... 정의와 평화로운 발전의 비전'을 제시하며, 여성들은 국가적 차이를 극복할 수 있는 연대의 능력을 가지고 있다고 주장하였다.[9]

---

8) Jill, Liddington(1989). 재인용.

9) Harriet Hyman, Alonso.(1989), "*Suffragists for Peace During the Interwar Years 1914-1941*", Peace & Change, Vol. 14, No 3.

4 한국전쟁과 여성

임계신 곳 향하여
이 몸이 갑니다.
검은 머리 풀어 허리에 매고
불 꺼진 조선의 제단에
횃불 켜 놓으려 달려갑니다.

― 「검은 머리 풀어」 전문

자료출처: http://blog.naver.com/chaijen

[그림 185] 시인 모윤숙

이 시는 모윤숙의 시이다. 그녀는 시를 통해 전쟁기의 역사적 변천과 함께 혼돈된 여성의식의 여정을 표현했다. 모윤숙(1910. 3. 5~1990. 6. 7)은 일제 시대부터 활동한 작가로서 전쟁의 시각을 여성의 관점으로 바라본 보기 드문 여류작가이다. 모윤숙의 시는 전쟁을 소재로 하며 여성의 시각으로 당대를 어떻게 인식하고 있었는지 한국여성으로서의 여성의식을 살필 수 있는 참고자료가 된다.

또한 조정래의 대하소설 〈아리랑〉은 식민시대를 살아온 민족의 삶의 모습을 보여준 작품이다. 특히 이 소설에서 민족적 모성에 대한 성찰을 표현한다. 〈아리랑〉 속에 등장하는 여성들은 권력으로 인해 희생의 대상으로 부각되지만, 정절의식은 고전적인 전범성을 유지하고 있다. 하지만 여성만이 희망을 줄 수 있는 구원의 모성으로 인정하고, 영원한 터전으로 민족과 세계를 이끌어 나갈 수 있는 원동력으로 희망하고 있다는 사실로 해석한다.[10]

전쟁은 여성정체성을 수동적인 여성의 운명을 결정짓도록 형상화 하지만 그 내면에는 전쟁의 상처를 치유하는 힘을 가지고 있음을 보여준다. 또한 사회 경제적인 위치를 상승시켜 주는 역할을 하였다.

---

10) 김정자, "대하소설 〈아리랑〉으로 본 한국여성의 수난사", 한국현대소설학회, 2007, p. 197.

많은 전쟁 가운데 한국전쟁은 여성들의 삶의 구조 변화를 가져왔고, 실질적으로 남성을 대신하여 생존의 현장으로 이끌었다. 전쟁으로 인한 빈곤은 여성들을 도시의 산업현장에서 노동력 수요에 부응하도록 하였고 가족의 부양을 책임지도록 했다. 특히 한국 전쟁은 여성에게 필요에 의한 동원의 근거로 국가에 대한 충성과 함께 사회 참여의 정당성을 부여하였다고 볼 수 있다.

결론적으로 한국전쟁은 남한의 여성사회의 근대성을 앞당기는 역할을 하였다고 볼 수 있다. 남성의 부재로 인해 여성들의 동원, 여성노동의 확장은 여성의 역할을 변화시켰고 가정에서 사회로 근거지를 옮기도록 하였다.

5 맺음말

전쟁은 모든 인간에게 피해를 주는 것은 부인할 수 없는 사실이다.

그러나 전쟁이 여성에게 있어서는 꼭 나쁜 영향을 미치진 않았다. 새옹지마(塞翁之馬)라는 표현처럼 전쟁은 여성에게 또 다른 기회를 제공해 주었기 때문이다.

전쟁은 여성에게 일자리의 창출을 가져왔고 남성과 다른 성역할 구조를 가져왔다. 소극적이었던 여성의 목소리는 여성평화운동을 가져왔고 WPP라는 국제여성평화조직을 창출하였다. 즉 전쟁은 여성에게 생명의 위기와 함께 사회적 변화의 구조를 가져온 변인이 되었다.

지금까지 여성과 전쟁에 관한 자료는 여성을 피해자의 시선에서 인식되었다. 그러한 입장을 부정할 수는 없지만 위기가 기회가 되었던 사실도 부인할 수 없음을 말하고 싶다.

심화 탐구 주제

1. 전쟁이 여성에게 시사하는 바를 생각해 보고, 전쟁과 여성의 사회진출에 관하여 논의해 보자

2. 1915년 미국에서는 헤이그 대회 직전 유럽 전쟁에 대한 미국 여성들의 대응으로서 여성평화당
   (Women's Peace Party: WPP)이 결성되었다.
   WPP정강에 나타난 내용에 대하여 생각해보자

3. 모윤숙(1910. 3. 5~ 1990. 6. 7)은 일제 시대부터 활동한 작가로서 전쟁의 시각을 여성의 관점
   으로 바라본 보기 드문 여류작가이다. 모윤숙의 시는 전쟁을 소재로 하며 여성의 시각으로 당
   대를 어떻게 인식하고 있는지 생각해 보자.

더 읽을 만한 자료

한국정신대문제 대책협의회병설 전쟁과 여성인권센터, 『1920-1945년 시기 여성의 일과 일제의
　　　통제』, 2003.
이임하, 『(한국전쟁과 젠더) 여성, 전쟁을 넘어 일어서다』, 서울: 서해문집, 2004.
한국정신대문제 대책협의회병설 전쟁과 여성인권센터, 『역사를 만드는 이야기: 일본 군 위안부
　　　여성들의 경험과 기억』, 여성과 인권, 2004.
김현아, 『전쟁과 여성: 한국전쟁과 베트남전쟁 속의 여성, 기억, 재현』, 서울: 여름언덕, 2004.
송영순, 『모윤숙 시 연구』, 국학자료원, 1997.

제 **3** 부 **전쟁과 화해**

제14장 전쟁과 화해: 한일간의 갈등 극복을
중심으로

제 **14** 장　전쟁과 화해: 한일간의 갈등 극복을 중심으로

1 머리말

　전쟁은 평화를 구현하기 위한 시도이며 과정이다. 따라서 전쟁 자체의 외형적인 폭력성으로 인해 그 본질에 대한 평가가 유보되거나 부정적으로 폄하되어서는 안된다. 이러한 이유로 인해 평화를 시도하는 의도와 방법에 있어서 도덕적 정당성이 얼마나 보장되는지를 살피는 것은 전쟁에 대한 평가를 제대로 하는 길이다.

　한국과 일본은 지리적으로 가장 가까운 나라면서도 정신문화적으로 좋은 관계를 유지하지 못하고 있다. 특별히 근·현대시기 동안 양국간의 불편한 관계는 일본에 의해 제기된 한국에 대한 전쟁에 일차적인 원인을 찾을 수 있고, 더 나아가서는 그 전쟁에 대한 양측의 도덕적 정당성의 평가가 상당히 다르다는 데서 찾을 수 있다.

　이 장은 역사적 사실에 입각하여 그 진위를 가리는 절차를 따르지 않고, 문화·윤리적 접근법을 취한다. 따라서 사실에 천착한 역사적 기술면에서는 다소간의 약점을 갖고 있다. 한국과 일본간의 발전적 미래관계를 열어간다는 측면에서 문화·윤리적 당위성을 전제로 현실을 진단하고 미래의 방향을 제시하는 것은 그러한 약점을 극복할 수 있게 한다.

2 정의전쟁론과 '상관적 정당성' 개념

가. 전쟁윤리의 전통적 관점

　전쟁의 윤리문제를 철학적 차원에서 다룰 때, 전통적으로 세 가지의 사상적 부류들이 있다. 첫째, 정의전쟁론(Just War Theory), 둘째, 현실주의(Realism), 셋째, 평화주의(Pacifism)이다. 정의전쟁론은 언제나 그런 것은 아니지만 때로는 어떤 국가가 전쟁에 나서는 것이 윤리적으로 정당하고 합리화될 수 있다고 본다. 현실주의는 이와 대조적으로 외교정책 문제(특히 전쟁)에 정의라든가 도덕적 잣대를 들이대는 것에 강한 의구심을 나타낸다. 즉 전쟁시기에 국가행위의 동기는 힘(power)과 국가안보(national security)일 뿐, 강하고 영악한 자만이 살아남는 비정한 국제정치 사회에서 도덕이나 윤리를 거론하는 것은 순전히 허풍이고 한탄 허구에 지나지 않는다는 것이다. 한편 평화주의는 현실론자들의 도덕에 대한 의 구심에 동조하지 않는다. 평화론자들은 오히려 도덕·윤리를 국제관계에 적용하 는 것이 보다 평화로운 세계를 만드는데 효과적이라고 주장한다. 어떤 전쟁이 정 당한가 아닌가를 따지는 것이 옳다고 보는 점에서 평화주의는 정의전쟁론과 관점 을 같이 한다. 그러나 정의전쟁론이 때때로 전쟁을 용납하기도 하는 반면 평화주 의는 언제나 전쟁 금지를 주장한다. 그들에게 전쟁은 '언제나 옳지 않은'(always wrong) 것이다.

나. 상관적 정당성의 개념화

상관적 정당성(Correlational Justice)이란 통계학적 상관성(Correlations)에 서 援用해온 용어이다. 한 상황에 적용된 기준이 다른 상황에도 그대로 적용될 때 그 정당성의 값(value)은 높다. 그런 의미에서 상관적 정당성의 의미는 일반 적으로 일컬어지는 일치성(Consistency)에 가깝다.

이 상관적 정당성에는 두 가지의 하위 개념이 있다. 하나는 수직적 상관적 정당 성(Vertical Correlational Justice)이며, 다른 하나는 수평적 상관적 정당성 (Horizontal Correlational Justice)이다. 전자는 시계열자료(time series data) 에서 현재의 상태가 과거와 미래의 상태에 밀접한 관련을 지니는 자기상관 (autocorrelation) 또는 계열상관(series correlation)과 흡사하다. 이는 주로 한 전쟁당사자가 그 전쟁에 대한 시작에서부터 종결과정에 이르기까지 이상적인 지 향성을 일관되게 지속하는 것을 말한다. 일본의 경우 종전되고 난 뒤에도 여러 가 지 기존의 전쟁 논리를 지속하고 있는 경우가 있어 이전의 전쟁이 국제법적, 형식 적으로는 종결되었다고 할 수 있으나, 국민정서적으로는 아직도 지속되고 있는 것으로 보이고 있어 완료된 종전의 정당성(jus post bellum)을 그대로 적용하는 것은 무리다. 후자는 동일시점, 동일관점에서 다른 전쟁당사자의 문제를 어떻게 평가하는가의 문제로 자기기준을 얼마나 타자기준에 그대로 적용하는가 아니면 타자기준을 얼마나 자기기준에 그대로 적용하는가의 정당성이다. 또한 이 수평적 상관적 정당성은 자국내의 다른 규범과의 관련성에 의해서도 고려될 수 있다.

3 한일간의 전쟁의 아픔: 그 略史와 해석의 다변성

가. 식민지배 공과 및 책임

일본은 1875년 통교교섭을 위해 조선에 사신을 파견했으나 조선정부는 이를 거절하였다. 교섭이 어렵게 되자 측량을 빙자하여 군함 운요호(雲揚號)를 파견하여 무력시위를 벌였다. 또한 강화도 앞바다에 운용호를 재차 출동시켜 조선 수비병들의 발표를 유도하는 사태를 촉발시켰다. 일본은 1853년 미국의Mattew C. Perry에 의거 자신들이 개항을 받아들인 것과 같은 방법으로 군함 3척, 운송선 3척, 그리고 약 400명의 병력을 거느리고 강화도에 상륙하여 강제 개항을 요구했다. 이에 조선정부는 1876년 일본과 12개항에 걸친 강화도 조약을 체결했다. 이때부터 일본의 한반도에 대한 침략은 본격화되었다. 1910년 8월 22일 경술년 한국(대한제국)은 일본에 강제 병합(倂合)되었다.

이와 같은 한일간에 체결된 병합에 대해 한국민들은 지속적으로 그 강제성을 국제사회에 호소하고 조약체결의 부당성을 알리는 데 노력해왔다. 국제법적으로도 일본의 한국에 대한 침탈은 1965년 채택된 '조약법에 관한 Wien 조약' 제51조에 "나라의 대표자에 대한 강제"에 의한 조약체결은 무효라고 규정하고 있듯이 비록 그 시기가 과거였다할지라도 그 법통성을 이은 대한민국이 무효를 주장할 때 요건은 성립되므로 일본에 의한 '일한병합(日韓倂合)'은 무효이다.

이러한 한국민들의 주장과 일본의 한국에 대한 강제 병합과 식민통치에 대해 일본인들의 언급은 수위를 넘어서고 있다.

- 1953년 1-월, 한일수교 제3차 회담 때 일본측 대표인 구보타(久保田) : "일본에 의한 36년간의 한국통치는 한국에 유익한 것이었다"
- 1995년 10월, 자민당 에토 다카미(江藤隆美) 前 총무청장관 : "1910년 일한병합은 양국이 조인하고 국제연맹이 승인한 정당한 것인데 어떻게 식민지 지배가 되느냐, 난징대학살 희생자가 30만명이란 주장은 날조된 거짓말이다…. 일본인은 지금까지 스스로를 모욕하는 것 같은 짓을 해왔다. 식민지였던 나라는 종주국에 사죄를 요구할 수 없다"고 강조했다.
- 2003년 11월, '새 역사교과서를 만드는 모임'의 니시오 간지(西尾幹二) 前 대표: "20세기 초엽까지 한반도는 법의 공정성도 없고 富 의 합리적 배분도 없는 지금의 김정일 체제와 같은 극빈 열악한 비인간적인 상태였다. … 얼마나 한국인이 합방을 환영했는지

는, 일본제국군인이 되겠다는 한국인 지원병의 경쟁률이 1938년에 7.3대 1, 전쟁이 한 창이던 1943년에는 30여만명이 응모해 47.6대 1이었던 데서 드러난다."

• 2009년 4월 16일, 이시하라 신타로(石原愼太郎) 도쿄도지사: "한국에 대한 일본의 식민통치는 유럽국의 아시아 식민통치에 비해 공평했다."

일본의 한국에 대한 병합과정에서의 강제성은 부인할 수 없는 사실이다. 그러나 그것이 일본의 주장대로 "한국에 유익한 조약"으로서의 정당성을 가지기 위해서는 조약체결 이전 1896년 자행된 명성황후 시해사건에 일본이 개입되지 않았다는 것을 명백하게 입증해야 하며, 이후 일련의 일본 극우파 인사들의 발언의 수위 또한 거세될 필요가 있다. 공교롭게도 내년(2010년)이 1910년 강제적인 한일병합의 100주년이 되는 해이며, 동시에 올해가 그 정당성을 확산하기 위한 사전 분위기 조성을 도모하기 위한 것으로 보여지는 것은 필자 혼자만의 생각인지 의문이다. 이와 같이 일본은 대한반도 침탈과정에서 수직적 상관적 정당성을 확보하지 못하고 있다.

그렇다고 한국의 주장이 모두 옳은 것은 아니다. 19세기 말, 20세기 초의 한반도 정황은 힘의 공백기로서 한국 내부적으로도 질서를 유지하는 데 있어서 상당한 어려움을 겪고 있었다. 만약 전한반도에 걸친 무질서가 도래한다면 인접국가에 엄청난 규모의 피난민이 유입되어 큰 부담이 되었을 것이다. 이러한 점에서 일본에 의한 한국의 병합의 강제성을 비판할 수는 있지만, 그 전후사정에 대한 가치평가까지도 포함해서 비난하는 것은 논리적이지 못하다. 예컨대 1910년 강제조약이후 한국의 경제상황은 더욱 호전되었으며, 1945년 해방 직후 극심한 인플레이션과 구직난 등 경제상황이 악화된 점 등은 이러한 주장을 입증해 준다. 하지만 그렇다고 해서 일본의 침략 정당성이 충분한 것은 아니다. 왜냐하면 한 개체로서 스스로 직접 경험하고 싶은 욕구를 빼앗기 때문이다. 입지전적 CEO의 성공담에 그 실패와 좌절의 과거 경험이 없다면 얼마나 허전한 얘기가 되겠는가?

일본은 한국에게 근대를 소개해 주고 선도해 준 역할도 했지만, 스스로 깨우칠 수 있는 자유를 앗아간 것이다. 또한 당시 일본 제국주의의 침략문제는 일본과 한국만의 문제로 국한해서는 안된다. 일본을 포함한 제국주의 열강들의 다른 나라 침략의 야욕과 후면거래의 밀약 등을 동시에 비판적으로 고려해야 한다.

나. 위안부문제: 여성의 문제 등

일본군이 사기 진작책으로 위안소를 설치하여 운용하게 된 것이 정확히 언제부터인지는 알 수 없다. 일본군의 위안소에 있게 된(그것이 자발적이든 강제적이든) 성 착취자를 위안부라고 일컫는다. 한 자료에 의하면 1932년 1월 28일 상하이 홍커우(虹口)에 일본군이 직접 운영하던 최초의 위안소 '다이사롱'(大一沙龍)이 설치되었다. 여기에는 1차로 한국 여성 80명과 일본여성 24명을 고용했다고 한다. 이후 일본군을 위한 위안소가 149곳이었다는 연구보고도 있다. 특히 일본 해군사령부가 있었던 홍커우에만 70여개의 위안소가 몰려있었다고 한다.

당시 일본군은 패전과 함께 위안부를 집단학살하거나 강제 자살을 종용하기도 했다. 지금도 일본정부는 이 문제에 대해 "민간업자들이 여자들을 사온 것이지, 정부가 나서서 여자들을 동원한 바 없다"고 말하고 있다. 하지만 1992년에 정신대의 고용조건·동원권자·의무규정 등을 명시한 '일왕 칙령 제519호(여자정신근로령, 1944.8.22)가 발견됨으로서 일본 왕이 이 문제에 관여했음을 알 수 있다. 전후 일제가 패망하자 이들 위안부들은 전승국과 패전국 모두의 사각지대에 놓이게 되었다. 망가진 몸으로 고향에 돌아갈 수 없어 자격지심으로 귀국을 포기한 여성들도 부지기수였다고 한다.

일본의 위안부 문제에 대한 판단은 상당한 문제점이 있다. 수직적 상관적 정당성의 관점에서 볼 때, 시계열적인 일관성을 유지하지 못하고 있다. 즉 대한반도에 대한 근원적인 전쟁 개시의 근거라고 할 수 있는, 1910년 강제 병합조약에서 "대한제국 황실의 안녕과 한반도의 복리를 증진하기 위해서는 정치기관의 통일(병합)을 이루는 방법 밖에 없다"고 명시하고 있는 점과도 배치되며, 전쟁이후 그들을 학살하거나 자살을 강권했던 점 등도 그러한 관점에서 잘못이다. 더욱이 1980년 산께이신문(産經新聞)의 보도에 의해 제기된 북한에 의한 일본인의 납치 문제에 대해 오늘날 일본이 과도할 정도로 민감한 반응을 보이는 것은 인권에 대한 이중적 잣대를 보이는 수직적 상관적 정당성을 도외시하고 있다는 증거이다.

한편 한국의 위안부 문제에 대한 판단은 정서적인 경향이 강하다. 주로 민간단체에 의해 운동적 차원에서 세계인권단체와 협의하에 일본의 잔학상을 알리고 있다. 한국이 주장하는 바는 세계적인 보편 가치인 인권(human right)에 근거하고 있으며, 그 주장의 타당성도 높다고 보여진다. 하지만 그러한 주장의 정당성을 더 높이기 위해서는 한국의 도심 속에 버젓이 존속되고 있는 집창촌(集娼村)의 문제나 인터넷 불법 사이트 등을 통해 음성적으로 난무하고 있는 성 매매의 문제에 대해 적극적으로 거부할 수 있는 국민적인 공감대가 형성되어야 한다. 이 와 중에 일본측에 의해 주장되고 있는, 민간인에 의한 운용설이나 중간 매개인에 의한 모집 등의 문제는 사건의 실체를 가리는 별도의 논의이거나 책임의 경중의 문제로 본질적으로 다루어져서는 안된다.

다. 영토의 문제와 자존심의 문제: 독도와 동해 표기 문제

1) 영토의 문제: 독도 표기 문제

현재 독도(일본은 竹島로 표기하고 있음)와 동해(일본은 日本海로 표기하고 있음)의 표기는 성격이 다른 문제이다. 하지만 한국과 일본간의 전쟁과 관련한 책임의 문제로 다루어질 때 그것은 같은 범주 속에서 다루어져야 한다.

우선 독도는 한국과 일본사이의 바다에서 울릉도에서 동남쪽 90km 떨어져 위치하고 있다. 한국은 역사적으로나 지리적으로 당연히 한국 고유의 영토이며, 현실적으로 실효적 지배를 하고 있다고 주장한다. 하지만 일본은 1618년부터 약 80여년간 이곳에서 어업활동을 해왔고, 1904년 시마네현 고시로 일본 영토로 편입되었으며, 1952년 샌프란시스코 조약에서 독도 문제가 거론되지 않았기 때문에 일본령인 다케시마라고 주장한다.

한국 역사상 독도가 처음 문헌에 등장한 것은 고려시대 1145년 삼국사기에서 비롯된다. 일본 최초의 기록문헌은 隱州視聽合記(1667)에서도 "독도와 울릉도는 고려 영토이고, 일본의 서북쪽 경계는 오키시마를 한계로 한다"라고 명백히 밝히고 있다.

메이지 유신 직후 1869년 12월 일본 외무성과 태정관(太政官)은 조선을 정찰하기 위해 佐田白茅 등을 조선에 파견되어 조사한 결과보고서에도 竹島(鬱陵島)와 松島(獨島)가 조선부속으로 되어 있다. 1876년 일본 시마네현(島根縣)은 죽도(울릉도)와 송도(독도)를 자기 縣 地圖와 地籍調査에 포함시킬 것인지에 대해 內務省에 보고서를 제출하여 질의하였는데, 이에 대해 내무성은 "이 문제는 이미 元祿 12년(1699)에 끝난 것으로 죽도와 송도는 조선영토이므로 일본은 관계가 없다"고 결론 내리고 있다. 하지만 일본은 1905년 1월 28일 내각회의에서 中井의 청원서를 승인하는 형식으로 독도를 일본영토에 편입하는 閣議 결정을 내리게 된다. 島根縣은 1905년 2월 22일 縣의 告示제40호로 독도를 일방적으로 竹島로 개칭하고 隱岐島의 소관으로 일본영토에 편입했다.

일본이 패망한 후 연합국최고사령부는 1946년 1월 29일 SCAPIN 제677호 제3조 a항에서 일본 영토에서 제외되는 섬들을 울릉도, 독도, 제주도를 명기했다. 이어 연합국최고사령부는 1946년 6월 22일 SCAPIN 제1033호에 일본인의 어업 및 포경업의 허가구역을 설정함에 있어서 "일본인의 선박 및 승무원은 금후 독도와 독도의 12해리 이내 수역에 접근하지 못하며, 이 섬에 대한 여하한 접근도 금지한다"고 지령하였는데, 이것은 독도가 한국 영토이므로 일본의 어부와 선박들은 접근하지 못한다는 뜻이다.

문제는 1951년 샌프란시스코 조약의 조인 과정에서 발생된다. 전후 일본에 대한 제반 사항을 강제하기 위해 연합국 28개국 대표들이 샌프란시스코 조약 체결을 앞두고 1949년에 가진 준비모임에서 모두 5개 항으로 작성된 '연합국의 구 일본영토 처리에 관한 합의서' 제3항에 "연합국은 한국에 한반도와 그 주변 섬에 대한 완전한 주권을 이양하기로 합의했으며, 그 섬은 제주도와 거문도, 울릉도, 독도(Liancourt Rocks, Takeshima)를 포함한다"고 명기하고 있다. 정확한 과정은 알 수 없으나 (일각에서는 초안작성 1~9차 회기 중 6차 때부터 러일전쟁 당시 독도의 가치를 인식한 일본이 미국에게 독도를 제외해달라고 섭외했다고 함) 최종안 제2조에 "일본은 한국의 독립을 승인하고, 제주도, 거문도 및 울릉도를 포함하는 한국에 대한 모든 권리, 권원 및 청구권을 포기한다"라는 내용이 명기된다. 굳이 독도 조항이 삭제된 데에는 미국이 한국과 일본의 주권적 범위에 있지 않은 동북아에서의 안정적인 전략폭격기지를 마련하기 위해서라는 주장도 있다. 그렇다고 하더라도 일본의 입장을 지지해주기 위해서는 아닌 것으로 보인다.

한일간에 있어서 독도 문제는 우선은 명백하게 일본이 종전의 정의를 준수하지 않음에서 비롯된 것이고, 다음으로 연합국(특히 미국)의 전쟁후 행정처리 과정에서 한국상황에 미숙한 점에서 기인되었다. 일본에게 있어서 독도 문제는 있으면 좋고(국내정치적인 목적으로) 없어도 그만이 존재일 수도 있다. 일본은 러시아와는 쿠릴 열도를 사이에 두고, 중국과는 釣魚島 문제로 계속해서 논쟁하고 있다. 하지만 독도 문제는 협상의 대상이 아니라 명백한 한국의 영토 문제로서 더 이상 논쟁이 있어서는 안된다. 최근에는 천연 메탄 Hydrate가 독도 부근에

다량 매장되어있다는 주장이 제기되면서 독도문제를 더욱 쟁점화될 소지가 있는데 일본의 합리적인 대응이 요구된다.

2) 국가 자존심의 문제: 동해(일본해) 표기 문제

동해(일본해) 표기 문제는 독도 문제와는 다소 다르다. 동해가 일본해로 표기된다고 해서 독도가 일본영토가 당연히 되는 것은 아니며, 더욱이 독도가 다케시마로 표기된다고 해도 동해가 일본 영토(더 정확히는 領海)가 될 수는 없는 문제이다. 동해(일본해) 표기 문제는 독도 문제와 달리 국가 자존심의 문제이다.

역사적으로 보면, 한국이 주장하는 동해 표기의 역사가 상대적으로 일본이 주장하고 있는 일본해 표기보다 역사적으로 훨씬 앞서고 있다. 한국의 고지도에서 동해가 가장 먼저 표기된 지도는 新增東國輿地勝覽(1530)에 첨부된 八道總圖로 알려져 있다. 하지만 아주 오래전 朝鮮海, 蒼海 등의 이름으로 일컬어지던 것을 고려한다면 그 역사는 더 오래 전으로 소급된다. 서양에 소개된 동해 표기는 1615년 고딘호 헤레디아의 아시아도에 韓國海(Mar Coria)로 표기되어 있으며, 일본의 고지도의 경우 1794년 가쓰라가와(桂川甫周)가 작성한 亞細亞全圖에 朝鮮海로 표기되어있다.

현재 국제적으로 동해(일본해) 표기는 일본측의 주장대로 일본해 표기가 다수로 알려지고 있다. 1905년 일본이 독도를 시마네현에 편입하여 한국 영토를 편입하였듯이 동해를 일본해로 표기하게 된 것이다. 그 이전 일본은 태평양쪽 바다를 일본해라고 부르다가 19세기 이후 서양에서 그 바다가 태평양으로 정착되어지자 동해를 일본해로 표기하기 시작했고, 영어로 된 세계지도를 제작하여 전세계에 배포하여 선전하게 되었다.

이 문제를 관장하는 국제수로기구(IHO: International Hydrographic Organization)는 해양명칭 표준화 등을 관장하는 국제기구로서 1919년 영국 런던에 모여 제1차 국제수로회의를 열어 바다지명의 표준화 논의를 시작했다. 이에 따라 1921년 24개국 회원으로 정식 발족한 국제수로기구는 회원국과 관련된 바다 이름을 제출하도록 했고 이를 모아 1929년 『해양과 바다의 경계』(Limits of Oceans and Seas) 초판을 발간했다. IHO에서 발간하는 이 자료는 준거자료로 활용되고 있지만 각 나라가 반드시 따라야 하는 것은 아니다. 하지만 혼란을 최소화하기 위해 대부분의 나라들이 그 명칭을 따르는 것이 관례이다. IHO는 1929

년 『해양의 명칭 및 경계』 초판에 '동해'가 아닌 '일본해'(Japan Sea)라는 이름을 처음 사용했고, 제2판(1937년)과 제3판(1953년) 그리고 2003년 4차 개정판을 발간하면서도 그대로 이어졌다. 문제는 초판 발행 당시 한국은 일본의 강점으로 이 회의에 참석하지 못했다는 점이다. 한국이 일본으로부터 독립한 뒤 1953년 IHO에 가입 신청을 하고 정식으로 가입한 것은 1957년이며 처음으로 대표를 파견한 것은 1962년이었다. 1957년 국제수로기구에 가입했지만 『해양과 바다의 경계』 개정판이 오랫동안 발간되지 않아서 동해 명칭 표기를 수정할 기회를 갖지 못했다. 더욱이 국제수로기구와 함께 지명을 표준화하는 데 큰 역할을 하는 유엔 회원국으로 참여하지 못한 상황이었기 때문에 한국은 정부 차원의 적극적인 활동을 펼칠 수가 없었다. IHO의 경우 그 예산의 20% 정도가 일본의 분담금으로 충당된다는 점에서 불공정 개연성이 있어 보인다.

1991년 한국은 유엔에 가입한 후 1992년 제6차 유엔 지명표준화회의(UNCSGN: U.N. Conference on the Standardization of Geographical Names)에 최초로 일본해(Sea of Japan)의 표기문제에 이의를 제기하고 그 대안으로 '동해' 명칭으로 시정할 것을 요구했다. 이후 회의에서 양자간의 협의 해결이나 특정 명칭을 강권할 수 없다는 중재안이 나왔고, 국제적으로는 동해와 일본해가 병기되고 있는 경우가 많다.

일본은 여러 가지 이유를 들어 동해 표기의 문제에 대응해 왔다. 방위를 중심으로 명명할 경우 혼란이 초래된다고 하는 주장도 있는데, 이 경우 국제통례에서도 자주 찾을 수 있다. 유라시아 대륙의 동쪽에 위치한 바다에 '동중국해'와 '남중국해'가 있으며, 이 두 바다를 베트남과 중국 모두 '동해'라고 부르고 있다. Baltic Sea도 Estoniya어로는 '서해'이며, Sweden에서는 '동해'로 부르고 있다.

이와 같이 일본이 계속해서 일본해를 주장하고, 그것이 국제적으로 통용된다고 하더라도 영토적인 문제가 될 수는 없다. 다만 그와 같이 일본해라고 주장하기까지 준비한 논리라면 추후 독도를 포함한 다른 형태의 영해 재조정 문제로까지 나아갈 소지를 안고 있다.

라. 야스쿠니 신사 참배 문제

일본은 공동체를 강조하며, 그 연대의식을 형성하기 위해 神聖을 존중한다. 많은 신사들이 이를 입증해 주고 있다. 그런데 그 많은 신사 중에서 유독 야스쿠니 신사에 대해 한국은 주목하는 것인가? 그것은 바로 1978년 태평양전쟁 후 연합국이 전쟁책임을 물어 극동국제군사재판에서 '평화에 대한 죄'와 '인도에 대한 죄'로 유죄판결을 받은 14명의 A급전범이 비밀리에 합사되었다는 점이다. 그리고 일본의 총리를 비롯한 많은 고위관료들이 이 신사를 공공연하게 참배하고 있다. 이 점은 일본이 전쟁에 대한 책임의식을 망각하고 있거나 새로운 도발을 자행할 것이라는 불필요한 오해를 불러일으키기에 충분하다.

한국과 중국의 강력한 반발에 따라 間歇的으로 중단조치를 하고 있지만, 일본의 야스쿠니 신사 참배의지는 지속될 것으로 보여진다. 이에 대해 일본은 여느 나라와 같이 국립묘지를 참배하는 것이라고 변명한다. 하지만 전범을 추모한다는 것 자체가 명백히 종전의 정당성을 위배하고 있는 것이다. 또한 전쟁수행상의 정당성과 종전의 정당성과의 수직적 정당성도 확보하지 못하고 있다. 아무리 죄를 미워하되 인간을 미워하지 말라고 하는 말이 있다고 하더라도 범법자를 추모의 대상에 올릴 수는 없는 일이다.

한편 이와 같은 주장을 위해서는 한국측에서도 전쟁에 대한 명확한 기준이 적용되어야 한다는 전제되어야 한다. 즉 베트남전쟁 당시 민간인 학살 문제와 6·25전쟁 당시 군인에 의해 자행된 '비평화적·비인도적 만행'이 있다면 그에 대한 분별작업이 이루어져야 한다. 특히 전자의 경우 한국군의 군종병과에 佛敎 종파가 유입된 연유는 베트남전쟁 당시 민간인 피해 협상을 위해 이루어진 것이라는 주장이 있어 향후 상세한 논의가 필요하다. 후자의 경우 미군에 의한 민간인 피해문제가 한국에서 쟁점으로 부각된 바 있는데, 한국군에 의한 경우도 반성적으로 검토될 필요가 있다. 하지만 진상을 밝히는 일과 화해와 용서를 하는 일은 별개의 문제이다.

마. 교과서 문제

초·중등학교 학생들을 대상으로 하는 교과서 집필의 문제는 매우 중요하다. 왜냐하면 교과서는 국가의 집단기억(Collective Memory)을 공식적으로 제작·관리·전승하는 매체이기 때문이다. 앞서 언급한 역사적 사실에 대해 일본의 교과서가 다루지 않고 있음도 문제이지만, 한국의 고대사 등에 대해서는 왜곡된 내용을 싣고 있다는 점이 문제이다.

2009년 4월 9일 일본 문부과학성은 '새로운 역사 교과서를 만드는 모임'이 만든 지유샤(自由社)판 중학교 역사 교과서에 대한 검정 결과를 합격으로 발표했다. 일본의 조선 침략을 '출병'으로 표현하고 한국을 근대화시키기 위해 일본의 식민정책을 펼쳤다는 내용을 담고 있었다.

이에 대해 한국 정부는 당일 즉각 외교통상부 대변인 명의의 성명을 통해 "우리 정부는 여전히 과거의 잘못을 합리화하고 미화하는 그릇된 역사인식에 기초한 역사교과서가 일본정부의 검정을 통과한 데 대해 강력히 항의하며 이의 근본적인 시정을 촉구한다"고 밝혔다.

다음날 시오노야류(鹽谷立) 일본 문부과학상은 지유샤판 교과서와 관련하여, "검정은 엄정하게 실시되었고, 신중하게 이루어졌다. 한국 정부도 이해해 주기 바란다"고 밝혔다.(www.yonhapnews.co.kr, 2009.4.10)

일반재단법인 역사교과서 협의회 등 일본내 34개 시민사회단체는 문부과학성 발표 하루 전일에 청일, 러일전쟁 이후 일본의 전쟁을 미화·정당화하고 중일전쟁은 일본의 침략이 아니라 중국 측에 책임이 있으며, 아시아태평양전쟁을 '대동아전쟁'이라고 부르고 그것이 침략전쟁이었다는 점을 인정하지 않고, 일본의 방위전쟁, 아시아 해방에 기여한 것으로 입장을 관철하고 있으며, 한국병합, 식민지지배에 대한 정당화 등을 지적하고 있다.

한편 교과서의 문제는 한국과 일본 영토를 벗어나서도 빚어지고 있다. 2007년 초 미국 뉴욕 근교의 한 사립 중학교에 다니는 한국 교포 학생이 교과의 교재로 쓰인 요코 가와시마(Yoko Kawashima Watkins)의 소설 So far from the Bamboo Grove(1986)의 내용을 문제 삼으면서 시작되었다. 1945년 여름 식민지 조선(나남)에 거주하던 한 일본인 가족이 자국으로 귀환하는 과정을 그린 이 소설의 내용 가운데 직접적으로 문제가 된 것은 일본인 부녀자에 대한 한국인 남자의 강간 행위를 언급하고 묘사한 부분이었다. 이 내용이 알려지면서 한국 교민들은 분노하였고 문제의 소설을 교재로 채택하지 못하도록 하는 운동도 벌이게 되었다.

이 얘기는 사실일 가능성이 높다. 그러한 일을 자행한 한국인 남자가 있었다면 분명히 비난받아 마땅하다. 당시의 그 한국인 남자가 공자나 석가모니와 같은 도덕군자가 아니라 할지라도 식민통치의 속박에 대한 앙갚음을 다른 방식으로 표출

했었어야 했다. 마찬가지로 그 소설이 더 설득력을 가지려면 위안부로 끌려가서 동남아시아에서 일본군에 버림받고 혈혈단신으로 귀환해야 하는 과정의 아픔을 헤아릴 수 있어야 했다. 이는 수평적 상관성을 도외시하고 있는 것이다.

한 가지 긍정적인 조짐도 보인다. 2002년 여름부터 동아시아의 평화를 구축해 가기 위해, 한국의 한 신문사가 중심이 되어 일본, 중국, 한국의 연구자와 교사 그리고 시민운동가들이 중심이 되어 공통의 역사인식을 형성하기 위해 3국 공통 역사부교재 만들기가 추진되어 오고 있다.

한국의 경우 2007년 이전까지 7차에 걸쳐 교육과정(Curriculum)을 차수별로 전면개정해왔다. 7차 교육과정에서 초등학교부터 고등학교 1학년까지를 '國民共通基本敎育課程'이라고 명명하여 교육이념의 계열성(Sequence)을 중시하고 있다. 2007년도부터 부분적인 개정작업이 이루어졌고, 이를 '2007 개정교육과정'이라고 명명한다. 이 교육과정에 의하면 역사과목이 국민공통기본교육과정에 포함되어, 중학교 2학년 3시간, 3학년 2시간이 편성되었으며, 고등학교 1학년(10학년)에 2시간이 편성되었다. 고등학교 2-3학년과정 선택과정으로 동아시아사가 신설되었다. 이 교육과정 해설서는 일본과 관련된 동아시아사의 집필 방침으로 다음 세 가지가 제시되고 있다. 첫째, 동아시아 국가들 간의 역사갈등을 해소하고, 미래지향적 역사교육을 통해 동아시아 평화와 번영의 기반을 마련하기 위해서이다. 둘째, 동아시아사를 한국인의 시각에서 주체적으로 이해하되, 균형적이고 객관적인 관점을 유지한다. 셋째, 타자에 대한 이해와 존중, 갈등에 대한 문제 해결력을 중시한다. 오히려 피해자임에도 불구하고 화해를 도모하려고 하는 노력을 더 많이 하고 있음을 엿볼 수 있다.

교과서 문제와 관련하여, 일본 정부는 문부과학상의 말대로 국내법적으로 적법한 절차를 거쳐 검정이 이루어진 것이 맞다고 본다. 하지만 전쟁에 대한 책임을 담고 있는 현행 헌법의 정신이 투영될 수 있도록 하위 법령을 제대로 구현하지 못한 점과 이러한 내용을 교과서 검정 기준이 되는 학습지도요령에 명확하게 포함하지 않고 있다는 점에 문제가 있다. 사실 일본의 극우파에 의한 역사교과서는 2001년의 채택시 0.05%에도 못미치는 수준이다. 일본 정부는 이 정도 비율이면 다른 나라에서도 허용할 수 있는 수준이라고 평가할지 모르지만 비록 작은 비율이지만 일본의 여론에 큰 작용을 하고 있다는 점에서 이들 교과서는 단순한 교과서 이상의 정치적 의미를 갖고 있다는 점을 간과해서는 안된다. 이를 통해서 국내적인 단결과 연대의식을 도모하기 위해서인지도 모를 일이다. 이러한 점들은 교과서 문제가 일본 내부의 다른 법령(특히 헌법)의 정신과도 수평적 상관적 정당성을 확보하지 못함을 보여주고 있으며, 종전의 정당성과도 수직적 상관적 정당성을 보여주지 못하고 있다.

4 한일간의 전쟁의 아픔과 그 극복의 길

가. 한일 상호간의 어려움

한국과 일본은 전쟁과 관련하여 매우 복합적인 관련성에 놓여 있다. 물론 Kenneth Waltz가 지적한 바와 같이 전쟁의 원인을 규명하기 위해 제시한 인간의 본성, 사회 또는 국가의 특성, 그리고 국제체제의 구조적 특성 등의 측면에서 볼 때도 한국과 일본의 전쟁복합성은 간파될 수 있다. 예컨대 흔히 일본군의 비인도주의적 전투로 일컬어지는 행동이 순수하게 일본출신의 군인에 의해서 자행되지만은 않았을 것이라는 가정을 들 수 있다. 그 주체는 중국출신의 일본군, 한국출신의 일본군도 생각해 볼 수 있다. 다른 전쟁에서도 이러한 경우도 충분히 상정해 볼 수 있다. 이처럼 전쟁에 대한 평가는 중층적인 접근이 요구된다.

그런데 더 어려운 문제는 한국과 일본의 정치적 특성에서 찾을 수 있다. 한국은 입헌민주공화국제도를 표방하고 있어서, 수차에 걸친 헌법의 개정과 정권의 새로운 등장으로 인해 특정 사안에 대해 일정한 관점을 유지하고 동시에 일정한 수위를 유지하는데 상당한 어려움을 가진다. 공화국의 주인인 국민들의 의사의 건전한 의식의 변화에 따라 유기적인 의식의 진전을 도모할 수 있는 장점도 동시에 갖고 있다.

한편 일본의 경우 입헌군주제도를 표방하고 있고, 그 군주의 주체가 변화하지 않고 있기 때문에, 전쟁개시 당시의 '전쟁자체의 정당성'이 형식적으로나 국민정서적으로 큰 변화를 보이고 있지 않은 경향이 높다. 이는 국민통합을 위한 연대감을 형성하고 위기돌파를 위한 단시간적인 리더십을 발휘하는 데는 도움이 될 수 있으나, 특별히 민주공화국제도를 표방한 한국과의 관계 정상화에 있어서 상당한 어려움으로 작용할 소지를 안고 있다.

양측의 이와 같은 외형적인 정치체의 상이성은 종속변수가 될 수 없으므로 論者가 다른 대안을 제시할 수 없는 한계점이 있다. 다만 양측에 의해 빚어진 불행한 과거를 어떻게 상호 화해와 협력의 방향으로 이끌어나가느냐를 고민할 때 이 점이 간과되어서는 안된다는 점을 강조하고 싶다.

나. 한일 상호간의 공통점

한국과 일본은 장점과 단점을 상호 비슷하게 공유하고 있는 우방이다. 그 거리만큼이나 문화적 · 생물학적 거리도 가깝다. 삼국시대로까지 거슬러 올라가는 양국간의 유교와 불교문화의 전통은 현재의 갈등을 치유할 수 있는 근거가 된다. 말의 순서(語順)도 거의 같다. 공유하고 있는 漢字도 상당히 많다. 생물학적으로도 한국과 일본의 DNA 차이는 일본내 소수민족들간의 차이에 이른다. 한국의 고등학교에서 영어를 제외한 제2외국어 중에서 일본어 선택비율이 가장 높은 점도 미래의 한일관계를 밝게 하고 있다. 또한 일본에서 일어나고 있는 욘사마 열풍은 한국인과 현대 미디어문화를 공유하고 있다는 강력한 증거가 되고 있다.

다. 한일 양국의 상생의 길

일본정부는 일본 경제의 지속되는 불황, 역사문제를 둘러싼 반일감정 증대, 북한의 일본인 납치문제 등의 문제를 해결하기 위해 외국 국민과 여론에 직접적으로 대응하기 위해 공공외교의 강화를 시도했다. 이를 위해 2004년 8월 외무성 기구개편을 단행하여 문화교류와 해외홍보를 유기적으로 연결시키기 위해 대외홍보를 담당하는 부서와 문화교류를 담당하는 부서를 통합함으로써 홍보문화교류부(Public Diplomacy Department)를 설치하였다.

2007년 9월 아베(安倍) 총리가 국회에서 행한 소신표명연설에서 "일본의 이념, 일본의 모습을 세계에 발신하기 위해 대외홍보 등 공공외교를 적극적으로 추진할 것"이라고 강조했다(衆議院本會會議錄, 2006.9.29). 아소(麻生) 외상은 가치외교(value oriented diplomacy)를 전면에 내세워 인권과 민주주의를 공공외교의 중심으로 설정하였다.

매우 고무적인 일이다. 일본의 이와 같은 가치외교가 힘을 얻기 위해서는 현재도 지속되고 있는 과거 전쟁피해국과 식민지국가에 대한 마땅한 책임을 다해야하며, 그 원칙을 세우고 실천하는 것이 새로운 외교 술사를 만들어 국제적으로

홍보하는 일보다 우선되어야 한다. 오히려 그것이 더 지속가능하며 경제적으로도 비용이 덜 들 것이다. 만약 그렇지 않다면 Richard J. Samuels가 지적한 바와 같이 외교정책의 즉흥성으로 인해 의도와 목적을 파악하기 어려운 외교정책을 펴고 있다는 비난을 벗어나기 어려울 것이다(Richard J. Samuels, Securing Japan: Tokyo's Grand Strategy and the Future of East Asia, Ithaca: Cornell University Press, 2007).

한국은 기존의 노력을 계속하고 일본이 외교적 진정성을 지속해나가는 것을 전제로, 한일간의 상생의 길은 인간안보(Human Security)에서 찾아져야 한다. 인간안보 개념이 국제사회의 주목을 받게 된 계기는 유엔개발계획(UNDP)이 1994년 '인간개발보고서'(the 1994 Human Development Report)에서 '인간안보' 개념을 사용한 이후부터이다. 이 보고서에는 기존 안보연구와 문제점을 비판하면서 인간안보에 대한 개념을 다음의 두 가지 차원에서 정의하였다. 먼저, 기아, 질병, 가혹행위 등 만성적인 위협으로부터 보호하는 것, 다음으로, 가정, 직장, 사회 공동체 속에서 일상생활 양식이 갑작스럽게 파괴되는 것을 보호하는 것이다. 그리고 이 보고서에서는 인간안보를 구성하는 7가지 요소를 구체적으로 제시하고 있다. 1)빈곤으로부터 자유 등 경제안보(economic security), 2)충분한 식량의 확보 등 식량안보(food security), 3)질병으로부터 보호 또는 치료받을 수 있는 것 등 건강안보(health security), 4)환경오염이나 자원고갈 등의 위협으로부터의 보호 등 환경안보(environmental security), 5)고문, 전쟁, 강도, 내란, 마약남용, 자살 또는 심지어 교통사고에 이르기까지 다양한 위협으로부터 개인의 신체적 안전을 보호하는 것 등 개인안보(personal security), 6)전통문화의 보존과 종족의 보호 등 공동체안보(community security), 7)시민으로서 정치적 권리를 향유하고 정치적 탄압으로부터 자유로운 것 등 정치적 안보(political security) 등이다. 이러한 UNDP의 개념 정의는 너무 포괄적이라는 비판이 있지만 '가장 권위있는 해석'으로 받아들여지고 있다.

한일 양국은 각자의 정치체는 독자적인 법령과 문화적 전통에 의해 구축해야 하겠지만, 관계 측면에서 양국 관계의 발전을 위한 추동력을 혈연적 민족주의가 아니라 문화 민주주의, 세계시민윤리, 다문화주의에서 찾아야 할 것이다.

위와 같은 기본적인 철학과 방향을 토대로 구체적인 실천 방향을 제시하면 다음과 같다. 첫째, 국민내부 결속을 위한 대안적 기제를 개발해나갈 필요가 있다.

근대이전 시기에는 다른 나라를 적대적으로 상정하고 내부결속을 하게 되고 그 적대국을 이겨서 점령하기만 하면 되었다. 오늘날의 초국가적 다문화주의시대에 한 국가가 적대시해야 할 대상은 스스로의 게으름과 지나친 민족주의이가 될 수 있다. 한일양국간에는 문화교류 뿐만 아니라 이미 수많은 국제결혼자를 공유하고 있다. 상대국을 적대국으로 상정하고 시작하는 논리를 극복하기 위해 노력해야 한다. 이런 차원에서 전몰유공자와 전범자에 대한 구분의 문제, 군인정신의 보편성 문제 등을 학술적으로 공동연구해서 밝혀나가는 노력을 해야 할 것이다.

둘째, 한일양국간에 다양한 학술적 · 문화적 교류를 실시해야 하고, 그것을 정례화해야 한다. 하나의 만남의 공동체는 비록 그것이 국가에 기반을 두고 있지만 새로운 공감대를 형성할 수 있는 전기를 마련할 수가 있다. 현재 한국과 중국의 윤리학자들간에는 17년 동안(2009년의 경우 中國 南昌에서 개최)이나 상호 방문을 통한 국제학술행사를 이어오고 있다. 다양한 윤리적 주제를 발표하고 그 해결점을 공동모색하는 좋은 계기를 마련하고 있다. 한일간에도 이와 같은 형태의 학술행사를 정례적으로 실시할 필요가 있다. 역사 · 윤리 · 문화를 담당하는 교수와 교사의 상호 교류 프로그램을 정례화 할 필요가 있다. 더불어 문화행사도 상호 방문에 의해 이루어질 수 있도록 할 필요가 있다. 현재도 이와 같은 행사가 없는 것은 아니나 전체적인 틀 속에서, 정례적으로 추진될 수 있도록 하는 것이 중요하다.

셋째, 국민적 분노의 표출방식을 세련되게 기획할 필요가 있다. 구미열국에서 축구가 선풍적인 인기를 누리고 있다. 그런데 어느 나라에서나 훌리건(Hooligan)이라 불리우는 난동꾼들을 보게 된다. 이들의 폭력성을 전적으로 옹호하는 것은 아니지만, 만약 그러한 것이 어느 정도 허용되지 않는다면 국가간의 전면적으로 비화될 수도 있을지 모른다. 이러한 취지에서 한일간의 경쟁적인 운동종목을 선정하여 정례적으로 개최할 필요가 있다. 야구, 축구, 농구, 배구 등이 있겠으나 대중적인 인기를 고려해서 야구와 축구를 중심으로 정례대회를 개최하는 것도 좋은 방편이 될 것이다.

넷째, 한일 양국은 특정 주제에 대해 대담한 결정을 간헐적으로 보여줄 필요가 있다. 특별히 일본의 경우 동해(일본해) 표기문제에서부터 시작하는 것이 좋겠다. 일본에게 있어서 동해 표기 문제는 전범국으로서 책임이행을 위해 러시아에 쿠릴열도를 분할 이양한 것에 비하면 사실 아무 것도 아니다. 그렇다고 한국이 동해 표기를 고집해서도 안된다. 사실 한국으로서는 1992년 제6차 유엔 지명표준화회의에 최초로 일본해 표기문제에 이의를 제기하면서 동해 명칭을 대안으로 제시했다. 당시에 韓國海라고 했으면 더 명분이 있었을 것이나 북한이 기왕에 朝鮮海라고 주장하고 있으므로 그렇지도 못했을 것이다. 그 비슷한 중재안을 우리는 한반도의 서쪽 바다에서 찾을 수 있다. 한국은 西海와 黃海를 동시에 표기하고 중국은 黃海라고 표기하고 한국의 그러한 양자 동시 표현에 대해 큰 무리없이 받아들이고 있다. 이와 같이 그 지형적인 특징(황하강에 의해 누른 바다색을 가짐)을 고려해서 동해에도 그러한 점과 한일간의 정치적 관계를 고려해서 새로운 作名을 고려해 볼 수 있다. 청해(淸海, Blue Sea) 또는 한일양국의 평화염원을 담아 평화해(Peace Sea)라고 하는 방안을 생각해 볼 수 있다.

5 맺음말

한일 양국은 이제 전근대적인 소모적 전쟁논쟁에서 벗어나야 한다. 그 책임은 주로 일본에 의해 빚어진 것이 대부분이지만 한국으로서 비합리적 수준에서 고집을 부려서는 안될 것이다.

이 장은 한일간의 전쟁관련 소모적 논쟁을 극복하기 위해 방안으로, 정의전쟁론을 원용하여 '전쟁의 상관적 정당성' 개념을 상정하였다. 여기에는 전쟁의 개시에서부터 종결에 이르는 수직적 상관적 정당성이 있으며, 동일시점과 동일관점에서 다른 전쟁당사자의 문제와 자국내의 다른 규범에도 그대로 적용하느냐의 문제를 다루는 수평적 상관적 정당성 개념이 있음을 제시했다. 이 개념은 초보적으로 처음 제시되었기 때문에 앞으로도 많이 다듬어져야 한다. 하지만 전쟁에 대한 진일보된 평가기준이 제시되고 있지 않은 현재의 전쟁윤리학적 상황에서 그 제시도 의미가 있다고 본다.

일찍이 그리스의 賢哲 플라톤(Plato)은 "믿는 것을 진리라 하는 것은 억견(doxa)이고, 아는 것을 진리라 하는 것은 인식(episteme)이라고 했다." 이성 없는 정서에 호소하는 억견을 고집하거나, 검증된 실체가 있음에도 불구하고 인정하지 않으려고 자세는 한일양국간의 미래를 보장하지 못한다.

심화 탐구 주제

1. 국가간의 갈등 극복을 위한 논리적 근거를 정의전쟁론에서 찾아보고, 의견을 개진해보세요.

2. 상관적 정당성이라는 새로운 개념에 대해, 다른 예를 들어 그 의미를 설명해보세요.

3. 상관적 정당성 개념하에, 한일간의 쟁점사안에 대해 일본이 무슨 잘못을 했는지에 대해 지적하고, 동시에 한국의 잘못한 점에 대해서도 반성적으로 기술하고 그 건설적 대안을 제시해 보세요.

더 읽을 만한 자료

도널드 W. 슈라이버 2세, 서광선 · 장윤재 역, 『적을 위한 윤리: 사죄와 용서의 정치윤리』, 이화여자대학교출판부, 2001.

김부자, 『한일간 역사현안의 국제법적 재조명』, 동북아역사재단, 2009.

장달중, 『전후 한일관계의 전개』, 아연, 2008.

제성호, 『독도 영토운동의 의의와 한계』, 우리영토, 2007.

유영렬, 『한일관계의 새로운 이해』, 경인문화사, 2006.

Johnson, James T., Just War Tradition and the Restraint of War: A Moral and Historical Inquiry, Princeton: Princeton University Press, 1981.

Fotion, Nicholas, War and Ethics: A New Just War Theory, Continuum, 2008.

Fotion, Nicholas, Toleration, University Alabama Press, 2002.

Fotion, Nicholas, Elfstrom, Gerard, Military Ethics: Guidelines for Peace and War, Routledge & Kegan Paul Books Ltd, 1986.

Walzer, Michael, Just and Unjust Wars: A Moral Argument with Historical illustrations, 2nd ed., New York: Basic Books, 1992[1979].

찾아보기

| ㅅ |

저자 소개

▶ **박균열** 경상대학교 사범대학 윤리교육과 교수

경상대학교 사범대학 윤리교육과를 졸업하였고, 서울대학교 대학원에서 윤리교육학 석사박사 학위를 받았다. 국방대학교 안보문제연구소 전문연구원을 역임했으며, 미국 UCLA 한국학센터에서 방문학자로 연구한 바 있다. 최근에는 윤리교육연구방법론, 가치교육 측정에 관심을 갖고 있다. 주요 저서로는 『군대와 윤리』(공저, 2009), 『국가안보와 군대윤리』(공저, 2008), 『아시아 안보와 평화질서』(공저, 2008), 『국가윤리교육론』(2005, '05년도 문화관광부 학술우수도서 선정), 『국가안보와 가치교육』(2004) 등이 있으며, 주요 역서로는 『윤리탐구공동체교육론』(공역, 2007, '09년도 대한민국 학술원 학술우수도서 선정), 『주역과 전쟁윤리』(공역, 2004), 『국제정치에 윤리가 적용될 수 있는가』(공역, 2004) 등이 있다.

▶ **이원봉** 국방대학교 정신교육단 군전임교수

경상대학교 사범대학 국어교육과를 졸업하고, 고려대학교 대학원에서 정치학 석사학위를 받았으며, 경상대학교 대학원 박사과정에서 "비행청소년의 도덕성" 주제로 학위논문을 준비하고 있다. 현재 국방대학교 정신교육단 군전임교수로 재직 중이다. 주요 저서로는 『병영문화와 인권 친화리더십』(공저, 2008) 등이 있다.

▶ **성현영** 창원대학교 특수아동센터 음악치료 강사

경상대학교 사범대학 음악교육과를 졸업하고, 숙명여자대학교 음악치료대학원에서 석사학위를 받았으며, 현재 경상대학교 대학원에서 박사과정에서 "북한의 주체음악" 주제로 학위논문을 준비하고 있다. 현재 창원대학교에서 음악치료를 강의하고 있으며, 통일연구원 인턴연구원으로 일하고 있다.

전쟁과 문명

초판 인쇄 2010년 1월 02일
초판 발행 2010년 1월 05일
저   자 박균열, 이원봉, 성현영
발 행 인 이범만
발 행 처 **21세기사** (제406-00015호)
         경기도 파주시 교하읍 산남리 283-10 (413-834)
         Tel. 031-942-7861   Fax. 031-942-7864
         E-mail : 21cbook@hanafos.com
         Home-page : www.21cbook.co.kr
         ISBN 978-89-8468-336-5

정가 15,000원

이 책의 일부 혹은 전체 내용을 무단 복사, 복제, 전재하는 것은 저작권법에 저촉됩니다.
저작권법 제136조(권리의침해죄)1항에 따라 침해한 자는 5년 이하의 징역 또는 5천만 원 이하의 벌
금에 처하거나 이를 병과(倂科)할 수 있습니다. 파본이나 잘못된 책은 교환해 드립니다.